राष्ट्रीय शिक्षा नीति-2020

भारतीयता का पुनरुत्थान

राष्ट्रीय शिक्षा नीति-2020
भारतीयता का पुनरुत्थान

संपादक

अतुल कोठारी

प्रकाशक • **प्रभात प्रकाशन प्रा. लि.**
4/19 आसफ अली रोड,
नई दिल्ली–110002

संस्करण • 2024
मूल्य • तीन सौ पचास रुपए
मुद्रक • आर–टेक ऑफसेट प्रिंटर्स, दिल्ली

RASHTRIYA SHIKSHA NEETI-2020 : Bhartiyata ka Punarutthan
Ed. Shri Atul Kothari ₹ 350.00
Published by Prabhat Prakashan Pvt. Ltd., 4/19 Asaf Ali Road, New Delhi-2
e-mail: prabhatbooks@gmail.com ISBN 978-93-90923-88-5

द्वितीय संस्करण की भूमिका

'राष्ट्रीय शिक्षा नीति-2020' ने भारत में शैक्षिक सुधारों के एक नए युग का आरंभ किया। इस नीति के मूल में एक आत्मनिर्भर और विकसित भारत की परिकल्पना है, जिसके लिए भारत के बच्चों, किशोरों और युवाओं के विकास हेतु शिक्षा के समग्र, समावेशी और एकीकृत ढाँचे के महत्त्व को रेखांकित किया गया है। इसी के समानांतर प्रस्तुत पुस्तक के प्रथम संस्करण का लक्ष्य 'राष्ट्रीय शिक्षा नीति-2020' के तत्त्वमीमांसीय और ज्ञानमीमांसीय आयामों को उद्घाटित करना था। इसके लिए औपचारिक शिक्षा के विभिन्न स्तरों और आयामों को ध्यान में रखते हुए उनसे संबंधित विषय विशेषज्ञों से आग्रह किया गया कि वे 'राष्ट्रीय शिक्षा नीति-2020' के औचित्य और प्रासंगिकता पर प्रकाश डालते हुए इसके क्रियान्वयन सूत्रों से परिचित कराने के लिए अध्ययन सामग्री तैयार करें। इस दृष्टि से प्राप्त सामग्री को विद्यालयी शिक्षा, उच्च शिक्षा एवं शोध के वृहद् वर्गों, प्रबंधन शिक्षा, कृषि शिक्षा एवं कला शिक्षा जैसे आयामों में व्यवस्थित कर संपादित किया गया। इस तरह से तैयार पुस्तक के प्रथम संस्करण ने पिछले पचहत्तर वर्षों में भारत की औपचारिक शिक्षा के विकास यात्रा का आकलन करते हुए भावी दिशा को तय करने में 'राष्ट्रीय शिक्षा नीति-2020' की भूमिका को

प्रस्तुत किया। पुस्तक के प्रथम संस्करण में 'राष्ट्रीय शिक्षा नीति-2020' द्वारा प्रस्तुत प्रस्थान बिंदुओं पर गहन चर्चा की गई थी।

पुस्तक के प्रथम संस्करण का प्रकाशन वर्ष 2022 में हुआ और वर्ष 2024 आते-आते द्वितीय संस्करण की आवश्यकता आ गई। इतने कम समय में पुस्तक के द्वितीय संस्करण का आना इसकी व्यापक स्वीकृति का प्रमाण है। एक संपादक के रूप में यह मेरे लिए सुखद अनुभव है। प्रस्तुत पुस्तक की माँग को ध्यान में रखते हुए इसका द्वितीय संस्करण प्रस्तुत किया जा रहा है। इस नए संस्करण के परिशिष्ट में दो नए अध्याय जोड़े गए हैं। प्रथम परिशिष्ट में भारतीय ज्ञान परंपरा की सर्वकालिक प्रासंगिकता की विवेचना करते हुए 'राष्ट्रीय शिक्षा नीति-2020' के क्रियान्वयन में इसके समावेशन से संबंधित कार्य योजना को प्रस्तुत किया गया है। इस अध्याय में विस्तार से चर्चा की गई है कि भारतीय ज्ञान परंपरा शाश्वत विकास की ओर अग्रसर भारत के लिए कितनी महत्त्वपूर्ण विरासत है, जिसकी सहायता से वैश्विक पटल पर भारत अपनी अद्वितीय संस्कृति और ज्ञान के साथ पुनः प्रतिष्ठित हो सकेगा। द्वितीय परिशिष्ट में प्रबंधन शिक्षा से संबंधित विमर्शों को प्रस्तुत किया गया है। इस अध्याय में बल दिया गया है कि प्रबंधन को केवल बाजार और लाभ के आलोक में भौतिकतावादी समाज की आवश्यकता के रूप में ना समझा जाए बल्कि यह सर्वकल्याण और सर्वसमावेशी दृष्टि से देखा जाने वाला उद्यम होना चाहिए। प्रबंधन को इस तरह से परिकल्पित करने पर यह लोककल्याण, सुशासन एवं समावेशन का आधार बनेगा।

हमारे माननीय प्रधानमंत्री श्री नरेंद्र मोदीजी ने वर्ष 2047 तक भारत को विकसित राष्ट्र बनाने का लक्ष्य रखा है। यह हम सब भारतीयों के लिए एक आशावादी ध्येय है। इसकी प्राप्ति की दिशा

में सकारात्मक प्रगति करने के लिए 'राष्ट्रीय शिक्षा नीति–2020' की संस्तुतियाँ उपलब्ध हैं। औपचारिक शिक्षा के सशक्तीकरण द्वारा भारत को विकसित राष्ट्र बनाने की दिशा में अग्रसर होने के लिए बार–बार 'राष्ट्रीय शिक्षा नीति–2020' के पुनः निर्वाचन की आवश्यकता होगी। इसके आधार पर हम आकलन कर सकेंगे कि शिक्षा के लक्ष्य क्या हैं? ये लक्ष्य हमारी राष्ट्रीय अस्मिता और देश के विकास से किस तरह से संबंधित हैं? और इन लक्ष्यों की प्राप्ति में बाधक और साधक कारक कौन से हैं? उक्त प्रश्नों से संबंधित जिज्ञासाओं को पोषित करने के लिए यह पुस्तक वर्तमान संदर्भ में भी प्रासंगिक है। मुझे पूर्ण विश्वास है कि पाठक अपनी रुचि के अनुरूप इस पुस्तक के विभिन्न अध्यायों से लाभान्वित होंगे। उन्हें 'राष्ट्रीय शिक्षा नीति–2020' को जानने और क्रियान्वयन सूत्रों के अभ्यास में यह पुस्तक महत्त्वपूर्ण संसाधन सिद्ध होगी। इस पुस्तक या आलेखों के संदर्भ में आपके कोई सुझाव होंगे तो अवश्य मेरे इ–मेल पर भेजने का कष्ट करें।

प्राक्कथन

राष्ट्रीय शिक्षा नीति–2020 की घोषणा के साथ हमारा देश एक बड़े पैमाने पर शिक्षा के क्षेत्र में रूपांतरकारी परिवर्तन के लिए तैयार हो रहा है। यह नीति हम सबके लिए 21वीं सदी की पहली तथा स्वतंत्र भारत की तीसरी शिक्षा नीति है, जो न्यायसंगत, गुणवत्ता, सामर्थ्य, पहुँच और जवाबदेही, जैसे मूलभूत स्तंभों पर आधारित है तथा हमारे विद्यार्थियों को भारत के इतिहास और विरासत एवं समग्र संस्कृति से जुड़े रहते हुए वैश्विक नागरिक बनने के लिए प्रेरित करेगी। इक्कीसवीं की चुनौतियों और बदलते परिदृश्य को ध्यान में रखते हुए देश को एक ऐसी बहुआयामी नीति की जरूरत थी, जो छोटे से बड़े स्तर और स्थानीय से वैश्विक स्तर पर परिवर्तन लाने में सक्षम हो। इस नीति के माध्यम से एक समतामूलक और जीवंत ज्ञान समाज में, सभी को उच्च–गुणवत्तापूर्ण शिक्षा प्रदान करते हुए भारत को एक वैश्विक ज्ञान महाशक्ति बनाना परम उद्देश्य है। यह शिक्षा नीति भारत की सांस्कृतिक विरासत के प्रति जागरूकता, सामाजिक न्याय और करुणा, पर्यावरण संवेदना, राष्ट्रीय एकता और जीवन में मानवीय मूल्यों के समावेश का समर्थन करती है। इस नीति के अनुसार शिक्षा का उद्देश्य शिक्षार्थियों में न केवल संज्ञानात्मक क्षमताओं का विकास करना है, अपितु सामाजिक, नैतिक और भावनात्मक क्षमताओं और स्वभाव का भी विकास करना है।

एन.ई.पी.–2020 के प्रभावी क्रियान्वयन की दिशा में देश के शैक्षणिक संस्थान और संबंधित संगठन सक्रिय रूप से सहभागिता कर रहे हैं। शिक्षा नीति के एक वर्ष पूर्ण होने के अवसर पर एन.ई.पी. में उल्लिखित कुछ प्रमुख प्रस्तावों/दस्तावेजों का माननीय प्रधानमंत्री श्री नरेंद्र मोदीजी द्वारा लोकार्पण भी किया गया है।

यह हर्ष का विषय है कि शिक्षा संस्कृति उत्थान न्यास ने एन.ई.पी. के मसौदे से लेकर एन.ई.पी. के क्रियान्वयन योजना की सुझाव–प्रक्रिया तक अपना सराहनीय योगदान दिया है।

राष्ट्रीय शिक्षा नीति–2020 के सफल क्रियान्वयन को ध्यान में रखते हुए न्यास द्वारा नीति के विभिन्न आयामों पर लेखों का प्रकाशन भी किया गया। इसी कड़ी में कुछ चिह्नित किए हुए लेखों का संकलन इस पुस्तक में किया गया है। मैं आशा करता हूँ कि यह पुस्तक राष्ट्रीय शिक्षा नीति–2020 को समझने एवं क्रियान्वयन करने हेतु उपयोगी सिद्ध होगी।

इस पुस्तक हेतु जिन शिक्षाविदों ने अपना अमूल्य समय निकालकर लेख लिखे हैं, वे सभी साधुवाद के पात्र हैं। सभी सुधी पाठकों से अपेक्षा है कि आप शिक्षा जगत से जुड़े इस रूपांतरकारी बदलाव का हिस्सा बनें और राष्ट्रीय शिक्षा नीति–2020 के क्रियान्वयन में अपना बहुमूल्य योगदान दें।

(प्रो. धीरेंद्र पाल सिंह)
अध्यक्ष
विश्वविद्यालय अनुदान आयोग
नई दिल्ली

हिंदी दिवस
14 सितंबर, 2021

प्रस्तावना

राष्ट्रीय शिक्षा नीति–2020 देश भर में, विशेष करके शिक्षा क्षेत्र में व्यापक चर्चा का विषय बनी है। शिक्षा संस्कृति उत्थान न्यास आरंभ से ही शिक्षा नीति पर कार्य कर रहा है। न्यास का लक्ष्य है—'शिक्षा में नया विकल्प देना'; इस हेतु वर्ष 2008 से ही देश भर में चर्चा प्रारंभ कर दी गई थी। इस क्रम में प्रथम लेख दिनांक 4 फरवरी, 2011 को मैंने लिखा था और वह 'कमल संदेश' के विशेषांक में छपा था। वर्ष 2016 में शिक्षा में नए विकल्प पर एक छोटी पुस्तिका छापी गई और उस पर देश के शैक्षिक संस्थानों में व्यापक चर्चा आयोजित करके सुझाव लेने का कार्य किया गया। जब वर्ष 2015 में मानव संसाधन विकास मंत्रालय ने नई शिक्षा नीति की घोषणा करके उच्च शिक्षा के 20 एवं विद्यालयीन शिक्षा के 13 बिंदु वेबसाइट पर रखकर देश भर से सुझाव माँगे, तब शिक्षा संस्कृति उत्थान न्यास के द्वारा देश भर में 35 संगोष्ठियाँ आयोजित की गईं, जिनमें 5 हजार से अधिक शिक्षकों व शिक्षाविदों ने सहभागिता की थी। इन संगोष्ठियों से प्राप्त सुझाव एवं न्यास के द्वारा शिक्षा में नए विकल्प हेतु तैयार किए गए बिंदुओं को जोड़कर तत्कालीन मंत्रालय द्वारा गठित 'सुब्रमण्यम समिति' को एक प्रतिनिधि मंडल के स्वरूप में मिलकर सुझाव दिए गए थे। इसके पश्चात् 'कस्तूरीरंगन समिति' का गठन हुआ और उन्होंने भी देश भर से

सुझाव माँगे। न्यास ने सुब्रमण्यम समिति के प्रस्तुत प्रारूप का अध्ययन करके इनमें जिन बातों का अभाव था, उनको ध्यान में रखकर पुनः सुझाव दिए। कस्तूरीरंगन समिति को विभिन्न रूपों में दो बार प्रत्यक्ष भेंट करके भी कई विषयों की संदर्भ सामग्री के साथ सुझाव दिए गए। पुनः कस्तूरीरंगन समिति के प्रारूप पर भी मानव संसाधन विकास मंत्रालय के द्वारा सुझाव माँगे गए, तब उस प्रारूप का अध्ययन करके आवश्यक सुझाव माननीय मंत्री महोदय को मिलकर दिए गए।

राष्ट्रीय शिक्षा नीति की घोषणा 29 जुलाई, 2020 को की गई। इस नीति का देश भर में स्वागत किया गया। शिक्षा संस्कृति उत्थान न्यास द्वारा दिए गए सुझावों में से अधिकतर सुझावों का समावेश इस नीति में किया गया है। यह न्यास के लिए अत्यंत आनंद एवं गौरव का विषय है। स्वतंत्र भारत की यह तीसरी शिक्षा नीति है। प्रथम नीति वर्ष 1968 में, दूसरी नीति 1986 में एवं तीसरी नीति 2020 में प्रस्तुत की गई है। इसी प्रकार शिक्षा में सुधार एवं परिवर्तन हेतु 1948 में राधाकृष्ण आयोग, 1952 में मुदलियार आयोग, 1964 में कोठारी आयोग के साथ-साथ, समय-समय पर कई समितियों, समूहों आदि का गठन किया गया था, उन्होंने कई अच्छी अनुशंसाएँ भी दी थीं। परंतु दुर्भाग्य से इच्छाशक्ति के अभाव में इनको क्रियान्वित नहीं किया जा सका या बहुत अल्प मात्रा में किया गया, जिस कारण से हमारी शिक्षा की गुणवत्ता दिनोदिन खराब होती गई। अतीत के इन अनुभवों को ध्यान में लेकर शिक्षा संस्कृति उत्थान न्यास ने नीति घोषित होने के तुरंत बाद राष्ट्रीय एवं प्रांतीय स्तर पर क्रियान्वयन समिति गठित करने का निर्णय करके राष्ट्रीय स्तर पर विख्यात वैज्ञानिक डॉ. विजय भाटकर की अध्यक्षता में उच्च शिक्षा एवं विद्यालयीन शिक्षा हेतु दो समितियों का गठन किया। इसी प्रकार राज्यों के स्तर भी इस प्रकार की क्रियान्वयन समितियाँ गठित की गईं। इन

समितियों का प्रमुख कार्य सरकारों सहित विभिन्न शैक्षिक संस्थानों को क्रियान्वयन हेतु सुझाव देना एवं सहयोग करना है।

क्रियान्वयन समितियों के गठन के साथ-साथ देश भर में संगोष्ठियाँ एवं वेबिनारों के आयोजन प्रारंभ किए गए। मुझे यह जानकारी देते हुए हर्ष हो रहा है कि न्यास के द्वारा शिक्षा नीति की समग्रता से लेकर नीति के विभिन्न आयाम, उदाहरण के लिए—उच्च शिक्षा, विद्यालयीन शिक्षा, तकनीकी शिक्षा, नीति एवं भारतीय भाषाएँ, नीति एवं भारतीय ज्ञान परंपरा आदि विषयों पर विमर्श आयोजित किए जा चुके हैं। इस नीति में बहुत सारे नए विषय भी हैं, जिनको क्रियान्वित करने से पूर्व समझना आवश्यक मानकर न्यास ने बहुविषयक (मल्टी डिस्प्लनरी एप्रोच), राष्ट्रीय अनुसंधान प्रतिष्ठान, समग्रता (होलेस्टिक) की दृष्टि और शिक्षक-शिक्षा में नए आयाम आदि विषयों पर भी विमर्श आयोजित किए। कुल मिलाकर विगत एक वर्ष में 300 से ज्यादा कार्यक्रमों का आयोजन किया गया।

शिक्षा संस्कृति उत्थान न्यास परोक्ष रूप से अधिक कार्य करता है। इस दृष्टि से नीति घोषित होने के पश्चात् क्रियान्वयन योजना हेतु मा. प्रधानमंत्री, मा. शिक्षा मंत्री, राज्यों के मा. राज्यपाल एवं शिक्षा मंत्रियों को तथा विश्वविद्यालय अनुदान आयोग (UGC) अ.भा.त.शि.प. (AICTE) आदि केंद्रीय संस्थानों के प्रमुखों एवं देश के विभिन्न विश्वविद्यालयों के कुलपति, भा.प्रौ.सं. (IIT), रा.प्रौ.सं. (NIT), भा.सु.प्रौ.सं. (IIIT) आदि के निदेशकों को पत्र लिखे गए थे। आनंद की बात यह है कि बहुत लोगों ने सकारात्मक प्रतिसाद भी दिए। कुलपतियों एवं निदेशकों को तो नीति की घोषणा के एक वर्ष पूर्ण होने के संदर्भ में भी पत्र लिखे गए हैं। इनमें से बहुत सारे संस्थानों ने नीति के संदर्भ में अपने-अपने स्तर पर एवं न्यास के साथ मिलकर कार्यक्रमों के आयोजन भी किए।

इसी प्रकार न्यास के कार्यकर्ताओं एवं शिक्षाविदों ने उपर्युक्त आयामों पर लेख भी लिखे, जो कई समाचार-पत्रों एवं पत्रिकाओं में प्रकाशित होकर चर्चित हुए। इसी क्रम में चिह्नित किए हुए कुछ लेखों का संकलन इस पुस्तक में किया गया है। इस पुस्तक के अध्ययन से आपको ध्यान में आएगा कि जो लेख लिखे गए हैं, वे मात्र शिक्षा नीति या उनके आयामों की जानकारी देने तक सीमित नहीं हैं बल्कि इनके पीछे नीति-नियंताओं की सोच क्या है, उन विषयों की आवश्यकता एवं उपयोगिता क्या है और इनका क्रियान्वयन कैसे किया जा सकता है; इस प्रकार समग्रता के चिंतन के आधार पर अधिकतर विद्वानों ने लेख लिखे हैं। मैं आशा करता हूँ कि यह पुस्तक 'राष्ट्रीय शिक्षा नीति-2020' को समझने एवं क्रियान्वयन करने हेतु उपयोगी सिद्ध होगी।

इस पुस्तक हेतु जिन विद्वानों ने अपना अमूल्य समय निकालकर नि:स्वार्थ भाव से लेख लिखने का कार्य किया है, शिक्षा संस्कृति उत्थान न्यास की ओर से उन सभी को धन्यवाद देता हूँ। विशेष करके डॉ. ऋषभ कुमार मिश्र ने इस पुस्तक का संपादन करने में अपना समय, श्रम एवं बौद्धिक प्रतिभा का योगदान करते हुए सहयोग प्रदान किया, इस हेतु उनको साधुवाद, बहुत-बहुत शुभकामनाएँ।

आप सब सुधी पाठकों से निवेदन करता हूँ कि इस पुस्तक के अध्ययन के बाद आप अपना अभिप्राय एवं सुझाव मेरे इ-मेल पर अवश्य प्रेषित करें।

—अतुल कोठारी

विजयदशमी राष्ट्रीय सचिव, शिक्षा संस्कृति उत्थान न्यास

15 अक्तूबर, 2021 atulssun@gmail.com

राष्ट्रीय शिक्षा नीति-2020 : भारत-केंद्रित शिक्षा की पीठिका

किसी भी देश की शिक्षा का स्वरूप वहाँ की संस्कृति, प्रकृति एवं प्रगति के अनुरूप होना चाहिए। महात्मा गांधी, महर्षि अरविंद, गुरुदेव रवींद्रनाथ ठाकुर, स्वामी विवेकानंद और आचार्य विनोबा भावे आदि महापुरुषों ने भी इसी विचार को अपने-अपने शब्दों में व्यक्त किया है। स्वतंत्रता के पचहत्तर वर्षों तक हम इस राह से भटके रहे। आनंद की बात है कि राष्ट्रीय शिक्षा नीति-2020 में इस संकल्पना को स्वीकार करते हुए शिक्षा को भारत-केंद्रित बनाने का प्रयास किया गया है। भारत-केंद्रित शिक्षा का तात्पर्य है कि देश की शिक्षा व्यवस्था के माध्यम से चरित्रवान एवं समग्र व्यक्तित्व वाले विद्यार्थियों का निर्माण हो, जिसके माध्यम से देश एवं समाज की आवश्यकताओं की पूर्ति हो सके। ऐसे विद्यार्थी राष्ट्रीय, अंतरराष्ट्रीय चुनौतियों के समाधान करने में सक्षम होंगे। इस शिक्षा नीति में इस आशय का प्रतिबिंब दिखाई देता है। इसकी प्रस्तावना में ही लिखा गया है कि 'प्राचीन और सनातन भारतीय ज्ञान और सत्य की खोज को भारतीय विचार परंपरा और दर्शन में सदा सर्वोच्च मानवीय लक्ष्य माना जाता था। प्राचीन भारत में शिक्षा का लक्ष्य सांसारिक जीवन अथवा विद्यालय के बाद के जीवन की तैयारी के रूप में ज्ञानार्जन करना मात्र नहीं, बल्कि आत्मज्ञान और मुक्ति के रूप

में माना गया था।' प्राचीन भारत के तक्षशिला, नालंदा, विक्रमशिला और वल्लभी, जैसे विश्व-स्तरीय संस्थानों ने अध्ययन के विविध क्षेत्रों में शिक्षण और शोध के ऊँचे प्रतिमान स्थापित किए थे तथा विभिन्न पृष्ठभूमि और देशों से आनेवाले विद्यार्थियों व विद्वानों को लाभान्वित किया था। इसी शिक्षा व्यवस्था ने चरक, सुश्रुत, आर्यभट्ट, वराहमिहिर, भास्कारचार्य, ब्रह्मगुप्त, चाणक्य, चक्रपाणि, माधव, पाणिनी, पतंजलि, नागार्जुन, गौतम, पिंगला, शंकरदेव, मैत्रेयी, गार्गी और थिरुवल्लुवर जैसे अनेक महान् विद्वानों को जन्म दिया। इन विद्वानों ने वैश्विक स्तर पर ज्ञान के विविध क्षेत्रों जैसे गणित, खगोल, धातु, चिकित्सा विज्ञान, शल्य चिकित्सा, सिविल इंजीनियरिंग, भवन निर्माण, नौकायान निर्माण, दिशा ज्ञान, योग, ललित कला, शतरंज इत्यादि में प्रामाणिक रूप से मौलिक योगदान किए। भारतीय संस्कृति और दर्शन का विश्व में सबसे अधिक प्रभाव रहा है। वैश्विक महत्त्व की इस समृद्ध विरासत को आनेवाली पीढ़ियों के लिए न सिर्फ संरक्षित रखने की जरूरत है, बल्कि हमारी शिक्षा व्यवस्था द्वारा उस पर शोध कार्य होने चाहिए, उसे और समृद्ध कर नए-नए उपयोग भी सोचे जाने चाहिए।

इस नीति की महत्त्वपूर्ण विशेषता है—समग्रता, सर्वांगीण एवं एकात्म दृष्टि (कॉम्प्रेहेन्सिव, हॉलिस्टिक एवं इंटीग्रेटेड एप्रोच)। यह ही भारतीय दृष्टि है। पिछले डेढ़ सौ वर्षों की शिक्षा के कारण हमें हर बात टुकड़ों-टुकड़ों में सोचने की आदत हो गई है। उदाहरण के लिए पर्यावरण, नैतिक मूल्य, कौशल विकास, शारीरिक शिक्षा, योग आदि सभी स्वतंत्र विषय के रूप में पढ़ाने का प्रयास किया जाता है। एक तरफ एन.सी.ई.आर.टी. छात्रों पर बस्ते का बोझ कम करने की बात करती है, दूसरी तरफ हम विषयों को बढ़ाते जाते हैं। इन सारे विषयों की आवश्यकता और पाठ्यक्रम में इनकी व्यवस्था के बारे में विचार करना

महत्त्वपूर्ण है। हमें ध्यान रखना होगा कि अलग-अलग विषय पृथक् कर देने से सारे विषय छात्रों को पढ़ाए नहीं जा सकते। इससे विद्यार्थी कुछ विषयों से वंचित रह जाते हैं। इस समस्या के विकल्प में यह नीति समग्रता के द्वारा सुझाती है। इस नीति में आरंभिक बाल्यावस्था शिक्षा से लेकर शोध कार्य तक का विचार किया गया है। अभी तक पाठ्यचर्या के स्तर पर पाठ्यक्रम, अतिरिक्त पाठ्यक्रम एवं सह-पाठ्यक्रम गतिविधियों जैसे विभाजन रहे हैं। इस प्रकार की सोच में अतिरिक्त पाठ्यक्रम एवं सह-पाठ्यक्रम गतिविधियों को द्वितीय श्रेणी का माना जाता है, क्योंकि इसके अंक नहीं होते। इस कारण से छात्र या अभिभावक इसमें रुचि नहीं रखते। इस नीति में दोनों को समान स्तर पर लाने की बात कही गई है। साथ ही सभी स्तर के पाठ्यक्रमों में भारतीय ज्ञान परंपरा के समावेश की बात भी कही गई है। इसी प्रकार पूर्व प्राथमिक शिक्षा से उच्च शिक्षा के स्तर पर ढाँचागत बदलाव के पीछे भी समग्रता की दृष्टि दिखाई देती है। साधारणतः 6 वर्ष का बालक 80 प्रतिशत बातें सीख लेता है। इसको ध्यान में रखकर 0-3 वर्ष तथा 4 से 8 वर्ष तक की संरचना में बालक के समग्र विकास पर विशेष ध्यान दिया है। बालक खेल-खेल में, गतिविधियों के द्वारा सीखें, जिससे उनमें रचनात्मकता और खोज प्रवृत्ति आदि का विकास हो सके—इस प्रकार का पाठ्यक्रम तैयार करने एवं पढ़ाने की पद्धतियाँ विकसित करने की बात कही गई है।

इस राष्ट्रीय शिक्षा नीति में उल्लिखित है कि संस्कृति का प्रसार करने का सबसे प्रमुख माध्यम कला है। कला एक विधा मात्र नहीं है, वह हमारी संस्कृति का अभिन्न अंग है। इसके माध्यम से हम सांस्कृतिक प्रवाह में अपने अस्तित्व को खोजते हैं। कला के माध्यम से व्यक्ति अपनी सृजनात्मक क्षमताओं को भी साकार करता है। इस तरह से कलाएँ हमारे आनंद का मूल भी हैं। इसे ध्यान में रखते हुए

शिक्षा नीति-2020 सभी प्रकार की भारतीय कलाओं को शिक्षा में प्रतिष्ठा प्रदान करती है। यह नीति भारतीय ज्ञान परंपरा की प्रासंगिकता को रेखांकित करते हुए विद्यालय स्तर से शोध तक इसे पाठ्यचर्या में स्थान देने की संस्तुति भी करती है। नीति का स्पष्ट मानना है कि शिक्षा, स्वास्थ्य, पर्यावरण आदि की समस्याओं से निपटने में इस ज्ञान की भूमिका महत्त्वपूर्ण होगी। यह नीति विशेष रूप से भारतीय ज्ञान प्रणाली को सीखने के जनजातीय, स्वदेशी और पारंपरिक तरीकों को जोड़ने का सुझाव देती है। भारतीय ज्ञान परंपरा में निहित गणित, खगोल विज्ञान, दर्शन, योग, वास्तुकला, चिकित्सा, कृषि, इंजीनियरिंग, भाषा विज्ञान, साहित्य, खेल के साथ-साथ शासन, राजव्यवस्था आदि विषयों को भी औपचारिक शिक्षा में शामिल करने की संस्तुति देती है। इस नीति के अनुरूप होनेवाले बदलावों के फलस्वरूप आनेवाले समय में जनजातीय औषधीय प्रथाओं, वन प्रबंधन, जैविक खेती, प्राकृतिक खेती आदि के विशिष्ट पाठ्यक्रम भी उपलब्ध कराए जाएँगे। भारतीय ज्ञान प्रणालियों पर एक आकर्षक पाठ्यक्रम भी विकल्प के रूप में माध्यमिक विद्यालय में छात्रों के लिए उपलब्ध होगा। इसके साथ ही विज्ञान और अन्य क्षेत्रों में प्राचीन और आधुनिक भारत के प्रेरणादायक व्यक्तित्वों से भी विद्यार्थियों को परिचित कराया जाएगा। छात्रों को सांस्कृतिक आदान-प्रदान कार्यक्रमों के अंतर्गत विभिन्न राज्यों का दौरा करने के लिए प्रोत्साहित किया जाएगा।

इस नीति में स्थानीयता शब्द का बारंबार प्रयोग किया है। उदाहरण के लिए—स्थानीय भाषा, कला, कारीगरी, सभ्यता आदि। स्थानीयता के साथ-साथ राज्य, राष्ट्र, अंतरराष्ट्रीय एवं प्रकृति तक का समन्वित विचार किया गया है। जब स्थानीयता की बात करते हैं, तब स्वदेशी, आत्मनिर्भरता एवं विकेंद्रित व्यवस्था इसके आधार बनते हैं। प्राचीन

भारतीय व्यवस्था के यही आधार-स्तंभ माने गए थे। शिक्षा में स्थानीयता को प्रोत्साहित करने के लिए स्थानीय प्रतिष्ठित व्यक्तियों या विशेषज्ञों को 'विशेष प्रशिक्षक' के रूप में रखने का सुझाव दिया गया है। इसके साथ ही इस नीति में अनेक स्थान पर पर्यावरण संरक्षण की बात भी कही गई है।

शिक्षणशास्त्र (पेडॉगॉजी) के स्तर पर भी समग्रता एवं भारतीयता के समावेश हेतु नीति में प्रयोग आधारित अधिगम, अर्थात् स्वयं करके सीखने, प्रत्येक विषय में भारतीय कला, खेल एवं संस्कृति के एकीकरण की बात कही गई है। साथ ही कक्षा 6 से 8 के छात्रों हेतु 'एक भारत श्रेष्ठ भारत' गतिविधि के द्वारा छात्र भारतीय संस्कृति एवं भाषाओं की एकता एवं एकात्मता के बारे में जान सकेंगे। इस शिक्षा नीति में कहा गया है कि संस्कृति के संरक्षण, संवर्धन एवं प्रसार के लिए हमें भारत की भाषाओं का संरक्षण करना होगा। यह नीति भारतीय भाषाओं की समृद्ध विरासत, उनकी वैज्ञानिकता और उनमें निहित ज्ञानराशि से लाभान्वित होने का लक्ष्य रखती है। इसके लिए नीति शिक्षण एवं अधिगम में भारतीय भाषाओं को स्थान देने की संस्तुति करती है। इस नीति में कहा गया है कि कम-से-कम कक्षा 5 तक एवं यदि संभव है तो कक्षा 8 तक मातृभाषा/स्थानीय भाषा/क्षेत्रीय या घर की भाषा में शिक्षा दी जाए। त्रिभाषा सूत्र के उचित क्रियान्वयन पर बल देने के साथ संस्कृत का प्रथम बार त्रिभाषा सूत्र में समावेश किया गया है। साथ ही भाषा शिक्षण के अवरोध मिटाने हेतु तकनीकी एवं प्रौद्योगिकी की सहायता हेतु ऐप्स, गेम्स आदि विकसित करने की बात कही गई है। ऑनलाइन शिक्षा हेतु ई-सामग्री एवं सॉफ्टवेयर भारतीय भाषाओं में तैयार किए जाएँगे। उच्च शिक्षा संस्थानों के अधिक-से-अधिक पाठ्यक्रम मातृभाषा अथवा द्विभाषी माध्यम से उपलब्ध कराने के प्रयास की बात कही गई

है। विश्वविद्यालयों में भारतीय भाषा के विभागों के सुदृढ़ीकरण के साथ देश में शास्त्रीय भाषा के संस्थानों एवं विश्वविद्यालयों का विस्तार किया जाएगा। पालि प्राकृत एवं फारसी के राष्ट्रीय संस्थान एवं संविधान की 8वीं अनुसूची की 22 भाषाओं की अकादमी स्थापित करना तथा राष्ट्रीय अनुवाद संस्थान स्थापित करने आदि बातें कही गई हैं। राष्ट्रीय शिक्षा नीति–2020 में भारतीय भाषाओं के संरक्षण, संवर्धन एवं विस्तार के संदर्भ में आवश्यक सुझावों का समावेश किया गया है, परंतु सबसे बड़ा प्रश्न इनके क्रियान्वयन का है। इस दृष्टि से केंद्र एवं राज्य सरकारों तथा विभिन्न शैक्षिक संस्थानों एवं सामाजिक स्तर पर इसके क्रियान्वयन की उचित दिशा एवं व्यवस्था खड़ी करनी होगी। इस हेतु—

1. केंद्र सरकार के शिक्षा मंत्रालय द्वारा संचालित केंद्रीय विद्यालय, नवोदय विद्यालय, राष्ट्रीय मुक्त विद्यालय के पाठ्यक्रम आदि स्तर पर कक्षा 8 तक की पढ़ाई अनिवार्य रूप से मातृभाषा में होनी चाहिए।
2. राज्य सरकारों को भी इसी दिशा में कदम बढ़ाने की योजना पर कार्य करना होगा।
3. सभी शैक्षिक संस्थानों, विद्यालय से लेकर विश्वविद्यालय तक के पाठ्यक्रमों को द्विभाषा में करने की तैयारी अतिशीघ्रता से प्रारंभ करनी चाहिए।
4. सरकारी विद्यालयों में जहाँ भी प्राथमिक स्तर पर अंग्रेजी माध्यम है, वहाँ परिवर्तन करके मातृभाषा का माध्यम लागू करना चाहिए।
5. शिक्षा के सभी स्तर के पाठ्यक्रमों में भारतीय भाषाओं का विकल्प एक निश्चित समय मर्यादा में देने हेतु योजना पर शीघ्रता से कार्य होना चाहिए।

राष्ट्रीय शिक्षा नीति-2020 : आत्मनिर्भर भारत की पीठिका

राष्ट्रीय शिक्षा नीति-2020 को यदि भविष्य के आत्मनिर्भर भारत की पीठिका कहा जाए तो कोई अतिशयोक्ति नहीं होगी। आत्मनिर्भरता की संकल्पना हमारे देश में कोई नई बात नहीं है। महात्मा गांधी, पं. दीनदयाल उपाध्याय आदि महापुरुषों ने भी इसे अपने चिंतन और कार्यव्यवहार में समावेशित किया था। आत्मनिर्भरता या स्वावलंबन की संकल्पना गांधीजी की जीवन-दृष्टि का सार तत्त्व है। महात्मा गांधी ने 'हरिजन सेवक' (10.11.1946) के अंक में ग्राम स्वराज के संदर्भ में लिखा था—गाँवों की पुनर्स्थापना का कार्य कामचलाऊ नहीं, बल्कि स्थायी होना चाहिए। उद्योग, हुनर, तंदुरुस्ती और शिक्षा इन चारों का सुंदर समन्वय करना चाहिए और वह नई तालीम में किया गया है। उन्होंने आगे लिखा—"मैं किसी उद्योग और शिक्षा को अलग नहीं मानूँगा, बल्कि उद्योग शिक्षा का जरिया है।" गांधीजी की इस दृष्टि का स्वरूप राष्ट्रीय शिक्षा नीति है। इस नीति में सैद्धांतिक शिक्षा के साथ-साथ छात्रों के लिए व्यावसायिक शिक्षा, कौशल विकास, स्वास्थ्य शिक्षा आदि का समावेश किया गया है। विद्यार्थियों को माध्यमिक स्तर से ही व्यावसायिक शिक्षा में अप्रेंटिसशिप का अवसर उपलब्ध कराने की योजना है। इस नीति में वर्ष 2025 तक 50 प्रतिशत छात्र व्यावसायिक शिक्षा प्राप्त कर सकें, ऐसा लक्ष्य भी रखा गया है। कोरोना संकट ने 'आत्मनिर्भरता' की संकल्पना को पुनः विमर्श के केंद्र में ला दिया है। ऐसे में, भारत-केंद्रित राष्ट्रीय शिक्षा नीति का आना आत्मनिर्भर भारत के निर्माण में एक सार्थक पहल है। इस शिक्षा नीति के सही क्रियान्वयन के द्वारा छात्र केवल नौकरी के लिए कतार में नहीं खड़े होंगे, बल्कि अपने पैरों पर खड़े होने में सक्षम बनेंगे। इस नीति में अनेक स्थान पर स्थानीयता को प्राथमिकता देने की बात कही गई है। महात्मा

गांधी ने शिक्षा के लिए तीन बातें कही थीं—मस्तिष्क, हाथ और हृदय (हेड, हैंड एवं हार्ट), अर्थात् बालक हाथ से काम करना सीखें, उनका दिमाग सक्रिय बने तथा छात्र संवेदनशील बने। इन तीनों घटकों का इस नीति में भलीभाँति समावेशन देखने को मिलता है। इस समावेशन से स्वावलंबी नागरिक तैयार होता है, जिसके स्वावलंबन का आधार है—स्वदेशी। महात्मा गांधी ने स्वदेशी के संदर्भ में कहा था—"स्वदेशी की भावना का अर्थ है हमारी वह भावना, जो हमें दूर को छोड़कर अपने समीपवर्ती प्रदेश का ही उपयोग और सेवा करना सिखाए।" नई शिक्षा नीति में अनेक स्थान पर स्थानीय भाषा, तकनीक, कौशल, कला एवं कारीगरी आदि के परस्पर समंजन को 'स्वदेशी' के इसी अर्थ में समझा गया है।

राष्ट्रीय शिक्षा नीति-2020 का क्रियान्वयन एवं आत्मनिर्भर भारत में शैक्षिक संस्थानों की भूमिका एक सिक्के के दो पहलू हैं। हमारे देश में विश्वविद्यालयों सहित उच्च शिक्षा एवं शोध की एक हजार से अधिक संस्थाएँ हैं। सभी विश्वविद्यालय एक-एक जिला को केंद्रित करते हैं तो आगामी तीन से पाँच वर्ष में भारत आत्मनिर्भरता की ओर कई कदम आगे बढ़ सकता है। हमारे देश में न प्रतिभा की कमी है, न कला एवं कारीगिरी में कौशल रखनेवालों की। व्यापार, उद्योग और विविध कौशल हमारे रक्त में है। प्राकृतिक संपदाएँ भी पर्याप्त हैं। यह नीति प्रकृति और मानव बुद्धि के समंजन से नए, सशक्त और आत्मनिर्भर भारत के भविष्य को देखती है। राष्ट्रीय शिक्षा नीति के क्रियान्वयन एवं आत्मनिर्भर भारत हेतु शैक्षिक संस्थाओं की भूमिका सुनिश्चित करने से ही इस दिशा में ठोस कदम आगे बढ़ाए जा सकते हैं। शुरुआत में कुछ समस्याएँ आ सकती हैं, परंतु जहाँ समस्याएँ होती हैं, वहाँ समाधान की संभावनाएँ निश्चित होती हैं।

क्रियान्वयन की पहल

इस शिक्षा नीति में भारतीय शिक्षा के पूर्ण कायाकल्प से जुड़ी महत्त्वपूर्ण संस्तुतियाँ हैं। इनका क्रियान्वयन जटिल हो सकता है, लेकिन असंभव नहीं है। हमारे देश में इस प्रकार के सारे विषयों पर जब चर्चा होती है, तब अंत में अधिकतर लोग यह कहते हैं कि सरकार को यह सब क्रियान्वयन करना है; और जब बातें आगे नहीं बढ़ती हैं, तब सरकारों पर दोष मढ़ दिया जाता है। हमें ध्यान रखना होगा कि जिस लोकतांत्रिक देश में वहाँ का समाज, विशेष करके बुद्धिजीवी वर्ग, सरकार पर निर्भर हो जाए, वहाँ लोकतंत्र सफल होना मुश्किल हो जाता है। इसका तात्पर्य यह बिल्कुल नहीं है कि सरकार का दायित्व नहीं है, लोकतंत्र में समाज और सरकार दोनों की अपनी-अपनी भूमिका के साथ संयुक्त दायित्व भी है। जिस देश में सरकार और समाज अपने दायित्व का उचित प्रकार से निर्वहन करते हैं, वहाँ लोकतंत्र देश, समाज एवं नागरिकों के लिए आशीर्वाद रूप बनता है। शिक्षा नीति के क्रियान्वयन में केंद्र सरकार, राज्य सरकारों, समुदाय, विश्वविद्यालयों, महाविद्यालयों एवं विद्यालयों—सबकी भूमिका है। केंद्र सरकार ने शिक्षा नीति बनाने हेतु शिक्षाविदों एवं बुद्धिजीवियों की समिति का गठन करके समाज के सभी प्रकार के वर्गों से सुझाव प्राप्त किए थे। क्रियान्वयन हेतु भी इसी प्रकार प्रयास करने से अधिक अच्छा परिणाम हो सकता है। सुखद बात यह है कि केंद्र सरकार के स्तर पर क्रियान्वयन का कार्य प्रारंभ हो गया है। प्राप्त जानकारी के अनुसार केंद्र सरकार के स्तर पर जो कार्य हुआ है, वह निम्नांकित है—

- मानव संसाधन विकास मंत्रालय का नाम बदलकर शिक्षा मंत्रालय कर दिया गया है।
- उच्च शिक्षा हेतु विश्वविद्यालय अनुदान आयोग के द्वारा 9

समितियाँ एवं तकनीकी शिक्षा हेतु अखिल भारतीय तकनीकी शिक्षा परिषद् (AICTE) द्वारा 8 समितियाँ गठित कर कार्य किया जा रहा है।

- विद्यालय स्तर का कार्य विद्यालय शिक्षा सचिव के नेतृत्व में किया जा रहा है।
- केंद्र सरकार के शिक्षा संस्थानों को उनके करणीय कार्य हेतु आदेश दे दिया गया है।
- केंद्र सरकार के अधिकतर संस्थानों ने अपने-अपने स्तर पर कार्य प्रारंभ भी कर दिए हैं।

इस प्रकार अधिकतर राज्य सरकारों ने भी नीति के क्रियान्वयन हेतु टास्कफोर्स का गठन किया है। शिक्षा समवर्ती सूची में होने के कारण राज्यों की अत्यंत महत्त्वपूर्ण भूमिका है। विशेष करके विद्यालयीन शिक्षा में नीति का अधिकतर क्रियान्वयन तो राज्य सरकारों द्वारा ही होना है। इसी प्रकार विश्वविद्यालयों की भूमिका भी महत्त्वपूर्ण है। विद्वानों के अनुसार 70 प्रतिशत क्रियान्वयन विश्वविद्यालयों को अपने-अपने स्तर पर ही करना है। आनंद की बात है कि अनेक विश्वविद्यालयों ने टास्कफोर्स का गठन किया है। इन प्रयासों के बाद भी बहुत कुछ करना शेष है। केंद्र सरकार के संस्थान जैसे भारतीय प्रौद्योगिकी संस्थान, राष्ट्रीय प्रौद्योगिकी संस्थान, भारतीय प्रबंधन संस्थान तथा केंद्रीय विश्वविद्यालयों आदि सभी संस्थानों में क्रियान्वयन समिति का शीघ्रता से गठन कर, मंत्रालय द्वारा प्रत्येक तीन माह पर नियमित बैठकें आयोजित करके समीक्षा के पश्चात् आगे की क्रियान्वयन योजना पर कार्य होना चाहिए। इसी प्रकार राष्ट्रीय शैक्षिक अनुसंधान एवं प्रशिक्षण परिषद् (NCERT) के द्वारा राष्ट्रीय पाठ्यचर्या पर अतिशीघ्रता से कार्य प्रारंभ

किया जाना चाहिए। राज्य सरकारों द्वारा प्रत्येक विश्वविद्यालय एवं जिला स्तर पर क्रियान्वयन समिति का गठन किया जाना चाहिए। जिला स्तर की समितियों में शिक्षाविद्, प्रतिष्ठित सामाजिक कार्यकर्ता, शैक्षिक संगठन के पदाधिकारी आदि का समावेश होना चाहिए। इन समितियों के द्वारा संगोष्ठियों, ई-संगोष्ठियों आदि का आयोजन करके शैक्षिक एवं सामाजिक स्तर पर जागरूकता लाने का प्रयास करना चाहिए। इसी प्रकार विश्वविद्यालयों द्वारा प्रत्येक महाविद्यालय में तथा जिला की समिति द्वारा प्रत्येक विद्यालय में समिति का गठन करना चाहिए। इस माध्यम से वहाँ के आचार्यों की सहभागिता से क्रियान्वयन में उनका योगदान सुनिश्चित किया जा सकेगा।

शैक्षिक संस्थानों की और शिक्षा जगत् के लोगों की शिक्षा नीति के क्रियान्वयन में सबसे अहम भूमिका है। इस हेतु प्रत्येक शैक्षिक संस्थान के प्रमुख को यह सुनिश्चित करना चाहिए कि वहाँ के प्रत्येक आचार्य शिक्षा नीति के प्रारूप का गहन अध्ययन करें। आचार्यों की सहभागिता एवं क्रियान्वयन में उनको आनेवाली व्यावहारिक कठिनाइयों का समय-समय पर समाधान भी करना आवश्यक होगा। आचार्यों एवं वरिष्ठ छात्रों हेतु संगोष्ठियों का आयोजन करना चाहिए, जिसमें शोध-पत्र भी मँगवाए जा सकते हैं। नीति के प्रत्यक्ष क्रियान्वयन हेतु प्रत्येक विषय की क्रमबद्ध योजना बनानी होगी। उदाहरण के लिए, उच्च शिक्षा के स्तर पर द्विभाषी पाठ्यक्रम की बात नीति में कही गई है। वर्तमान में तो उच्च शिक्षा, विशेष करके व्यावसायिक शिक्षा के स्तर पर अपनी भाषा में पुस्तकें ही उपलब्ध नहीं हैं। तत्काल पुस्तकें तैयार करना कठिन है, परंतु आई.आई.टी. में पढ़ानेवाले एक प्रोफेसर मित्र ने सूचित किया कि मैंने हिंदी में पढ़ाना प्रारंभ कर दिया। यह प्रथम सीढ़ी है। आगामी वर्ष की परीक्षाओं में उत्तर पुस्तिका में छात्रों को उनकी मातृभाषा में

लिखने की छूट दी जाए। इसके साथ-साथ अपनी भाषा में पुस्तकें लिखने का कार्य भी प्रारंभ किया जाए, तब वर्ष 2022-23 से स्थानीय भाषा में पुस्तकें उपलब्ध हो सकती हैं। इसी प्रकार क्रमबद्ध योजना करने से कार्य कठिन भी नहीं होगा और सुचारु क्रियान्वयन भी सरलता से समयबद्ध रूप से संभव हो पाएगा।

शिक्षा किसी भी देश की नींव समान होती है। अभी तक नींव कमजोर थी और उस पर हम बड़ा, भव्य भवन बनाने की इच्छा करते थे, जो संभव नहीं हो पा रहा था। सौभाग्य से आज हमको इस प्रकार की शिक्षा नीति प्राप्त हुई है, जिसके क्रियान्वयन से देश की शिक्षा में आधारभूत बदलाव होंगे। आइए, इस संभावना को साकार करने का संकल्प करें।

'शिक्षा बदलेगी तो देश बदलेगा', अर्थात् हम सशक्त, संपन्न भारत का जो स्वप्न देख रहे हैं, वह साकार होगा।

विजयदशमी
15 अक्तूबर, 2021

—अतुल कोठारी
राष्ट्रीय सचिव, शिक्षा संस्कृति उत्थान न्यास

अनुक्रम

राष्ट्रीय शिक्षा नीति-2020 : दृष्टि और दिशा

—प्रो. रजनीश कुमार शुक्ल

शिक्षा नीति-2020 भविष्य के भारत की फलदायी शिक्षा का बीजवपन करती है। यह नीति आत्मनिर्भर और सशक्त भारत की संभावनाओं को साकार करने का संकल्प है, जो देश की व्यवस्था को चलानेवालों की नीयत, निष्ठा और क्षमता को व्यक्त करती है। राष्ट्रीय शिक्षा नीति-2020 नए भारत के निर्माण का लक्ष्य लेकर चलती है। इसके लिए व्यक्तिगत और सामाजिक जीवन में विद्यार्थियों को सशक्त करनेवाली शिक्षा का मार्ग दिखाती है। इस नीति में न्याय और अवसर की समानता को सुनिश्चित करते हुए समावेशन के सिद्धांत को अपनाया गया है। यह नीति भारतीय मन एवं मेधा के साथ शिक्षा को विकसित करने का एक प्रयास है। इस शिक्षा नीति को सिर्फ संस्थाओं का स्वरूप बदलने के रूप में नहीं देखा जा सकता। इसमें विषयवस्तु, शिक्षण, तकनीकी आदि को बदलने और अद्यतन करने के लक्ष्य हैं। इस नीति की भारतीय शिक्षा के प्रति दृष्टि और दिशा की विवेचना के पूर्व भारतीय शिक्षा-व्यवस्था का एक सिंहावलोकन करते हैं।

भारत के अंदर 200 वर्ष पहले हमने शिक्षा का जो लक्ष्य बनाया,

वह हमारा नहीं था। जिन्होंने शिक्षा का लक्ष्य निर्धारित किया, उन्होंने अपने समाज, अपने समूह, अपने व्यक्तियों के लिए निर्धारित किया। हमने मान लिया कि वह श्रेष्ठतम था, वही अपरिहार्य था, उसके अलावा कोई रास्ता नहीं था। हमने उसे बदला नहीं, बल्कि वही चलाते रहे। परिणामस्वरूप वर्तमान में शिक्षा की मनुष्य, समाज और राष्ट्र की निर्मिति में कोई भूमिका नहीं है। प्राथमिक और माध्यमिक शिक्षा की थोड़ी-बहुत सराहना कर भी सकते हैं, लेकिन उच्च शिक्षा की तो इन सबमें कोई भूमिका नहीं है। उच्च शिक्षा मनुष्य की उपभोक्तावादी अभिवृत्तियों को और उद्योग की उत्पादकता दोनों को ही बढ़ाने के यत्न के रूप में दिखाई देती है। यदि इन दोनों यत्नों पर बात करें तो समझ में आएगा कि हमारी शिक्षा मनुष्य को मशीन के समांतर खड़ा करनेवाली शिक्षा है। यह शिक्षा मनुष्य को संसाधन के रूप में देखती है और उसकी उत्पादन करने की क्षमता का विकास करती थी। इस तरह की क्षमता का निर्माण शिक्षा का व्यापक उद्‌देश्य नहीं है। मनुष्य का निर्माण एक दीर्घकालिक प्रक्रिया है, जिसका घटक स्वयं मनुष्य है। इसे काशी विद्यापीठ की स्थापना के समय महात्मा गांधी के द्वारा कहे गए दोहे के माध्यम से समझ सकते हैं—

कला बहत्तर पुरुष की, वामे दो सरकाज।
एक जीव को जीविका, एक जीव उद्धार॥

इसके आधार पर कहा जाए तो अच्छी शिक्षा के दो ही घटक हैं—शिक्षा जीविका के लिए तैयार करती है और शिक्षा जीव का उद्धार भी करती है। उद्धार होना, अर्थात् जो नीचे जा रहा है, उसे ऊपर उठाना। समाज का कोई वर्ग नीचे जा रहा है तो उसे ऊपर उठाना चाहिए। कोई व्यक्ति नीचे जा रहा है तो उसे ऊर्ध्वगामी बनाना चाहिए, यही उद्धार है। शिक्षा सभी प्रकार के बंधनों से मुक्ति का उपक्रम है—सामाजिक बंधनों

से मुक्ति होनी चाहिए और भौतिक बंधनों से भी। राजसत्ता के जो बंधन हैं, उनसे भी मुक्ति होनी चाहिए। इन सबसे परे मनुष्य की सब प्रकार के दुःखों से मुक्ति होनी चाहिए। वस्तुतः बंधनों और दुःखों से मुक्ति ही शिक्षा का उद्देश्य है। हमारी शिक्षा इस उद्देश्य से भटक गई थी।

शिक्षा नीति-2020 मनुष्य के निर्माण की बात करती है। यह नीति औपनिवेशिक मानसिकता का प्रतिकार करती है और भारतीय चेतना का पोषण करती है। 1835 में जब मैकाले ने आधुनिक भारतीय शिक्षा की नींव रखी थी तो उसके मन-मस्तिष्क में मनुष्यता का लक्ष्य नहीं था। वह तो राजभक्त मनुष्य बनाना चाहता था। वह ऐसा मनुष्य नहीं बनाना चाहता था, जो निष्ठावान और ईमानदार हो, जैसी निष्ठा और ईमानदारी भारतीय समाज में ब्रिटिश राज के पूर्व व्याप्त थी। मैकाले ऐसे व्यक्तियों को तैयार करना चाहता था, जो राजभक्त होने के साथ-साथ मूल्यों से समझौता करनेवाले मूल्यहीन हों। अंततः हम एक मूल्यविहीन शिक्षा प्रणाली के अंग बनते गए। हमने भारतीयता को अस्वीकृत कर दिया और उसे हेय मानने लगे। अपनी सांस्कृतिक और वैज्ञानिक विरासत के प्रति आँखें मूँद लीं तथा स्वयं को हीन और कमजोर समझानेवाली शिक्षा प्रणाली को विकसित किया। जब हम बंकिम चंद्र चटर्जी, स्वामी विवेकानंद, मालवीयजी, महात्मा गांधी, गोप बंधु दास, संपूर्णानंद, आचार्य नरेंद्रदेव, पं. दीनदयाल उपाध्याय, गुरु गोलवलकर, आशुतोष मुखर्जी, श्यामा प्रसाद मुखर्जी, राधाकृष्णन, दौलत सिंह कोठारी इत्यादि श्रेष्ठ चिंतकों की शृंखला पर विचार करते हैं तो प्रकट होता है कि इन आचार्यों ने भारतीयता के बोध के साथ शिक्षा के लिए एक दृष्टि दी, एक भारतीय विकल्प दिया। इन सभी की दृष्टियों को अंगीकार करते हुए यह नीति 21वीं सदी के भारत को सशक्त बनाना चाहती है। मेरे अनुसार यह श्रेष्ठतम नीति है, जो सूत्रबद्ध तरीके से समस्याओं के

समाधान को प्रस्तुत करती है। यह नीति भारत के इतिहास-बोध, वर्तमान चुनौतियों और सुंदर भविष्य की परिकल्पना को लेकर चलती है। यह नीति स्पष्ट रूप से इस तथ्य को रेखांकित करती है कि हमारी शिक्षा-व्यवस्था की जड़ अपनी ऐतिहासिक और सांस्कृतिक परंपराओं में होनी चाहिए तथा हमारे पाँव मजबूती से वर्तमान के धरातल पर टिके होने चाहिए। इसके आधार पर ही भविष्य का निर्माण किया जा सकता है। इस शिक्षा नीति की यह भी विशेषता है कि इसके क्रियान्वयन का स्पष्ट रास्ता परिकल्पित है, निर्धारित लक्ष्यों को चरणबद्ध तरीके से कैसे प्राप्त किया जाए, इसके सूत्र हैं।

वर्तमान शिक्षा नीति में स्वीकृति है कि व्यक्ति के विचार और उसकी मेधा का विकास जीवनपर्यंत चलता रहता है। अतः हमारी शिक्षा-व्यवस्था ऐसी होनी चाहिए, जिसमें व्यक्ति की मेधा का समुचित विकास हो सके। शिक्षा नीति की यह दृष्टि भारतीय परंपरा के लिए आश्चर्यजनक नहीं है। यह पहली शिक्षा नीति है, जो भारतीय भाषा, संस्कृति और कला पर पूरा एक अध्याय देती है। उच्च शिक्षा में भाषा, साहित्य, संगीत, दर्शन, भारतीय विद्याओं, कला और नाट्य को समाविष्ट करती है। इस तरह से यह नीति उच्च शिक्षा के स्तर पर भी, चाहे वह किसी भी ज्ञानानुशासन का विद्यार्थी हो, उसे भाषा, कला और संस्कृति को सीखने का अवसर देती है। उसे अपनी जिज्ञासानुरूप विषय चुनने की स्वतंत्रता देती है। उच्च शिक्षा में मनुष्य की रुचि और उसकी सांस्कृतिक परंपरा को जोड़ती है। अगर भाषा सांस्कृतिक परंपरा के साथ जुड़कर आती है तो इससे व्यक्ति के साथ भाषा का भी विकास होगा। बहुभाषिकता भारतीय संस्कृति का मूल स्वभाव है। यहाँ के अधिकांश जन बहुभाषिक हैं। यहाँ की भाषाओं में परस्पर संबंध भी है। इस विशेषता की शिक्षा द्वारा उपेक्षा हुई। भारत में औपनिवेशिक शिक्षा

के विस्तार के साथ ही अंग्रेजी अनिवार्य रूप से शिक्षा का माध्यम बन गई। यह प्रतिपादन भारत की बहुभाषिकता को समाप्त करने के लिए ही किया गया था। इस बहुभाषिकता को समाप्त करने के कारण भारत शिक्षा के क्षेत्र में लगातार पीछे गया। यहाँ तक कि अंग्रेजों ने भारतीय भाषाओं के लिए 'वर्नाक्यूलर' शब्द ईजाद कर दिया। साक्षर होने की ऐसी परिभाषा गढ़ी कि जो भारत 70 प्रतिशत साक्षर लोगों का देश था, वह 1835 में अशिक्षितों के देश के रूप में परिवर्तित हो गया। यह परिवर्तन केवल अंग्रेजों के सरकारी दस्तावेजों में था। हमारा देशज ज्ञान-विज्ञान सतत रूप से विभिन्न स्थानीय प्रणालियों में संरक्षित था। स्वतंत्र भारत में बहुभाषिकता को बढ़ावा देने के लिए 'त्रिभाषा सूत्र' लाया गया। इसका उद्देश्य था कि प्रत्येक विद्यार्थी अपनी मातृभाषा के अतिरिक्त दो और भाषाएँ जान सके। यद्यपि यह सूत्र भारतीय भाषाओं के प्रोत्साहन के लिए था, लेकिन इसका क्रियान्वयन इस तरह से हुआ कि यह संपर्क भाषा के रूप में अंग्रेजी की स्वीकार्यता और अनिवार्यता का सूत्र बन गया। इस सूत्र का आग्रह था कि प्राथमिक शिक्षा मातृभाषा में हो। इस दृष्टि से भारतीय भाषाओं में पढ़ने-लिखने की संस्कृति के विकास की संभावना थी। दुर्भाग्य से इसकी व्याख्या और क्रियान्वयन इस तरह से हुआ कि देश भर में भाषिक दृष्टि से दोहरी शिक्षा प्रणाली विकसित हुई। एक तरफ वह प्राथमिक शिक्षा थी, जो अंग्रेजी के माध्यम से चल रही थी। दूसरी ओर ऐसी प्राथमिक शिक्षा थी, जो हिंदी सहित अन्य भारतीय भाषाओं में चल रही थी। हिंदी सहित अन्य भारतीय भाषाओं के माध्यम से चल रही शिक्षा प्रणाली या शिक्षा के संस्थान कालखंड के साथ दोयम दर्जे के हो गए और दून स्कूल या इस प्रकार के मॉडल पर स्थापित देश भर में पब्लिक स्कूल और मिशनरी स्कूल श्रेष्ठ शिक्षा के केंद्र के रूप में विकसित हुए। शिक्षा नीति-2020

में प्रस्तावित त्रिभाषा सूत्र आश्वस्त करता है कि यदि कोई प्राथमिक विद्यालय सार्वजनिक क्षेत्र का होगा तो उसमें प्राथमिक शिक्षा मातृभाषा में दी जाएगी। यह संस्तुति स्वागत योग्य है। जब से शिक्षा का अधिकार कानून आया तो उसमें 6 वर्ष से शिक्षा प्रारंभ करने का प्रावधान था। अब तो 3 वर्ष की उम्र से पूर्व विद्यालयी शिक्षा आरंभ करने की बात की है। यह वह समय है, जब विद्यार्थी-शिशु किसी दूसरी भाषा को सीखने की स्थिति में नहीं होता है। उसके शिक्षण के लिए स्वाभाविक है कि उसकी मातृभाषा का प्रयोग किया जाए। इस पहल से प्राथमिक स्तर पर समस्त भारतीय भाषाओं में शिक्षण की संभावना का द्वार खुला है। यह द्वार हिंदी के लिए भी खुला है। संख्यात्मक दृष्टि से विचार किया जाए तो जब यह शिक्षा नीति लागू होगी तो लागू होने के चार वर्षों के अंदर हिंदी में पढ़नेवाले या पढ़ाए जानेवाले संस्थाओं और छात्रों की संख्या दोगुने से अधिक हो जाएगी। नई शिक्षा नीति के त्रिभाषा सूत्र को केवल भाषा-नीति और अनुवाद-नीति के आलोक में देखने की जरूरत नहीं है। इसको सतत अधिगम प्रक्रिया की दृष्टि से और भाषा प्रौद्योगिकी की दृष्टि से भी देखने की जरूरत है। शिक्षण, शोध, अनुसंधान, काम-काज और संप्रेषण की भाषा के विकल्प के रूप में हिंदी को मजबूत करने का कार्य भाषा प्रौद्योगिकी के द्वारा होगा। ऐसे ही यह भी उल्लेखनीय है कि वर्तमान नीति भाषा के साथ कला की बात कर रही है। इसमें भाषा के द्वारा कला और सांस्कृतिक संवर्धन का लक्ष्य है। यह लक्ष्य स्वाभाविक भी है, क्योंकि संस्कृति-बोध मातृभाषा में ही संभव है और जब भारतीय भाषाएँ विकसित होती हैं तो संस्कृति भी विकसित हो जाती है। भारतीय भाषाओं के बढ़ने के साथ, सांस्कृतिक बोध के बढ़ने के साथ इस देश के लोगों में एकत्व का भाव मजबूत होगा।

यह नीति भारतीय मन एवं मेधा के साथ शिक्षा को विकसित करने

का एक प्रयास है। इस शिक्षा नीति को सिर्फ संस्था का स्वरूप बदलने के रूप में नहीं देखा जा सकता। इसमें विषयवस्तु, शिक्षण, तकनीकी आदि को बदलने और अद्यतन करने के लक्ष्य हैं। उनके लिए वित्त की योजना भी है। शिक्षा के अवसरों को बढ़ाने के लिए हमने संस्थाओं की क्षमता को बढ़ाने तथा संसाधनों की भागीदारी का रास्ता अपनाया है। पहली बार शिक्षा का ऐसा मॉडल आया है, जिसमें राज्य सरकार और केंद्र सरकार के बीच जो शैक्षिक विवाद होते हैं, वे विवाद न रहें। पूरे देश में शिक्षा को नियमित करने, नियंत्रित करने के लिए एक तरह के स्वरूप की अनुशंसा है। ज्ञान की कृत्रिम दीवारों को तोड़ने का प्रयत्न है। इससे ज्ञान के विभिन्न क्षेत्रों में परस्पर अंतरण होगा। कोई विद्यार्थी भौतिक विज्ञान, गणित और संगीत पढ़ना चाहता है तो उसे इसकी सुविधा उपलब्ध होगी। यह शिक्षा नीति का अनूठा प्रयोग है, जिसकी मान्यता है कि सबमें कुछ विशिष्ट क्षमताएँ होती हैं। इन क्षमताओं के विकास के लिए सभी विद्यार्थियों को समान अवसर उपलब्ध होना चाहिए। शिक्षा नीति समाज के वंचित वर्ग के लिए अवसरों की उपलब्धता पर बल देती है। सरकारी विद्यालयों को संसाधन संपन्न बनाना, प्राथमिकता के आधार पर अध्यापकों की नियुक्ति, वंचित वर्ग के लिए अनेक विशेष योजनाओं का उल्लेख इस नीति में है। इन प्रयासों के द्वारा शिक्षा सभी सामाजिक वर्गों के लिए उपलब्ध होगी। शिक्षा को अंतिम व्यक्ति तक पहुँचाने का दायित्व राज्य का होगा। यह नीति इस स्थापना को तोड़ना चाहती है कि पढ़े-लिखे व्यक्ति का काम केवल प्रबंधन और शासन है, कम पढ़े-लिखे व्यक्तियों का कार्य शारीरिक श्रम करना है। इसी तरह यह नीति नौकरी के लिए उपाधि की मान्यता पर चोट करती है। नीति आत्मनिर्भर युवाओं की तैयारी पर बल देती है।

राष्ट्रीय शिक्षा नीति-2020 को मैं 185 वर्ष बाद शिक्षा के

भारतीयकरण की दिशा में उठाए गए प्रयास के रूप में देखता हूँ। इस नीति में भारतीयता का आशय, अस्मिता, मूल्य और प्रत्येक भारतीय की आत्मनिर्भरता का लक्ष्य स्पष्ट रूप से प्रकट होता है। यह शिक्षा नीति केवल शिक्षा की संरचना और स्वरूप को बदलने की बात नहीं करती, बल्कि पूरी तरह से शिक्षा के लक्ष्यों का कायाकल्प करते हुए 21वीं सदी के भारत के स्वप्नों को साकार करने का पथ प्रदर्शित करती है। यह नीति स्पष्ट घोषणा करती है कि मनुष्य में मनुष्यता का विकास शिक्षा का लक्ष्य है। इसके लिए उसके संज्ञान के साथ-साथ सृजनात्मक, कल्पना और भावनाओं का परिष्कार भी आवश्यक है। इन्हीं माध्यमों से व्यक्ति का समग्र विकास संभव होता है। सीखने-सिखाने में नूतनता आती है। यह नूतनता शिक्षा की मूलभूत विशेषता है। भारतीय परंपरा में देखें तो हमारे यहाँ ऐसी ही शिक्षा की व्यवस्था रही है। हम केवल सूचना को जानने का लक्ष्य नहीं रखते हैं। केवल जो दिख रहा है, उसे जानकर संतुष्ट नहीं हुए हैं, बल्कि जिज्ञासा और प्रश्नाकुलता का पोषण किया है। यह नीति भी शिक्षा की प्रक्रिया को सूचना और परीक्षा केंद्रित रटंत प्रणाली की व्यवस्था से मुक्त करना चाहती है। भारतीय परंपरा अनुरूप शिक्षा को शाश्वत मूल्य से पोषित जिज्ञासु मस्तिष्क के विकास का माध्यम बनाना चाहती है। इसके लिए यह नीति शिक्षा प्रणाली व शिक्षण के किसी एकमात्र सार्वभौमिक प्रारूप की बात नहीं करती है। इसमें हर उस प्रणाली के तत्त्व हैं, जो शिक्षार्थी के स्तर और विषयानुरूप उसे सीखने का अवसर देते हैं। यह तारतम्यता पूर्व प्राथमिक स्तर से शोध तक विद्यमान है। नीति के शिक्षणशास्त्र संबंधी सुझाव व्यापक हैं। इसके अंतर्गत सीखने की सामग्री, चाहे वह पुस्तक हो, डॉक्यूमेंट्री हो, इ-कंटेंट हो, उसे समृद्ध बनाने का सुझाव दिया गया है। पढ़ाने के तरीकों को आनुभविक और परिवेश से जोड़ने की विधियों का उल्लेख

है। शोध के स्तर पर भारतीय संदर्भ में प्रासंगिक विषय चुनने, उन्हें उद्योग जगत् से जोड़ने पर बल दिया गया है। कुल मिलाकर हम केवल 'बताने' की पद्धति से बाहर निकलकर मनन करने, बदलाव करने और अपनाने की पद्धति की ओर बढ़ें, ऐसी अनुशंसा इस नीति में है। इस तरह से शिक्षा नीति-2020 शिक्षा से गायब भारतीयता को पुनः स्थापित करने का समग्र प्रयास है। समाज के अंतिम जन को सशक्त करने की दिशा में प्रस्थान है। प्रत्येक बच्चे के समग्र विकास की आधारशिला है। सामाजिक-आर्थिक समरसता बढ़ाने का यत्न है। यह नीति संपूर्ण भारत के लोगों के लिए भारत केंद्रित शिक्षा प्रणाली विकसित करते हुए स्थानीयता की उपेक्षा न हो, इसका ध्यान दिलाती है। यह नीति भारत को जानने, भारत को समझने, भारत के भविष्य को सुंदर बनाने, भारत को आत्मनिर्भर बनाने में योगदान करनेवाले समर्थ नागरिकों को तैयार करने का आधार है। इसके लिए इसमें तीन अपरिहार्य बदलावों की अनुशंसाएँ हैं—शिक्षा भारतीय भाषाओं के माध्यम से हो, शिक्षण के केंद्र में शिक्षार्थी हो और शिक्षा का उद्देश्य मनुष्य का निर्माण करना हो। वर्तमान शिक्षा को इस तरह से पुनर्संरचित करने पर शिक्षा सृजनात्मक कल्पना को जन्म दे सकेगी। वैश्विक आवश्यकताओं को सामने रखते हुए भारत की भूमिका तय करनेवाले नागरिकों का विकास कर सकेगी। □

प्रारंभिक बाल्यावस्था देखभाल और शिक्षा एवं राष्ट्रीय शिक्षा नीति

—श्री देश राज शर्मा

प्राचीन काल से ही भारत विश्व के लिए ज्ञान का आकर्षण रहा है। भारत ने ज्ञान के आधार पर ही विश्व का नेतृत्व किया है। सीखना हमारे स्वभाव में है। हम सदैव सीखने की वृत्ति के आधार पर प्रयोग करते हैं, उन प्रयोगों के अनुभवों को अपने जीवन में उतारते हैं, यदि वह सफल हो तो ही दूसरों को बताते हैं। धर्म, ज्ञान और विज्ञान के मामले में भारत से ज्यादा समृद्धशाली देश शायद ही कोई दूसरा रहा हो, इसलिए भारतीयों की बुद्धि का दुनिया अभी भी लोहा मानती है। भारत में शिक्षा के तीन केंद्र हुआ करते थे—परिवार, विद्यालय तथा देवालय। भारत में पाँच वर्ष तक की आयु के बालकों की शिक्षा अनौपचारिक पद्धति से घरों में ही हुआ करती थी। संस्कार ही शिशु शिक्षा का आधार था। संयुक्त परिवार में रहकर बच्चा, परिवार के सदस्यों की अनेक गतिविधियों को सुनता, देखता तथा करता रहता था, उसी के आधार पर वह अपनी कर्मेंद्रियों तथा ज्ञानेंद्रियों का विकास करता हुआ संस्कार प्राप्त कर लेता था। गुरुकुलों में बालक अनुभवात्मक, विश्लेषणात्मक, खोज-आधारित शिक्षा प्राप्त किया करता था। पिछले कई वर्षों से

समाज की व्यवस्थाएँ तथा आवश्यकताएँ बदलती गईं, जिसे ध्यान में रखते हुए शिशु शिक्षा निजी विद्यालयों में आरंभ हो चुकी थी, लेकिन सरकारी विद्यालयों में यह व्यवस्था उपलब्ध नहीं थी। इस कारण आर्थिक, भौगोलिक कारणों से भारत में करोड़ों बच्चे पूर्व विद्यालयी शिक्षा से वंचित थे। नई शिक्षा नीति इस अपकंचन को दूर करती है।

खोज–आधारित दृष्टि से ही भारत विश्वगुरु बना था तथा भारत के इसी वैभव को पुनः स्थापित करने के लिए और राष्ट्रीय ज्ञान के खजाने में वृद्धि करते हुए इसे प्रत्येक स्तर पर पहुँचाने की दिशा में 29 जुलाई, 2020 को शिक्षा इतिहास में एक नया अध्याय जुड़ गया। इस शिक्षा नीति में प्रारंभिक बाल्यावस्था देखभाल और शिक्षा, (ई.सी.सी.ई.) पर विशेष बल दिया गया है।

प्रारंभिक बाल्यावस्था देखभाल और शिक्षा

बच्चों के दिमाग का 85 प्रतिशत विकास 6 वर्ष की अवस्था से पूर्व ही हो जाता है। अतः उनके मस्तिष्क के उचित विकास और शरीर की वृद्धि को सुनिश्चित करने के लिए उसके आरंभिक 6 वर्षों को महत्त्वपूर्ण माना गया है। राष्ट्रीय शिक्षा नीति में इसी विषय को ध्यान में रखकर आधुनिक दृष्टि से 21वीं शताब्दी की आवश्यकता की पूर्ति के लिए गुरुकुलों को आधार बनाकर आधुनिक रूप से शिक्षा देने की बात कही गई है। ई.सी.सी.ई. में राष्ट्रीय और अंतरराष्ट्रीय नवाचार एवं सर्वोत्तम प्रथाओं पर नवीनतम शोधों को शामिल किया जाएगा। इस नीति में उन सभी प्रथाओं को, जो भारत में कई शताब्दियों से बाल्यावस्था की शिक्षा के विकास को समृद्ध करती रही हैं, उन्हें स्थान दिया गया है। स्थानीय परंपराओं द्वारा विकसित कलाओं, कहानियों, कविताओं, खेलों, गीतों आदि को इस शिक्षा में शामिल किया जाएगा।

शिक्षा नीति में यह परिकल्पना की गई है कि 5 वर्ष की आयु से पहले प्रत्येक बच्चा प्रारंभिक शिक्षा या बाल वाटिका में प्रवेश ले। आठ वर्ष की आयु तक के सभी बच्चों के लिए दो भागों में प्रारंभिक बाल्यावस्था की शिक्षा दी जाएगी। इसमें 0 से 3 वर्ष के बच्चों के लिए एक अलग और विशेष फ्रेमवर्क तैयार किया जाएगा, इसी तरह 3 से 8 साल के बच्चों को एक अन्य फ्रेमवर्क विकसित होगा। 10 + 2 वाले ढाँचे को बदलकर 5 + 3 + 3 + 4 के ढाँचे में 3 वर्ष की आयु वाले बच्चों को भी शामिल किया गया है। इस नीति द्वारा चरणबद्ध तरीके से पूरे देश में उच्चतर गुणवत्ता वाले ई.सी.सी.ई. संस्थानों के लिए पहुँच सुनिश्चित की जाएगी। यह व्यवस्था चार केंद्रों पर लागू की जाएगी—

1. सशक्त रूप से अकेले चल रही आँगनबाड़ियों,
2. प्राथमिक विद्यालयों के साथ स्थित आँगनबाड़ियों,
3. प्राथमिक विद्यालयों के साथ ही स्थित पूर्व प्राथमिक विद्यालयों,
4. अकेले चल रहे प्री-स्कूल।

ई.सी.सी.ई. सुनने, बोलने की कुशलताओं का विकास, भाषा एवं गणित की तैयारी के लिए खेल, बौद्धिक, सृजनात्मक एवं शारीरिक गतिविधियों से भरपूर एक संतुलित खेल आधारित कार्यक्रम है। यह पढ़ने तथा लिखने की तैयारी को महत्त्व देता है। सीखने के लिए व्यक्तिगत अवसर, भावनात्मक आवश्यकताओं की पूर्ति हेतु समूह गतिविधियाँ तथा संवाद के अवसर प्रदान करने के लिए बाल केंद्रित कार्यक्रमों की रचना है। यह अवलोकन द्वारा बच्चों के विकास का गुणात्मक आकलन करनेवाला कार्यक्रम है। इस कार्यक्रम के अंतर्गत अक्षर, भाषाएँ, संख्या, गिनती, रंग, आकार, इनडोर-आउटडोर खेल, पहेलियाँ, तार्किक सोच, समस्या सुलझाने की कला, चित्रकला, पेंटिंग, शिल्प, नाटक, कठपुतली, संगीत आदि गतिविधियों को शामिल किया

जाएगा। इस आयु वर्ग के बच्चों के लिए सामाजिक कार्य, संवेदनाएँ, अच्छा व्यवहार, शिष्टाचार, नैतिकता, व्यक्तिगत और सार्वजनिक स्वच्छता, समूह में कार्य करना, आपसी सहयोग को विकसित करने पर अधिक ध्यान केंद्रित किया गया है।

क्रियान्वयन की चुनौतियाँ

प्रारंभिक बाल्यावस्था देखभाल और शिक्षा, जिसे सीखने की नींव कहा गया है, से जुड़ी संस्तुतियाँ शिक्षा जगत् के सम्मुख कई चुनौतियाँ भी प्रस्तुत करेंगी, जैसे—दूरदराज तथा कठिन क्षेत्रों में इसे लागू करना भी एक चुनौती होगी। एक अनुमान के अनुसार देश में 13.77 लाख आँगनबाड़ियों में 12.8 लाख कर्मी तथा 11.6 लाख सहायक कर्मी काम कर रहे हैं। मध्य प्रदेश प्रांत में ही 80160 आँगनबाड़ियाँ व 12070 उप आँगनबाड़ियाँ हैं। गैरसरकारी, समाज के सहयोग से संचालित विद्या भारती द्वारा संचालित देश भर की शिशु वाटिकाओं में 6 लाख से अधिक बच्चे अंकित हैं। एक सर्वेक्षण के अनुसार अभी तक देश में 362940 आँगनबाड़ियों में शौचालय उपलब्ध नहीं है, इसी तरह 159568 आँगनबाड़ियों में पीने का शुद्ध पानी उपलब्ध नहीं हो पाया है। नेशनल न्यूट्रिशन मिशन के अनुसार देश में 46.6 लाख बच्चे कुपोषण के शिकार हैं, दुनिया में कुपोषण की दृष्टि से हम तीसरे स्थान पर हैं।

भारत में 0 से 3 वर्ष के 8.4 करोड़ तथा 3 से 6 वर्ष आयु के लगभग 7.4 करोड़ बच्चे हैं, जिनमें से अभी तक 2 करोड़ बच्चे औपचारिक पढ़ाई शुरू करने से पहले प्री स्कूल में नहीं जा पाते हैं। कई सर्वेक्षणों की रिपोर्ट बताती है कि प्राथमिक शिक्षा में पढ़ाई का स्तर इसलिए निम्न है, क्योंकि उन्हें प्रारंभिक शिक्षा से पूर्व प्री स्कूल उपलब्ध नहीं हो सका।

पारिवारिक, संस्कारयुक्त, स्व-अनुशासित, आनंदमयी वातावरण हेतु स्वतंत्र भवनों, क्रीडांगन आदि संसाधन उपलब्ध करवाना महत्त्वपूर्ण कार्य है। आँगनबाड़ी कार्यकर्ता प्री स्कूलों में पढ़ानेवालों को बाल मनोविज्ञान तथा बाल-केंद्रित संस्कारयुक्त शिक्षा प्रदान करने हेतु योग्य, समर्पित अध्यापक बनाने के लिए प्रशिक्षण देना अपने आप में एक चुनौतीपूर्ण कार्य है।

प्रारंभिक बाल्यवस्था देखभाल और शिक्षा के क्रियान्वयन के लिए शिक्षा मंत्रालय, महिला और विकास मंत्रालय, स्वास्थ्य एवं परिवार कल्याण मंत्रालय तथा जनजातीय कार्य मंत्रालय संयुक्त रूप से कार्य करेंगे, जो कि अपने आप में तालमेल करना चुनौती भरा होगा।

क्रियान्वयन हेतु सुझाव

सर्वप्रथम ई.सी.सी.ई. को अनिवार्य एवं निःशुल्क शिक्षा अधिनियम में शामिल करने की आवश्यकता होगी। आँगनबाड़ी केंद्रों के लिए समृद्ध शिक्षा के वातावरण के साथ डिजाइन किया हुआ हवादार, बाल सुलभ निर्मित अपने भवन व क्रीडांगन तैयार करने होंगे। देश भर में अनेक ऐसे प्राथमिक विद्यालय हैं, जिनमें 100 से भी कम छात्र पढ़ते हैं, ऐसे विद्यालयों को बंद करके अन्य विद्यालयों के साथ जोड़ देना चाहिए तथा इन भवनों का उपयोग बाल वाटिकाओं के लिए किया जा सकता है। अभिभावकों के प्रबोधन कार्यक्रम की योजना करनी होगी। नव विवाहित युगल, गर्भवती महिलाएँ तथा 0 से 3 वर्ष के बालकों की माताओं के प्रशिक्षण के मापांक तैयार करके उनके प्रशिक्षण की गहन व्यवस्था की जाए। अनुभव, अभिव्यक्ति तथा क्षमताओं के विकास के लिए क्रियाकलाप, यानी गतिविधियाँ तैयार करनी होंगी, पाठ्यचर्या में पदार्थों के गुणधर्मों का परिचय, सजीव सृष्टि परिचय एवं उससे

आत्मीयता, मानव सृष्टि परिचय, क्षमताओं का विकास, परिवारों का शिक्षण आदि का समावेश करना होगा। ज्ञानेंद्रियाँ, कर्मेंद्रियाँ, वाणी की क्षमताएँ, मानसिक क्षमताएँ तथा समाजिक क्षमताओं के विकास को शामिल करना आवश्यक होगा।

घर जैसा वातावरण प्रदान करने के लिए बाल वाटिका परिसर घर जैसा लगना चाहिए। खेलने के कमरे, सोने का कमरा, भोजन गृह आदि की व्यवस्था अपेक्षित है। बाल वाटिका/प्री स्कूल भवन में शारीरिक, मानसिक, बौद्धिक एवं आत्मिक क्षमताओं के विकास की व्यवस्था करनी होगी। अनुमान, तर्क, निर्णय, विवेक, तुलना, धारणा, स्मृति, भाषा के विकास हेतु भिन्न-भिन्न व्यवस्थाएँ स्थापित करनी होंगी।

जिला तथा राज्य स्तरीय सरकारी एवं गैरसरकारी संसाधक तथा संस्थान चिह्नित करने होंगे। यह समूह ई.सी.सी.ई. से संबंधित सामग्री विकास, गुणवत्ता निर्धारण तथा प्रशिक्षण आदि में सहयोग एवं मार्गदर्शन कर सकते हैं।

बाल विकास के संदर्भ में (स्वास्थ्य सहित) बच्चे की आयु अनुरूप क्रमिक विकास को ध्यान में रखते हुए मानकों का निर्धारण करना आवश्यक होगा, जिसमें स्वास्थ्य मानक भी शामिल हों।

उद्‌देश्यपूर्वक सीखने की कलाओं को समझ सकें, इस हेतु समाज से बाल मनोविज्ञानकों तथा इस क्षेत्र में वर्षों से कार्य करनेवाली अखिल भारतीय शिक्षा संस्थान विद्या भारती जैसी संस्थाओं से संसाधन प्राप्त किए जा सकते हैं।

ई.सी.सी.ई. से संबंधित पाठ्यचर्या, पाठ्यक्रम तथा प्रशिक्षण आदि के लिए जिला केंद्रों में एस.सी.ई.आर.टी./डाइट की सलाहकार समिति में सामाजिक कार्यकर्ता, अभिभावक, बाल मनोवैज्ञानिक, आयुर्वेदिक चिकित्सक तथा गैरसरकारी शिक्षा संस्था से सदस्य लेने होंगे।

कुपोषण से छुटकारा पाने के लिए एक महत्त्वाकांक्षी योजना बनानी होगी। पोषण आहार का वितरण, टीकाकरण, वर्ष में दो बार स्वास्थ्य जाँच, पोषण तथा स्वास्थ्य शिक्षा आदि कार्य समाज के सहयोग से किए जा सकते हैं।

सरकारी व गैरसरकारी संस्थानों में भेदभाव न करते हुए छात्र को राष्ट्रधन मानकर क्रियान्वयन की संयुक्त नीति तैयार हो।

चारों मंत्रालयों/विभागों के तालमेल/समन्वय करने के लिए एक नोडल एजेंसी स्थापित करनी होगी। स्वास्थ्य की दृष्टि से आयुष मंत्रालय को कार्य देना उचित रहेगा।

अप्रैल 2021 से इस योजना को लागू कर दिया गया है, लेकिन कई प्रांतों में ई.सी.सी.ई. का कार्य शुरू भी हो चुका है। हिमाचल जैसे प्रांत में फाउंडेशन स्टेज का काम ढाँचागत रूप से प्रारंभ हो चुका है, जहाँ 3480 स्कूलों में 50,000 के लगभग बच्चे प्री प्राइमरी शिक्षा में नाम अंकित करवा चुके हैं। पंजाब के प्री स्कूलों में 2.25 लाख के लगभग बच्चे पढ़ रहे हैं। इन प्री स्कूलों के भौतिक एवं मानवीय संसाधनों की समीक्षा करने की अति आवश्यकता है, अन्यथा इसे राष्ट्रीय शिक्षा नीति की भावना से खिलवाड़ समझा जाएगा।

यह आवश्यक है कि बाल वाटिका शिशु शिक्षा का केंद्र बनने के साथ समाज प्रबोधन और सामाजिक चेतना के विकास का केंद्र बने। इस दृष्टि से परिवारों एवं समाज का सहयोग लेना सरकार का दायित्व होगा। प्री स्कूल के चार आयाम शिशु शिक्षा, अध्यापक शिक्षा, परिवार शिक्षा एवं समाज प्रबोधन तथा शिक्षा क्षेत्र में जागृति करना राष्ट्रीय शिक्षा नीति के प्रारंभिक बाल्यावस्था देखभाल और शिक्षा अध्याय का महत्त्वपूर्ण पहलू है।

□

सर्वांगीण विकास और सामाजिक बदलाव के लिए विद्यालयी शिक्षा

—श्री ए. विनोद

वर्ष 2020 में 21वीं सदी के भारत की पहली शिक्षा नीति आ चुकी है। इस नीति ने भारत के सम्मुख उपस्थित विकास के मुद्दों को संबोधित करने का प्रयास किया है। यह नीति शिक्षा के प्रत्येक घटक–कक्षा शिक्षण, पाठ्यचर्या, गवर्नेंस आदि को 21वीं सदी की आवश्यकताओं के अनुरूप बदलना चाहती है। इस नीति का ध्येय भारतीय परंपरा और मूल्यों के अनुरूप 21वीं सदी के भारत को विकसित करना है। आत्मनिर्भर भारत के लक्ष्य की पूर्ति के लिए भावी पीढ़ी को तैयार करना है। इस नीति में आत्मनिर्भरता केवल आर्थिक संदर्भ में ही नहीं परिकल्पित की गई है, बल्कि इसे ज्ञान–आधारित समतामूलक समाज के रूप में भी परिकल्पित किया गया है। इसका उद्देश्य विश्व स्तर पर भारत की विशिष्ट पहचान को भी निर्मित करना है। यह नीति भारत के प्रत्येक जन की आकांक्षा को व्यक्त करते हुए भविष्य के भारत की आधारशिला रखती है। इस नीति में निहित भारतीयता की अवधारणा केवल साक्षरता का प्रसार नहीं है, बल्कि विचार, कर्म और व्यवहार में भारतीय मूल्यों को पोषित करना

है। इस नीति के द्वारा यूरो-केंद्रित शिक्षा और चिंतन दृष्टि का पूरी तरह से उन्मूलन किया गया है। ऐसा करने पर ही आनेवाले समय में हम भारतीय परंपरा का प्रतिनिधित्व करनेवाली शिक्षा-व्यवस्था को विकसित कर पाएँगे। यह नीति भारत की युवा आबादी की आकांक्षा को भी प्रतिबिंबित करती है। इस नीति को हम युवा भारत की शिक्षा नीति भी कह सकते हैं। इस नीति की एक महत्त्वपूर्ण विशेषता समग्रता पर बल देना है। यहाँ समग्रता का अभिप्राय व्यक्ति के सर्वांगीण विकास के लिए शिक्षा-व्यवस्था के समस्त पक्षों का रूपांतरण करना है। इसमें विषय-वस्तु, शिक्षा की संरचना, गवर्नेंस और शिक्षा में मूल्यों के समावेश पर बल देना सम्मिलित है। यह नीति भारतीय संस्कृति के अनुरूप शिक्षा-व्यवस्था में बदलाव कर अपेक्षा और वास्तविकता के बीच अंतराल को समाप्त करना चाहती है। इस अंतराल के कारण ही शिक्षा में गुणवत्ता, समानता और समावेशन की समस्या पैदा हो रही है। उदाहरण के लिए, आज भी हमारी विद्यालय शिक्षा विद्यार्थियों में आधारभूत साक्षरता और वैज्ञानिक चिंतन की क्षमता पैदा नहीं कर पा रही है। आज भी हमारे यहाँ सामाजिक, आर्थिक, क्षेत्रीय, भाषायी स्तर पर समावेशन की चुनौतियाँ उपस्थित हैं। यह नीति इन सभी आयामों को संबोधित करने का पूर्ण प्रयास करती है। यह नीति उक्त क्षेत्रों में प्राथमिकता के आधार पर अपेक्षित सुधार करने का दायित्व राज्य को सौंपती है। राज्यों से अपेक्षित है कि वे औपचारिक शिक्षा की व्यवस्था इस तरह से करें कि प्रत्येक व्यक्ति में निहित क्षमता का पूर्ण विकास हो सके और वह आत्मनिर्भर बन सके। व्यक्तियों का आत्मनिर्भर होना ही राष्ट्र की आत्मानिर्भरता का आधार बनेगा। यहाँ आत्मनिर्भरता का आशय केवल समर्थवान को समर्थ बनाना नहीं है, बल्कि ऐसे समूहों

को, जो ऐतिहासिक दृष्टि से हाशिए पर हैं, वंचित हैं, शोषित हैं, शिक्षा द्वारा उनको सशक्त बनाना है। इसे ध्यान में रखते हुए ही शिक्षा नीति में विशिष्ट शिक्षा क्षेत्रों का सुझाव आया है। विशिष्ट शिक्षा क्षेत्र, शिक्षा में समावेशन और समानता की चुनौतियों को संबोधित करने का कार्य करेंगे।

पाठ्यचर्या संबंधित सुधार

पाठ्यचर्या में सुधार हेतु शिक्षा नीति विद्यालय की संरचना में 10+2 के स्थान पर 5+3+3+4 के प्रारूप की संस्तुति करती है। यह नई संरचना विद्यार्थियों को 'क्या सिखाना है और कितना सिखाना है' के साथ-साथ 'उन्हें कैसे सीखना है' के मनोवैज्ञानिक आयाम को भी संबोधित करती है। इस तरह का बदलाव होने पर विद्यालय शिक्षा का पूर्ण कायाकल्प होगा। विद्यालयी शिक्षा जीवन और जीविका से जुड़ेगी। इसके साथ-साथ इससे उच्च शिक्षा के लिए भी सक्षम एवं सशक्त विद्यार्थी पहुँचेंगे। इस नीति सुझाव है कि हमें गणित और विज्ञान के साथ कहानी, कविता, शिल्प, भाषा कला और खेल इन सभी विषयों को विद्यालय स्तर पर समुचित स्थान देना है। इससे विद्यार्थी के लिए विद्यालयी जीवन आनंद से भरपूर होगा, उसमें अन्वेषण आधारित दृष्टि का विकास होगा। इस तरह के परिवेश में बड़े होने पर विद्यार्थी अपने परिवेश की विविधता की भी सराहना कर पाएँगे और सीखना उनके लिए बोझ नहीं बनेगा। उनकी सृजनात्मक कल्पना संवर्धित होगी। आरंभिक बाल्यावस्था शिक्षा में बच्चों का भौतिक और सांस्कृतिक विकास महत्त्वपूर्ण होता है। इसके द्वारा ही उनमें अच्छी जीवनशैली और अच्छी आदतों का विकास होता है। इस स्तर पर विद्यालय का परिवेश, अध्यापकों की अभिवृत्ति और विद्यालय में

अभिभावकों की भागीदारी महत्त्वपूर्ण भूमिका निभाते हैं। इसे ध्यान में रखते हुए यह नीति आरंभिक बाल्यावस्था शिक्षा के स्तर पर अच्छी आदतों का विकास, भौतिक और मानसिक विकास के लिए स्थानीय परिवेश के उपयोग, कहानियों, खेलों, कलाओं के माध्यम से एक ऐसी पारिस्थितिकी का विकास कर विद्यार्थियों के समग्र विकास को सुनिश्चित करने की संस्तुति करती है। बाल्यावस्था में शिक्षा के कार्यक्रमों को वैज्ञानिक सिद्धांतों के आधार पर पुनर्गठित करते हुए समावेशी शिक्षा का आधार बनाती है। यह पहल शिक्षा की गुणवत्ता और सामाजिक विकास में महत्त्वपूर्ण भूमिका निभाती है। इसके लिए आने वर्षों में प्रारंभिक बाल्यावस्था शिक्षा और विद्यालयी शिक्षा के लिए पाठ्यचर्या की रूपरेखा एवं अध्यापकों के प्रशिक्षण प्रारूप को विकसित करने की प्रतिबद्धता है।

पाँच वर्ष की आरंभिक बाल्यावस्था की शिक्षा के बाद अगले 3 वर्ष की विद्यालयी शिक्षा को तैयारी की अवस्था के रूप में समझ सकते हैं, जिसमें भाषा और गणितीय क्षमता पर बल दिया जाएगा। राष्ट्रीय साक्षरता गुणवत्ता मिशन के माध्यम से यह सुनिश्चित किया जाएगा कि छठवीं कक्षा तक प्रत्येक विद्यार्थी आधारभूत साक्षरता और गणितीय योग्यता की न्यूनतम दक्षता को प्राप्त कर ले। विद्यालयों में मातृभाषा पर जोर देते हुए अन्य भाषाओं को सीखने का अवसर भी उपलब्ध कराया जाएगा। इस स्तर पर विभिन्न विषय के रूप में ज्ञानानुशासन का भी परिचय कराया जाएगा। इस अकादमिक सुदृढ़ता के साथ-साथ विद्यार्थियों को शिल्प और कला का भी अनुभव प्रदान किया जाएगा। इसी तरह एक महत्त्वपूर्ण सुझाव यह है कि विद्यार्थी कम-से-कम 10 दिन बिना किताबों के स्कूल जाएँ। इस स्तर पर विद्यार्थियों को जो व्यावसायिक प्रशिक्षण दिया जाएगा, उसका

उद्‌देश्य कौशल विकास ही नहीं होगा, बल्कि विद्यार्थियों में रुचि विकसित करना, उन्हें समाज के विविध पक्षों को समझना और कला के माध्यम से उनके अनुभव को समृद्ध करना भी होगा। यह बदलाव उन्हें समाज की विविधता को समझने, परंपरागत भारतीय ज्ञान-परंपरा और कौशल को समझने का भी अवसर देगा। शिल्प और कला के माध्यम से संस्कृति, प्रकृति और विकास का संबंध में भविष्य के भारत की नींव बनेगा। प्रत्येक विद्यालय गांधीजी के सपनों का विद्यालय बनेगा, जहाँ शिल्प के माध्यम से समग्र विकास के लक्ष्य को साकार किया जाएगा। इस तरह से विद्यालयों में सीखना केवल सैद्धांतिक होने के बजाय आनुभविक भी होगा। बच्चों के लिए विद्यालय में सीखने की प्रक्रिया उनके परिवेश और जीवन से जुड़ जाएगी। इसी के समानांतर यह भी सुझाव है कि माध्यमिक स्तर के लिए पाठ्‌यचर्या का विकास इस तरह से किया जाएगा कि वह किशोरों की अपेक्षाओं और स्वतंत्र चिंतन की आवश्यकता को पूर्ण कर सके। इस स्तर पर विज्ञान, गणित, सामाजिक विज्ञान, कला, मानविकी जैसे विषयों को अधिक गहराई के साथ आलोचनात्मक चिंतन और लोचशीलता के साथ पढ़ाया जाएगा। विद्यार्थी अपनी अपेक्षाओं और लक्ष्यों के अनुसार अलग-अलग विषय चुन सकते हैं। किसी विद्यार्थी पर कोई विशेष विषय थोपा नहीं जाएगा। इस स्तर पर आकलन का उद्‌देश्य विद्यार्थियों में अवधारणाओं के विकास की प्रक्रिया को समझना होगा। केवल उन्हें अंक प्रदान करने के लिए मूल्यांकन नहीं किया जाएगा। एक वर्ष में दो बार बोर्ड की परीक्षाएँ होंगी। इसके साथ-साथ कक्षा 10 के बाद व्यावसायिक पाठ्‌यक्रम को चुनने का भी अवसर उपलब्ध कराया जाएगा। उच्चतर माध्यमिक स्तर की पाठ्‌यचर्या में भारत का इतिहास, विज्ञान के क्षेत्र में योगदान, जीवन के मूल्यों, नागरिक

चेतना और संवैधानिक मूल्यों आदि को भी शामिल किया जाएगा। पुस्तकें इस तरीके से तैयार की जाएँगी कि वे केवल सूचना प्रदान करने के स्थान पर तर्कपूर्ण चिंतन और विचार-विमर्श का अवसर उपलब्ध कराएँ। पुस्तकों के माध्यम से विद्यार्थियों में खोजी प्रवृत्ति को पोषित किया जाएगा। भारतीय भाषाओं के माध्यम से उन्हें भारत की एकता और सांस्कृतिक विरासत की समृद्ध परंपरा से भी परिचित कराया जाएगा। इसके साथ-साथ आधुनिक विषयों जैसे सूचना प्रौद्योगिकी कृत्रिम बुद्धि आदि को भी पाठ्यचर्या में समुचित स्थान दिया जाएगा। पाठ्यचर्या में पाठ्य सहगामी गतिविधियों, जैसे—कला और शारीरिक शिक्षा की गतिविधियों को भी शामिल किया जाएगा। नई शिक्षा नीति का उद्देश्य विद्यालयी विषयों, जैसे गणित और जीव विज्ञान में 'ए प्लस' ग्रेड की परिपाटी को तोड़ते हुए, विकास के विभिन्न क्षेत्रों जैसे—कला एवं खेल में उपलब्धि की स्वीकृति और सराहना भी है। हमें पठन-पाठन की ऐसी संस्कृति विकसित करनी होगी, जिसमें गणित और भौतिकी जैसे विषयों में उल्लेखनीय योगदान करनेवाले विद्यार्थियों के साथ-साथ उन विद्यार्थियों की भी सराहना की जाए, जो कला और शारीरिक शिक्षा के क्षेत्र में उत्कृष्ट प्रदर्शन करते हैं; उन्हें भी हम एक अच्छे खिलाड़ी और अच्छे नायक के रूप में पहचान मिले।

भाषा विभेद का उन्मूलन

भाषा विभेद को समाप्त करना इस नीति का एक प्रमुख प्रस्थान बिंदु है। यह नीति शिक्षा के क्षेत्र में किसी एक भाषा की प्रधानता के बजाय विद्यार्थियों की मातृभाषाओं को स्थान दिया जाए, इसके लिए प्रतिबद्ध है। इसका उद्देश्य किसी एक भाषा को बच्चे पर थोपना नहीं

है। यह नीति मातृभाषा की ताकत और संभावनाओं को पहचानती है और शिक्षा के क्षेत्र में भाषा भेद को समाप्त करते हुए सामाजिक न्याय एवं वैज्ञानिक उपागम के अनुरूप मातृभाषा में शिक्षा का सुझाव देती है। यह नीति विशेष रूप से इस बात पर बल देती है कि उच्च शिक्षा और रोजगार में सफलता के लिए आपको अपनी मातृभाषा छोड़कर किसी अन्य भाषा में शिक्षा न लेनी पड़े। इस नीति में भारतीय भाषाओं के साथ-साथ विदेशी भाषाओं के लिए भी संभावना व्यक्त की गई है। यह उन विद्यार्थियों के लिए भी विशेष रूप से चिंता व्यक्त करती है, जो सामाजिक-आर्थिक कारणों से पिछड़ जाते हैं और औपचारिक शिक्षा में सफल नहीं हो पाते हैं। ऐसे विद्यार्थियों के लिए शिक्षा की सुविधा भागीदारी और क्षमता संवर्धन जैसे उपाय इस नीति में सुझाए गए हैं। इसके लिए विशिष्ट शिक्षा क्षेत्र का प्रावधान विशेष रूप से उल्लेखनीय है, इसके अंतर्गत नीति उन उपायों का उल्लेख करती है, जिसके द्वारा सरकार स्थानीय स्तर पर शिक्षा की गुणवत्ता को सुनिश्चित करनेवाली सुविधाओं को उपलब्ध करा सकती है।

बदलाव के कर्ता के रूप में शिक्षक

यह नीति इस मान्यता पर आधारित है कि शैक्षिक सुधारों को क्रियान्वित करने का कार्य अध्यापक करते हैं। आरंभिक बाल्यावस्था शिक्षा से लेकर उच्च शिक्षा एवं शोध तक अध्यापकों का सशक्तीकरण आवश्यक है। अध्यापकों को सशक्त करने के उद्देश्य से नीति सुझाव देती है कि वर्ष 2030 तक सेवा पूर्व अध्यापक शिक्षा को एकीकृत बहुअनुशासनात्मक प्रारूप में संचालित किया जाए। इस सुधार के कारण योग्य एवं क्षमतावान युवाओं को शिक्षण व्यवसाय की ओर आकर्षित किया जाएगा। अध्यापकों को समुचित प्रशिक्षण प्रदान करने

और उनके सतत विकास के अवसर को सुनिश्चित करने का प्रयास किया गया है। इस तरह से नीति शिक्षकों की पेशेवर स्थिति सुधार कर भारत को विश्वगुरु बनाने की परिकल्पना करती है।

विद्यालयी तंत्र में सुधार

भारत के एक चौथाई विद्यालयों में आधारभूत संसाधनों एवं अध्यापकों का अभाव जैसी समस्याएँ व्याप्त हैं। इसके लिए कोठारी कमीशन एवं पहली राष्ट्रीय शिक्षा नीति में भी विद्यालयों के आधारभूत संसाधनों को सुनिश्चित करने का सुझाव दिया गया था। यह परिकल्पित किया गया था कि ऐसा करने पर विद्यालयों के बीच संसाधनों की भागीदारी होगी और वे शिक्षा के अवसर को सुनिश्चित करने के लिए आपस में मिल-जुलकर कार्य करेंगे, लेकिन आज तक यह योजना अपने मूल स्वरूप में साकार नहीं हो पाई है। राष्ट्रीय शिक्षा नीति-2020 इसे प्रभावपूर्ण तरीके से लागू करने के लिए प्रतिबद्धता व्यक्त करती है। इस नीति की महत्त्वपूर्ण संस्तुति है कि विद्यार्थियों को प्रशिक्षित अध्यापक और मार्गदर्शक मिलने चाहिए। इसके साथ-साथ विद्यालय संकुल में यह सुनिश्चित होना चाहिए कि विद्यार्थियों के लिए संगीत, विज्ञान, खेल, व्यवसायिक प्रशिक्षण के संसाधन उपलब्ध हों। विद्यालयों में पुस्तकालय, प्रयोगशाला, कंप्यूटर-लैब, कौशल केंद्र और खेल के मैदान की सुविधा उपलब्ध हो। इन संसाधनों का साझेदारी के साथ उपयोग किया जाए। यह सुझाव इस अर्थ में महत्त्वपूर्ण है कि इसके द्वारा विद्यार्थियों और अध्यापकों का संस्था के भीतर एकाकी स्वरूप समाप्त होगा और उनमें सामुदायिकता एवं भागीदारी की भावना का विकास होगा। शिक्षण कौशलों का विकास संसाधनों के अधिकतम उपयोग को सुनिश्चित करता है। इसके लिए भी समुचित प्रबंध किया जाएगा। कला,

खेल विज्ञान की संयुक्त प्रदर्शनी या बौद्धिक प्रतियोगिताएँ जैसे प्रश्नोत्तरी वाद-विवाद संगोष्ठी के आयोजन विद्यालय संगठन को प्रभावी बनाने के लिए उपयोगी होगा। विद्यालय संगठन में विशिष्ट आवश्यकता वाले विद्यार्थियों के लिए अलग से भी कार्यक्रम और योजनाएँ संचालित की जाएँगी। विद्यालय के प्रधानाध्यापकों और प्राचार्यों को स्वायत्तता पूर्ण परिवेश उपलब्ध कराया जाएगा, जिससे उनके नेतृत्व में विद्यालय प्रबंधन समिति अपनी स्थानीय परिस्थितियों के अनुरूप योजनाओं को बनाने और क्रियान्वित करने में किसी बाधा का अनुभव न करे। ऐसा होने पर विद्यालय प्रबंध समितियाँ अपने दायित्व का निर्वहन कर पाएँगी। विद्यालयों में संसाधन की उपलब्धता, उनके इष्टतम उपयोग द्वारा गुणवत्तापूर्ण शिक्षा सुनिश्चित होगी। इस नीति में सुझाव दिया गया है कि एक माध्यमिक विद्यालय को केंद्र में रखते हुए विद्यालय संकुल का निर्माण किया जाए। इससे 5 से 10 किलोमीटर की परिधि में आनेवाले छोटे विद्यालयों और आँगनवाड़ियों को संबद्ध किया जाएगा। इसके लिए राज्य सरकारों को प्राथमिकता के आधार पर पहल करनी पड़ेगी। प्रत्येक विद्यालय की अपनी विकास योजना होगी। इस योजना में स्पष्ट उल्लेख होगा कि कौन सी अधिगम निष्पत्तियाँ अपेक्षित हैं। स्थानीय स्तर पर इस तरह की विकास योजना का होना भारतीय समाज की विविधता को ध्यान में रखते हुए विद्यालय के संचालन में मददगार बनेगा। इसके साथ-साथ निजी और सरकारी विद्यालयों के बीच सहयोग और संवाद को बढ़ावा दिया जाएगा। इस नीति में एक महत्त्वपूर्ण परिकल्पना की गई है, जो विद्यार्थियों को एक साथ एकत्र होने और कला, साहित्य एवं जीवन कौशल के अनुभव को साझा करने का अवसर उपलब्ध कराएगी। इस तरह से विद्यालय में स्कूल संकुल की कल्पना जागरूक सामाजिक चेतना को स्थापित करने का माध्यम बनेगी।

न्यूनतम हस्तक्षेप बेहतर संचालन

राज्य स्तर पर शिक्षा विभाग का दायित्व होता है कि वे विद्यालयों के प्रशासन, नियमन एवं नीतियों के क्रियान्वयन का कार्य करें। विद्यालय तंत्र के नियमन का उद्देश्य विद्यालयों को सशक्त बनाना, अध्यापकों पर विश्वास करना और उन्हें श्रेष्ठता की ओर उन्मुख करने के लिए भी प्रेरित करना है। शिक्षा विभाग का दायित्व नीतियों का निर्माण करना एवं उनका निरीक्षण करना है। इसके माध्यम से उन्हें शिक्षा में सुधार करना है। उन्हें विद्यालयों के संचालन में नहीं पड़ना चाहिए। विद्यालयी शिक्षा से जुड़ी सेवाओं का संचालन शिक्षा निदेशालय और उसकी अनुषंगी संस्थाओं द्वारा किया जाएगा, जिसमें डी.ई.ओ और बी.ई.ओ. आदि शामिल होंगे। राज्य विद्यालय मानक प्राधिकरण का निर्माण राज्य स्तर पर किया जाएगा। यह संस्था विद्यालयों की गुणवत्ता और प्रत्यायन को सुनिश्चित करेगी। यह प्रक्रिया प्रत्येक स्तर और प्रत्येक प्रकार के विद्यालय के लिए होगी। विद्यालयों की प्रशासन में सूचना प्रौद्योगिकी का उपयोग इस तरह से किया जाएगा, जिससे व्यवस्था में पारदर्शिता आए और जनभागीदारी को बढ़ावा मिल। राज्यों की एस.सी.ई.आर.टी. का कार्य क्षेत्र पाठ्यचर्या विकास और परीक्षा–प्रणाली से जुड़ा होगा। इसके लिए एस.सी.ई.आर.टी. को विद्यालयों की गुणवत्ता के आकलन का प्रारूप तैयार करना होगा। राज्य स्तर पर विद्यार्थियों की दक्षता से संबंधित परीक्षा एवं प्रमाणन का कार्य परीक्षा बोर्ड द्वारा किया जाएगा। निजी और सरकारी संस्थाओं का एक ही कसौटी पर आकलन किया जाएगा। विद्यालयों के संचालनों में सभी हितचिंतकों की भागीदारी को सुनिश्चित किया जाएगा। इस तरह से इस नीति में यथार्थोन्मुख नियमन एवं गवर्नेंस के सुझाव हैं। इनके क्रियान्वयन से निःशुल्क, अनिवार्य और समतामूलक गुणवत्तापूर्ण शिक्षा प्रणाली विकसित की जा सकेगी,

जो शाश्वत विकास के लक्ष्य की प्राप्ति में योगदान करेगी। इस नीति का स्पष्ट मानना है कि बच्चों की सुरक्षा भी हमारे लिए प्राथमिकता का क्षेत्र है, जिसके लिए समुचित कदम उठाए जाएँगे। इस तरह से यह नीति भारत के स्वतंत्रता की शताब्दी वर्ष के पूर्व दुनिया की एक गुणवत्तापूर्ण शिक्षा-व्यवस्था को विकसित करने के लिए प्रतिबद्ध है। राष्ट्रीय शिक्षा नीति द्वारा परिकल्पित सुझावों के द्वारा यह संभव है।

** मूल लेख का अंग्रेजी से हिंदी अनुवाद डॉ. ऋषभ कुमार मिश्र, सहायक प्रोफेसर म.गा.अं.हि.वि. द्वारा किया गया है।*

□

राष्ट्रीय शिक्षा नीति-2020 : उच्च शिक्षा की संभावनाएँ

—डॉ. पंकज मित्तल

शिक्षा राष्ट्रीय विकास की धुरी होती है, जो अवसरों की समानता, न्याय और मानवीय क्षमताओं को साकार करने में भूमिका निभाती है, अत: यह आवश्यक है कि हमारी शिक्षा वैश्विक स्तर पर हो रहे बदलावों, रोजगार की अपेक्षाओं आदि के सापेक्ष खुद को परिवर्तनशील बनाए रखे एवं हमारी शिक्षण-पद्धतियाँ भी उक्त लक्ष्यों के अनुरूप विद्यार्थियों की सृजनात्मकता, आलोचनात्मक चिंतन और समस्या समाधान आदि की क्षमताओं को समृद्ध करें। दुनिया में हो रही वैज्ञानिक और प्रौद्योगिकी आधारित प्रगति के कारण शिक्षा की संरचना, अध्ययन कार्यक्रमों और उनकी निष्पत्तियों में बदलाव हो रहे हैं। भारत की उच्च शिक्षा भी ऐसे बदलावों का सामना कर रही है। भारत की उच्च शिक्षा को अपनी युवा आबादी को गुणवत्तापूर्ण शिक्षा देते हुए उनकी प्रतिभा का प्रस्फुटन करना है, उनकी क्षमताओं का देश के विकास के निमित्त उपयोग करना है। राष्ट्रीय शिक्षा नीति-2020 इस दिशा में एक महत्त्वपूर्ण कदम है। ज्ञान, सत्य और प्रज्ञा के सूत्र पर आधारित यह नीति भविष्य के सशक्त भारत की नींव

रखती है। इस नीति का लक्ष्य प्रत्येक व्यक्ति की विशिष्ट क्षमताओं को पहचानकर उसके विकास के अवसर उपलब्ध करना है। यह नीति समग्र विकास के लिए ज्ञान के एकीकृत और व्यापक ढाँचे की संस्तुति करती है, जो बौद्धिक विकास, सृजनात्मक चिंतन और नैतिक बोध के मार्ग को सुगम करता है। वृहद् मानवीय मूल्यों पर आधारित भारतीय संस्कृति और अस्मिता से अनुप्राणित यह नीति उच्च शिक्षा द्वारा स्वावलंबन के लक्ष्य को अपने सामने रखती है। शिक्षण और शोध के व्यापक फलक को खोलने के सूत्र इस नीति में निहित हैं। इस नीति के प्रत्येक सुझाव का क्रियान्वयन भारत को विश्वगुरु बनाने की दिशा में महत्त्वपूर्ण होगा। यह नीति केवल उत्पादक और संसाधन वाले व्यक्ति को केंद्र में नहीं रखती है, बल्कि देश के प्रति आत्मीयता का भाव रखनेवाले, अपने दायित्वों को समझनेवाले, इसके अनुरूप व्यवहार करनेवाले और संवैधानिक मूल्यों के अनुरूप व्यवहार करनेवाले व्यक्तियों के विकास का लक्ष्य रखती है। यह नीति क्षेत्र, जाति, पंथ, भाषा आदि के अवरोधों को दूर करते हुए सबके लिए गुणवत्तापूर्ण शिक्षा के अवसर उपलब्ध कराने के लिए प्रतिबद्ध है।

इस पृष्ठभूमि में उच्च शिक्षा के क्षेत्र में भी अनेक बदलाव अपेक्षित हैं। ये बदलाव शिक्षा नीति-2020 के मूल उद्देश्यों को साकार करने की दिशा में होंगे। बदलाव का एक महत्त्वपूर्ण क्षेत्र उच्च शिक्षा का गवर्नेंस है। वर्तमान में उच्च शिक्षा के संचालन के लिए यू.जी.सी., ए.आई.सी.टी.ई. जैसी 17 नियामक संस्थाएँ हैं। इतनी नियामक संस्थाओं का होना कई बार सुगमता के स्थान पर बाधक बन जाता है। इसे ही ध्यान में रखते हुए शिक्षा नीति-2020 'हायर एजुकेशन कमीशन ऑफ इंडिया' की स्थापना का सुझाव देती है। यह

संस्था उच्च शिक्षा की वर्तमान नियामक संस्थाओं के बीच नियमन, वित्त पोषण, आकलन आदि के द्वंद्व और विरोधाभास को समाप्त करेगी। इस समिति के चार क्षैतिज उपविभाग होंगे, जिनके अपने स्वतंत्र दायित्व होंगे और वे इन्हीं के अनुरूप कार्य करेंगे। नेशनल हायर एजुकेशन रेगुलेटरी काउंसिल, विधि शिक्षा और मेडिकल शिक्षा को छोड़कर अन्य उच्च शिक्षा के कार्यक्रमों की नियामक संस्था के रूप में कार्य करेगी। यह कठोर परंतु लोचशील तरीके से स्व-प्रकटीकरण व्यवस्था के अंतर्गत शिक्षा संस्थानों की अधोसंरचना, संकाय सदस्यों की नियुक्ति, अध्ययन कार्यक्रमों, अध्ययन निष्पत्तियों, वित्तीय घोषणाओं आदि की निगरान्री का कार्य करेगी। ऐसे ही हायर एजुकेशन ग्रांट काउंसिल वित्त एवं अनुदान उपलब्ध कराने का कार्य करेगी। यह पारदर्शी मानकों के आधार पर संस्थाओं को उनकी आवश्यकता अनुसार सहयोग प्रदान करेगी। यह सुनिश्चित करेगा कि वित्त की समस्या के कारण किसी संस्थान को विकास करने में बाधा न पैदा हो। नेशनल एक्रेडिटेशन काउंसिल विभिन्न एक्रेडिटेशन संस्थाओं का आकलन कर उन्हें गुणवत्ता के आधार पर एक अनुमोदित एक्रेडिटेशन संस्था के रूप में देश के शिक्षा संस्थानों की गुणवत्ता रैंकिंग करने के लिए सहमति प्रदान करेगी। यह संस्था अपने अंतर्गत अन्य लघु इकाइयों का भी निर्माण कर सकती है। जनरल एजुकेशन काउंसिल राष्ट्रीय उच्च शिक्षा क्वालीफिकेशन फ्रेमवर्क बनाएगी, जो नेशनल स्किल क्वालीफिकेशन फ्रेमवर्क के अनुरूप होगा। जनरल एजुकेशन काउंसिल के द्वारा अपेक्षित अधिगम परिणामों को ध्यान में रखकर प्रत्येक कार्यक्रम के लिए अधिगम निष्पत्तियों को तैयार किया जाएगा। इसका एक दायित्व क्रेडिट हस्तांतरण और उनका समतुल्य

बनाए रखने के मानकों का भी निर्धारण है। यह काउंसिल 21वीं सदी के लिए अपेक्षित कौशलों को पोषित करने की दिशा में भी महत्त्वपूर्ण कदम उठाएगी। ऐसा नहीं है कि पहले की नियामक संस्थाओं, जैसे इंडियन काउंसिल ऑफ एग्रीकल्चरल रिसर्च, मेडिकल काउंसिल, डेंटल काउंसिल, काउंसिल ऑफ आर्किटेक्चर आदि को अस्तित्व विहीन कर दिया गया है, उनका प्रमुख दायित्व संबंधित व्यावसायिक पाठ्यक्रमों का निर्माण अकादमिक मानकों का निर्धारण शिक्षा में शोध और विस्तार संबंधित गतिविधियों के संबंध में करना है। इनकी विशेष भूमिका प्रत्येक व्यवसाय के लिए व्यवसाय न्यूनतम व्यावसायिक अर्हता और मानकों को तय करना है।

नीति का एक महत्त्वपूर्ण सुझाव विश्वविद्यालयों की भी पुनर्संरचना है। नीति तीन प्रकार के विश्वविद्यालयों का सुझाव देती है—शोध प्रधान विश्वविद्यालय, शिक्षण प्रधान विश्वविद्यालय और स्वायत्त उपाधि प्रदान करनेवाले महाविद्यालय। हालाँकि यह गतिविधियों का कठोर विभाजन नहीं है। उदाहरण के लिए, शोध विश्वविद्यालय प्रशिक्षण एवं शोध दोनों कार्य करेंगे, लेकिन उनकी प्राथमिकता शोध होगी, ऐसे ही शिक्षण विश्वविद्यालयों की प्राथमिकता शिक्षण कार्य होगी, परंतु वे शोध भी करेंगे। स्वायत्त विद्यालयों को गुणवत्तापूर्ण स्नातक स्तरीय शिक्षा प्रदान करने और डिग्री प्रदान करने की अनुमति होगी। यह नीति इस बात पर विशेष बल देती है कि हमें एकल विश्वविद्यालयों को बहुविषयक विश्वविद्यालयों में बदलना होगा। विभिन्न विषयों के बीच की आभासी सीमाओं के कारण सीखने जानने में असुविधा न हो यह सुनिश्चित करना है। इसके साथ-साथ यह नीति दूरस्थ शिक्षा और ऑनलाइन शिक्षण कार्यक्रमों के लिए भी अनुकूल वातावरण बनाने का प्रयास करती है।

वैदिक कालीन शिक्षा में 64 कलाओं के शिक्षण का संदर्भ मिलता है। इन कलाओं में संगीत, नृत्य और शिल्प आदि के साथ मानविकी, भाषा, विज्ञान, औषधि और प्रौद्योगिकी आदि सम्मिलित थे। उच्च शिक्षा के इसी स्वरूप को प्रतिष्ठित करते हुए 21वीं सदी की उच्च शिक्षा में ज्ञान की लचीली और अंतर-विषयक संरचना को खड़ा करने का लक्ष्य रखा गया है। पिछले तीन दशकों में भारत में उच्च शिक्षा का मात्रात्मक विस्तार हुआ है। यदि अखिल भारतीय उच्च शिक्षा सर्वेक्षण के आँकड़ों पर ध्यान दें तो पता चलता है कि वर्तमान में 37.4 मिलियन विद्यार्थी उच्च शिक्षा के अंतर्गत अध्ययनरत हैं। भारत का सकल नामांकन दर सकल नामांकन अनुपात 26.3 है। यह विश्व के विकसित देशों की तुलना में कम है। नई शिक्षा नीति 2020 में यह लक्ष्य रखा गया है कि 2030 तक इसे इसे बढ़ाकर 50 प्रतिशत किया जाएगा। भारत में सकल नामांकन दर कम होने का एक कारण उच्चतर माध्यमिक पास विद्यार्थियों का कम होना भी है। यदि हम उच्चतर माध्यमिक पास छात्रों में से उच्च शिक्षा में नामांकित छात्रों की संख्या देखें तो यह काफी अच्छी है, अतः यदि अर्ह नामांकन दर के सापेक्ष सकल नामांकन दर को देखा जाए तो आँकड़ों में बहुत अंतर दिखाई देता है। विकसित देशों में जहाँ अर्ह नामांकन दर और सकल नामांकन दर के बीच अंतर कम है, वहीं भारत में यह अंतर अधिक है। इस अंतर का अधिक होना दर्शाता है कि भारत में उच्च शिक्षा प्राप्त करने की योग्यता रखनेवाले युवाओं की आबादी कम है और हम युवाओं को स्कूली शिक्षा एवं उच्च शिक्षा के अच्छे अवसर उपलब्ध नहीं करा पा रहे हैं।

शिक्षा नीति-2020 बहुविषयक ढाँचे में प्रत्येक विद्यार्थी को

उसकी रुचि के अनुसार विषय चुनने, सीखने और उपाधि अर्जन की सुविधा प्रदान करती है। यह पहल ज्ञानार्जन में ज्ञान के किसी भी कृत्रिम ढाँचे के अवरोध को दूर करती है। नई राष्ट्रीय शिक्षा नीति में 3 वर्ष के स्नातक कार्यक्रम के स्थान पर 4 वर्ष का स्नातक स्तरीय कार्यक्रम आरंभ करने का सुझाव है। इसमें विद्यार्थियों के लिए विषय संयोजन, कोर्स/प्रोग्राम में प्रवेश, कोर्स/प्रोग्राम से निकलना और पुन: प्रवेश करने का विकल्प रहेगा, उदाहरण के लिए, यदि कोई विद्यार्थी स्वास्थ्य, वित्तीय या किसी अन्य कारण से उच्च शिक्षा को बीच में छोड़ता है तो 1 वर्ष की अवधि पर उसे सर्टिफिकेट, 2 वर्ष की अवधि पर डिप्लोमा और 3 वर्ष या 4 वर्ष की अवधि पूर्ण करने पर स्नातक की उपाधि प्राप्त होगी। इसका सबसे बड़ा लाभ यह होगा कि विद्यार्थियों को उच्च शिक्षा संबंधी बाधाओं से निपटने में सहयोग प्राप्त होगा। अध्ययन को सतत रूप से बनाए रखने, पूर्व सीखे गए या पूर्व में अर्जित ज्ञान के आधार पर सीधे दूसरे या तीसरे साल में प्रवेश करने में मदद मिलेगी। यदि किसी परिस्थिति में वह शिक्षा में वापस नहीं आ पाता है तो जो समय उसने उच्च शिक्षा में व्यतीत किया है, उसके आधार पर अर्जित डिप्लोमा और सर्टिफिकेट के अनुरूप, वह नौकरी प्राप्त कर सकता है। इस बहुविषयक और लोचशील व्यवस्था के द्वारा उच्च शिक्षा में सकल नामांकन दर को भी बढ़ाया जा सकता है।

एकेडमिक बैंक ऑफ क्रेडिट एक महत्त्वपूर्ण नवाचार आधारित प्रयोग है, जो उच्च शिक्षा के संरचनात्मक व्यवधानों का विकल्प प्रस्तुत करता है। एकेडमिक बैंक ऑफ क्रेडिट में, मुद्रा बैंक की तरह ही अकादमिक क्रेडिट का संकलन होगा। इसके द्वारा विद्यार्थियों को संबंधित विषय में स्वतंत्र रूप से, अपनी गति अनुरूप उच्च शिक्षा की

उपाधि अर्जित करने की सुविधा दी जाएगी। यह मूलतः एक विद्यार्थी केंद्रित उपागम है, जिसके अंतर्गत उन्हें सीखने से संबंधित समय और संस्थान सापेक्ष संरचनात्मक व्यवधानों को पार पाने में मदद मिलेगी। इसका अर्थ गुणवत्ता से समझौता करना नहीं है, बल्कि गुणवत्तापूर्ण शिक्षा की उपाधि अर्जित करने में आनेवाली संरचनात्मक बाधाओं को दूर करना है।

शिक्षा नीति का एक प्रमुख सुझाव समग्र शिक्षा को समृद्ध करना है। इसके लिए समुदाय के साथ संलग्नता, पर्यावरण शिक्षा और मूल्य आधारित शिक्षा जैसे क्षेत्रों में परियोजना कार्य करने का सुझाव दूरगामी सिद्ध होगा। इस नीति का एक महत्त्वपूर्ण सुझाव पी-एच.डी. में प्रवेश का है। अब परास्नातक की उपाधि के आधार पर शोध में प्रवेश एकमात्र तरीका नहीं रह जाएगा, बल्कि स्नातक स्तर से ही शोध अभिवृत्ति को बढ़ावा देने के लिए कार्य किया जाएगा। विद्यार्थियों को प्रायोगिक और आनुभविक कार्यों के माध्यम से सीखने का अवसर उपलब्ध कराया जाएगा। इसके लिए विश्वविद्यालयों को उद्योग, कला क्षेत्र के साथ मिलकर कार्य करने का सुझाव दिया गया है। अध्यापक शिक्षा के क्षेत्र में 4 वर्षीय एकीकृत पाठ्यक्रम का सुझाव है, यह कार्यक्रम वर्तमान में प्रचलित अध्यापक शिक्षा की कमियों को दूर करने में मदद करेगा। उच्च शिक्षा में आकलन की समस्याओं को दूर करने के लिए सतत एवं व्यापक आकलन की नीतियों को स्थान दिया गया है। विद्यार्थियों की सत्रांत लिखित परीक्षा के साथ-साथ उनकी परियोजना प्रस्तुतियों, क्विज असाइनमेंट आदि तरीकों को भी पूरा स्थान दिया गया है।

राष्ट्रीय शिक्षा नीति-2020 गुणवत्तापूर्ण शिक्षा में अध्यापकों की भूमिका को रेखांकित करती है। यह नीति स्वायत्त और स्वतंत्र चिंतक

संकाय सदस्यों के विकास का अवसर उपलब्ध कराती है। नीति का स्पष्ट मानना है कि शिक्षा में गुणवत्ता के लिए अध्यापकों को पाठ्यचर्या निर्माण और शिक्षण शास्त्र के विभाग में तथा नवाचारों के प्रयोग का अवसर होना चाहिए। यह नीति संकाय सदस्यों को नवाचार आधारित शिक्षण और भारत केंद्रित शोध के लिए आमंत्रित करती है। इस हेतु उन्हें आवश्यक सुविधा मुहैया करने का वादा भी करती है। यह शिक्षा नीति उच्च शिक्षा में अध्यापक और विद्यार्थियों के अनुपात को संतुलित करने का प्रयास करती है। उनके अकादमिक कार्यों को अन्य दायित्व बाधित न करें, इसका विशेष ध्यान रखती है। शोध के लिए अनुदान और समय की उपलब्धता जैसी महत्त्वपूर्ण बातें हैं, जो संकाय सदस्यों को शिक्षा की गुणवत्ता में सुधार के लिए सुविधा प्रदान करती हैं। यह नीति सदस्यों से अपेक्षा करती है, वे भारतीय भाषाओं के माध्यम से आगे आएँगे, परीक्षा केंद्रित शिक्षण के बजाय ज्ञान के वास्तविक प्रयोग करेंगे।

यह नीति शोध पर विशेष बल देती है, इसके लिए वह नेशनल रिसर्च फाउंडेशन की संस्था की स्थापना और उसके माध्यम से महत्त्वपूर्ण शोध कार्यों को वित्तीय अनुदान एवं सुविधा प्रदान करने का लक्ष्य रखती है। विश्वविद्यालय और उद्योग-जगत् के परस्पर समन्वय से अनुप्रयोगात्मक और वास्तविक समस्याओं के समाधान के लक्ष्य से अभिप्रेरित शोध को प्रोत्साहित करती है। इसी क्रम में यह भी उल्लेखनीय है कि उच्च शिक्षा के अंतरराष्ट्रीयकरण को यह नीति विषेष रूप से बढ़ावा देती है। नीति का मानना है कि भारतीय ज्ञान परंपरा और भारतीय ज्ञान को पूरे विश्व को उपलब्ध कराना है। भारत की औषधि विद्या, शिल्प विद्या आदि की विश्व में विशिष्ट पहचान है। इस विशिष्ट पहचान के विस्तार के लिए आवश्यक है कि हम विश्व के अन्य देशों में इन्हें जानने सीखने का अवसर उपलब्ध कराएँ। इसके

लिए नीति विश्व के अन्य देशों में भारतीय विश्वविद्यालयों के परिसर खोलने और प्रतिष्ठित विदेशी संस्थानों को भारत में अपने परिसर खोलने की अनुशंसा करती है।

राष्ट्रीय शिक्षा नीति भारतीय ज्ञान–परंपरा की नींव पर निर्मित एक महत्त्वाकांक्षी नीति है, जो हमारे विद्यार्थियों और शिक्षकों के समग्र विकास को सुनिश्चित करने का अवसर उपलब्ध कराती है। इसी लक्ष्य के साकार होने पर भारत विश्वगुरु के रूप में एक बार पुनः प्रतिष्ठित होगा।

** मूल लेख का अंग्रेजी से हिंदी अनुवाद डॉ. ऋषभ कुमार मिश्र सहायक प्रोफेसर म.गा.अं.हि.वि. द्वारा किया गया है।*

□

ऑनलाइन शिक्षा द्वारा उच्च शिक्षा में समता एवं समग्रता : राष्ट्रीय दृष्टिकोण एवं रणनीतियाँ

—प्रो. नागेश्वर राव

राष्ट्रीय शिक्षा नीति–2020 उच्च शिक्षा में बहु–विषयक एवं समग्र शिक्षा की अवधारणा प्रस्तुत करती है। इसका लक्ष्य उच्च शिक्षा के ऐसे परिवेश का निर्माण करना है, जिसमें नैतिकता, मानवीय एवं संवैधानिक मूल्यों पर जोर हो, भाषा शक्ति को प्रोत्साहन मिले, जीवन कौशलों से जुड़ाव हो और सीखने के लिए सतत मूल्यांकन सम्मिलित हो। यह शिक्षा नीति तकनीकी के उच्च शिक्षा में यथासंभव प्रयोग एवं उपयोग का मार्ग प्रशस्त करती है। इसकी मदद से अध्ययन–अध्यापन का कार्य सुलभ होगा, उच्च शिक्षा का प्रसार होगा और इसमें समता एवं समग्रता का भाव होगा। यह शिक्षा नीति प्रौद्योगिकी सक्षम शिक्षा के द्वारा उच्च शिक्षा के लोकतंत्रीकरण का मार्ग प्रशस्त करती है। यदि नीति का विहंगमवलोकन किया जाए तो तकनीकी सक्षम शिक्षा के द्वारा उच्च शिक्षा के प्रसार एवं प्रचार में निम्नलिखित उद्देश्य परिलक्षित होते हैं—समावेशी बहु–विषयक स्नातक एवं परास्नातक शिक्षा, अध्ययन एवं अध्यापन की सुलभता, पाठ्यचर्या, शिक्षण शास्त्र, मूल्यांकन एवं

विद्यार्थी सहयोग का रूपांतरीकरण, कौशल विकास एवं व्यावसायिक शिक्षा का उच्च शिक्षा से एकीकरण, उच्च शिक्षा में समता, सुलभता एवं समावेश एवं उच्च शिक्षा में सकल नामांकन अनुपात को 50 प्रतिशत तक ले जाना। इन उद्देश्यों की प्राप्ति के लिए तकनीकी का उच्च शिक्षा में यथासंभव प्रयोग एवं अनुप्रयोग समय की माँग है और इसके लिए एक विस्तृत कार्य योजना की भी आवश्यकता है। इस लेख के अगले भाग में इन्हीं कार्य योजनाओं एवं क्रिया-बिंदुओं पर विस्तारपूर्वक चर्चा की गई है।

राष्ट्रीय आभासी (Virtual) विश्वविद्यालय की परिकल्पना

देश में मुक्त विश्वविद्यालयों ने उच्च शिक्षा के लोकतंत्रीकरण अथवा उच्च शिक्षा की समता एवं सुलभता में उल्लेखनीय योगदान दिया है। शिक्षा में सकल नामांकन अनुपात को बढ़ाने में इनका महत्त्वपूर्ण योगदान है। राष्ट्रीय शिक्षा नीति में उल्लेखित उद्देश्यों की प्राप्ति के लिए तकनीकी सक्षम शिक्षा का होना अति आवश्यक है। इसलिए माननीय शिक्षा मंत्री श्री रमेश पोखरियाल 'निशंक' ने राष्ट्रीय स्तर पर एक राष्ट्रीय आभासी विश्वविद्यालय की अवधारणा प्रस्तुत की थी, जिससे ऑनलाइन शिक्षा द्वारा उच्च शिक्षा के विस्तारीकरण एवं गुणवत्तामूलक समग्र शिक्षा का मार्ग प्रशस्त किया जा सकता है। यह आभासी विश्वविद्यालय न केवल ऑनलाइन शिक्षा का राष्ट्रीय स्तर पर प्रमुख केंद्र हो सकता है, बल्कि राष्ट्रीय स्तर पर ही तकनीकी सक्षम शिक्षा के प्रसार एवं गुणवत्ता मूल्यांकन का राष्ट्रीय संस्थान भी हो सकता है। इसकी स्थापना से देश के सभी उच्च शिक्षा संस्थान इस आभासी विश्वविद्यालय से शैक्षणिक, तकनीकी एवं प्रशिक्षण में समन्वय एवं सहयोग स्थापित कर सकेंगे। यह विश्वविद्यालय अंतरराष्ट्रीय स्तर पर

भी ऑनलाइन पाठ्यक्रम संचालित कर सकेगा, जिसके लिए यह विश्व के अग्रणी उच्चतर शिक्षा संस्थानों से सहयोग एवं समन्वय स्थापित कर सकता है। इन संस्थानों के साथ मिलकर अंतरराष्ट्रीय स्तर पर गुणवत्ता मूलक एवं प्रत्यायित स्नातक एवं परास्नातक ऑनलाइन पाठ्यक्रम संचालित कर सकता है, जिसकी मान्यता न केवल अपने देश में होगी, बल्कि अंतरराष्ट्रीय स्तर पर भी होगी। इसका सबसे बड़ा लाभ यह होगा कि इन ऑनलाइन शैक्षणिक उपाधियों को अर्जित करने के बाद विद्यार्थियों को अंतरराष्ट्रीय स्तर पर रोजगार नियोजन करने में कोई परेशानी नहीं होगी, क्योंकि वे उपाधियाँ विदेशों में भी मान्य हो सकेंगी।

वृहद् मुक्त ऑनलाइन पाठ्यक्रम (MOOCs) का एकीकरण

युवा आकांक्षी मन के लिए सक्रिय ज्ञान अर्जन हेतु वृहद् मुक्त ऑनलाइन पाठ्यक्रम (MOOCs) का उच्च शिक्षा के साथ एकीकरण करना अति आवश्यक है। इस एकीकरण कई लाभ हो सकते हैं। पहला, ऑनलाइन पाठ्यक्रम के एकीकरण से उच्च शिक्षा को बहु-विषयक बनाया जा सकता है और दूसरा यह कि यह ऑनलाइन पाठ्यक्रम सुगमता से उपलब्ध है और इसमें विद्यार्थी को पंजीकरण के लिए कोई शुल्क नहीं देना होता है। केवल परीक्षा के लिए शुल्क देना होता है। तीसरा, यह कि देश के सर्वश्रेष्ठ उच्च शिक्षा संस्थान जैसे आई.आई. टी./आई.आई.एम./केंद्रीय विश्वविद्यालय इत्यादि द्वारा इन पाठ्यक्रमों का संचालन किया जा रहा है। इस एकीकरण से तकनीकी सुलभ शिक्षा का मार्ग प्रशस्त होता है, जो कि उच्च शिक्षा में समता, सुलभता एवं समग्रता के उद्देश्यों की प्राप्ति के लिए अग्रसर है और यह किफायती भी है। इस एकीकरण की सफलता के लिए यह भी आवश्यक है कि वृहद् मुक्त ऑनलाइन पाठ्यक्रम (MOOCs) से क्रेडिट स्थानांतरण

की सीमा जो कि वर्तमान में विश्वविद्यालय अनुदान आयोग (स्वयं के माध्यम से ऑनलाइन ज्ञान अर्जन पाठ्यक्रमों हेतु क्रेडिट ढाँचा) विनियम 2016 के अनुसार 20 प्रतिशत तक सीमित है, इसको आगे बढ़ाकर 40 प्रतिशत करने पर भी विचार किया जा सकता है। इससे विद्यार्थियों का इन पाठ्यक्रमों में आकर्षण बढ़ेगा और क्रेडिट ट्रांसफर से उनकी शैक्षिक उपाधियाँ बहु-विषयक ज्ञान अर्जन को परिलक्षित कर सकेंगी।

ऑनलाइन शिक्षा का विस्तारीकरण

विश्वविद्यालय अनुदान आयोग ने मुक्त एवं दूरस्थ ज्ञान अर्जन कार्यक्रम एवं ऑनलाइन कार्यक्रम विनियम 2020 को लागू कर दिया है, जिसके अंतर्गत कोई भी उच्चतर शिक्षा संस्थान जोकि राष्ट्रीय मूल्यांकन एवं प्रत्यायन परिषद् द्वारा 3.01 के न्यूनतम स्कोर पर प्रत्यायित किया गया हो, वह संस्थान ऑनलाइन शिक्षा द्वारा उच्च शिक्षा में पाठ्यक्रमों को संचालित कर सकता है। यह नियम देश में गुणवत्ता मूलक ऑनलाइन शिक्षा प्रदान करने का मार्ग प्रशस्त करता है। कोई भी विश्वविद्यालय अथवा मुक्त विश्वविद्यालय अथवा अन्य उच्च शिक्षा संस्थान, जोकि इस विनियम के अंतर्गत ऑनलाइन कार्यक्रमों के परिचालन की मान्यता रखते हैं, वह SWAYAM आधारित वृहद् मुक्त ऑनलाइन पाठ्यक्रम (MOOCs) को भी अपने अध्ययन कार्यक्रमों के साथ एकीकृत कर सकते हैं। ऑनलाइन पद्धति के लिए स्वतः ज्ञान अर्जन, अर्थात् ई-मॉड्यूल के लिए निम्नलिखित का होना आवश्यक है—ई-पाठ्य सामग्री, वीडियो व्याख्यान, श्रव्य-दृश्य पारस्परिक संवाद सामग्री, आभासी (वर्चुअल) कक्षा सत्र, ऑडियो पॉडकास्ट, आभासी (वर्चुअल) सिमुलेशन एवं स्वतः मूल्यांकन प्रश्नोत्तरी या परीक्षण। इन

विनियमों के अधीन ऑनलाइन पद्धति के माध्यम से अध्ययन कार्यक्रमों को प्रस्तुत करने के लिए मान्यता प्राप्त उच्चत्तर शैक्षिक संस्थानों के लिए क्षेत्रीय अधिकार क्षेत्र लागू नहीं होता, इसलिए देश के किसी भी क्षेत्र के विद्यार्थी इन ऑनलाइन कार्यक्रमों में प्रवेश ले सकते हैं। ऑनलाइन शिक्षा के द्वारा शिक्षा का अंतरराष्ट्रीयकरण भी संभावित है, क्योंकि विदेशी छात्र भी इन कार्यक्रमों में प्रवेश की अर्हता रखते हैं, अगर देश के उस उच्चतर शिक्षा संस्थान को अंतरराष्ट्रीय छात्रों को प्रवेश देने के मान्यता प्राप्त है। सबसे महत्त्वपूर्ण तथ्य ऑनलाइन शिक्षा के लिए यह है कि इन माध्यमों से अर्जित स्नातक और स्नातकोत्तर स्तर पर डिग्री को पारंपरिक पद्धति के माध्यम से प्रदान किए गए स्नातक और स्नातकोत्तर स्तर पर डिग्री के संगत अवार्ड के समतुल्य माना गया है। अतः ऑनलाइन शिक्षा, उच्च शिक्षा की सुलभता, समता एवं इसके समावेशीकरण में अपना महत्त्वपूर्ण योगदान दे सकती है। ऑनलाइन पाठ्यक्रमों को तैयार करने के लिए उच्च शिक्षा संस्थान पारस्परिक सहयोग एवं समन्वय भी स्थापित कर सकते हैं, जिसके द्वारा उनके शैक्षणिक एवं संस्थागत संसाधनों को उचित तरीके से उपयोग किया जा सकेगा एवं किफायती गुणवत्तामूलक ऑनलाइन उच्च शिक्षा का लक्ष्य प्राप्त हो सकेगा।

भाषायी विविधता एवं ऑनलाइन शिक्षा

तकनीकी सक्षम शिक्षा के द्वारा भारतीय भाषाओं में पाठ्यक्रम का संचालन भी किया जा सकता है। इसकी शुरुआत स्वयं एवं स्वयंप्रभा चैनल पर उपलब्ध पाठ्य सामग्री एवं श्रव्य-दृश्य अध्ययन कार्यक्रमों के क्षेत्रीय भाषाओं में रूपांतरण से की जा सकती है। स्वयं पाठ्यक्रमों का तो क्षेत्रीय भाषाओं में रूपांतरण अब शिक्षार्थियों

को उपलब्ध होना शुरू हो गया है। अब दूसरा लक्ष्य मुक्त एवं दूर शिक्षा में उपलब्ध पाठ्यसामग्री का क्षेत्रीय भाषाओं में रूपांतरण और उसका डिजिटल संस्करण उपलब्ध कराना होगा। इन प्रयासों से ऑनलाइन शिक्षा भाषायी विविधताओं को साथ में लेकर समता एवं सुलभता निश्चित कर सकेगी। राष्ट्रीय शिक्षा नीति भी अनुवाद एवं विवेचना से संबंधित प्रयासों के विस्तार करने की अनुशंसा करती है, जिससे सर्वसाधारण को विभिन्न भारतीय एवं विदेशी भाषाओं में उच्चतर गुणवत्ता वाला अधिगम सामग्री और अन्य महत्त्वपूर्ण लिखित एवं मौखिक सामग्री उपलब्ध हो सके। अतः उच्चतर शिक्षा संस्थानों का यह दायित्व बनता है कि ऑनलाइन शिक्षा के माध्यम से भारतीय भाषाओं और अनुवाद के पाठ्यक्रम का संचालन करें। इग्नू विश्वविद्यालय ने एक ऐसा ही प्रयोग हिंदी में स्नातकोत्तर पाठ्यक्रम ऑनलाइन माध्यम से संचालित करके किया है। वह समय दूर नहीं, जब संविधान में अनुसूचित भारतीय भाषाओं में स्नातकोत्तर एवं स्नातक स्तर के पाठ्यक्रम ऑनलाइन माध्यम में उपलब्ध हो सकेंगे। राज्य मुक्त विश्विद्यालय के क्षेत्र में अपना अभिन्न योगदान दे सकते हैं, क्योंकि उनके शैक्षणिक संसाधनों का उपयोग करके अन्य उच्च शिक्षा संस्थान भारतीय भाषाओं में अनुवाद जैसे कार्यक्रम का संचालन कर सकते हैं।

प्रौद्योगिकी का उपयोग एवं प्रशिक्षण

प्रौद्योगिकी के शिक्षा में उपयोग के संदर्भ में राष्ट्रीय शिक्षा नीति का यह दृष्टिकोण है कि नए प्रौद्योगिकी क्षेत्रों, जैसे कि आर्टिफीशियल इंटेलिजेंस, मशीन लर्निंग, ब्लॉकचेन, स्मार्ट बोर्ड, हस्त संचालित कंप्यूटिंग उपकरण, छात्रों के विकास के लिए एडॉप्टिव कंप्यूटर

टेस्टिंग और अन्य प्रकार के सॉफ्टवेयर द्वारा न केवल यह परिवर्तन होगा कि छात्र क्या सीखता है, वरन् यह भी परिवर्तन होगा कि वह कैसे सीखता है। इस प्रकार इन क्षेत्रों में भविष्य में भी प्रौद्योगिकी एवं शैक्षिक दोनों दृष्टि से व्यापक शोध की आवश्यकता होगी और इसके लिए शैक्षिक प्रौद्योगिकी में बौद्धिक एवं संस्थागत क्षमता के निर्माण पर बल देने की आवश्यकता होगी। इसके लिए समयबद्ध तरीके से उच्चतर शिक्षा संस्थानों में शैक्षिक कार्यों में लगे हुए अकादमिक सदस्यों का प्रशिक्षण करना होगा, जिससे कि ऑनलाइन माध्यम से पाठ्यक्रम संवर्धन एवं संचालन में गुणवत्ता बानी रहे। देश के मुक्त विश्वविद्यालय काफी समय से तकनीकी सक्षम शिक्षा में अपने पाठ्यक्रम का संचालन कर रहे हैं, अतः उनके अनुभव एवं विशेषज्ञता का उपयोग पारंपरिक शैक्षणिक संस्थानों में प्रशिक्षण एवं योग्यता वृद्धि में किया जा सकता है, उदाहरण के लिए पाठ्यसामग्री को डिजिटल पाठ्य-सामग्री में परिवर्तित करना, ऑनलाइन शिक्षण, सतत मूल्यांकन पद्धति इत्यादि।

व्यावसायिक एवं कौशल विकास शिक्षा का ऑनलाइन उच्च शिक्षा के साथ एकीकरण

तकनीकी सक्षम शिक्षा का व्यावसायिक एवं कौशल विकास शिक्षा के साथ एकीकरण भी अत्यंत आवश्यक है और इसके लिए इस बात की संभावना तलाश की जा सकती है कि किस तरह से राष्ट्रीय कौशल योग्यता तंत्र (NSQF) संबंधित कौशल विकास कार्यक्रमों उच्च शिक्षा के ऑनलाइन स्नातक कार्यक्रमों से जोड़ा जा सके। इस योजना के कुछ लाभ इस प्रकार से हो सकते हैं—

1. कौशल विकास एवं व्यावसायिक शिक्षा को उच्च शिक्षा

केंद्र में लाया जा सकता है।

2. उच्च शिक्षा के अध्ययन कार्यक्रमों की रोजगार क्षमता को बढ़ाया जा सकता है।
3. कौशल विकास एवं व्यावसायिक शिक्षा के उच्च शिक्षा के एकीकरण से उच्च शिक्षा में सकल नामांकन अनुपात को भी बढ़ाया जा सकता है।

इस योजना के दो संभव प्रारूप हो सकते हैं—

मिश्रित (Blended) व्यवस्था

कौशल विकास संबंधित पाठ्यक्रम, जो संबंधित मंत्रालय से स्वीकृत कौशल विकास संस्थानों अथवा व्यावसायिक शिक्षा संस्थानों में चल रहे हो, ऐसे संस्थान कौशल विकास संबंधित पाठ्यक्रम की शिक्षा दें और सामान्य शिक्षण पाठ्यक्रम ऑनलाइन माध्यम द्वारा उच्चतर शिक्षा संस्थानों द्वारा प्रदान किया जाए और सम्मिलित एकीकृत स्नातक पाठ्यक्रम का प्रारूप तैयार किया जाए, जिसमें मूल्यांकन एवं शैक्षिक उपाधि उच्चतर शिक्षा संस्थान द्वारा दी जाए।

ऑनलाइन व्यवस्था

यह दूसरी व्यवस्था पूरी तरह से ऑनलाइन हो सकती है, जिसमें कौशल विकास एवं व्यावसायिक शिक्षा आभासी प्रयोगशाला (वर्चुअल लैब) में दी जाए सामान्य शिक्षा ऑनलाइन या मिश्रित (Blended) माध्यम से दी जाए। इन दोनों प्रावधानों द्वारा आरंभ में कौशल विकास एवं व्यावसायिक पाठ्यक्रमों को उच्च शिक्षा के साथ जोड़कर चलाने का प्रारूप विकसित किया जा सकता है और इसमें कोई संदेह नहीं है कि यह एकीकृत पाठ्यक्रम उच्च शिक्षा में सकल नामांकन अनुपात को बढ़ाने की सर्वाधिक क्षमता रखता है।

विषय आधारित पंजीकरण एवं बहुखंडीय (Multiple) प्रवेश एवं निकास व्यवस्था

दूर शिक्षा एवं ऑनलाइन शिक्षा अपनी सुगमता, सुलभता एवं लचीलापन के लिए प्रसिद्ध है। देश में दूर शिक्षा एवं ऑनलाइन शिक्षा के विस्तारीकरण में विषय आधारित पंजीकरण एवं बहुखंडीय (Multiple) प्रवेश एवं निकास व्यवस्था संबंधित प्रावधानों का अनुपालन बड़ा योगदान दे सकता है। हम सभी ने SWAYAM आधारित वृहद् मुक्त ऑनलाइन पाठ्यक्रम (MOOCs) की सफलता देखी है, जोकि विषय/पाठ्यक्रम आधारित पंजीकरण का प्रावधान रखता है। अतः उच्च शिक्षा संस्थानों को अध्ययन कार्यक्रम आधारित पंजीकरण से आगे बढ़ते हुए विषय/पाठ्यक्रम आधारित पंजीकरण पर ध्यान देना होगा। उन्हें अपने स्नातक एवं परास्नातक कार्यक्रमों में दूसरे संस्थानों से अर्जित विषयों में अथवा SWAYAM आधारित वृहत मुक्त ऑनलाइन पाठ्यक्रम (MOOCs) से क्रेडिट स्थानांतरण की व्यवस्था का प्रावधान रखना चाहिए और जिसकी एक सीमा भी तय की जा सकती है, जोकि अधिकतम 40 प्रतिशत से अधिक नहीं होनी चाहिए। इसका लाभ यह होगा कि उच्चतर शिक्षा संस्थानों के पाठ्यक्रम बहु-विषयक होंगे और लचीले (Flexible) भी होंगे। दूसरा प्रावधान यह भी रखा जा सकता है, जिसमें प्रथम एवं द्वितीय वर्ष के अध्ययन के बाद निकास की व्यवस्था हो उपाधि अर्जन के साथ। स्नातक कार्यक्रमों के दूसरे एवं तीसरे वर्षों में प्रवेश की व्यवस्था की जा सकती है, पहले एवं दूसरे वर्षों के उपाधि अर्जन एवं निकास के बाद। इस बात की संभावना हो सकती है कि अभी परंपरागत संस्थानों में यह व्यवस्था लागू करने में थोड़ा समय लग सकता है, लेकिन मुक्त एवं दूर शिक्षा संस्थानों एवं ऑनलाइन शिक्षा पाठ्यक्रमों में इस तरह के एकीकरण की संभावना से

इनकार नहीं किया जा सकता है। आनेवाले समय में 'एकेडमिक बैंक ऑफ क्रेडिट' की व्यवस्था लागू हो जाने के बाद, दूर शिक्षा से अर्जित क्रेडिट एवं ऑनलाइन शिक्षा से अर्जित क्रेडिट का एक-दूसरे माध्यमों में स्थानांतरण और भी आसान हो सकता है।

सहयोगात्मक रणनीतियाँ

इस लेख में सुझाए गए प्रावधानों एवं कार्य योजनाओं को अवलंबित लागू करने में कुछ चुनौतियाँ भी सामने आ सकती हैं। अत: उन चुनौतियों का सफलतापूर्वक सामना करने के लिए एवं तकनीकी सक्षम उच्च शिक्षा की सुलभता, समग्रता एवं समता के लिए कुछ क्रिया-बिंदु किस प्रकार से हो सकते हैं—

- ऑनलाइन शिक्षा की दिशा में आगे बढ़ना, उन संस्थानों के लिए ज्यादा सुलभ है, जो कि दूर शिक्षा माध्यम से पहले से ही शिक्षा प्रदान कर रहे हैं, अत: देश के मुक्त विश्वविद्यालय एवं दूर शिक्षा संस्थान क्षेत्र में महत्त्व दान कर सकते हैं, क्योंकि उनके द्वारा दूर शिक्षा पाठ्य-सामग्री को इ-पाठ्य सामग्री में परिवर्तित करना ज्यादा आसान है। उन्हें ऑनलाइन अध्ययन कार्यक्रम निर्माण करने के लिए निम्न बिंदुओं पर ध्यान देना होगा—
- ग्राफिक्स या एनीमेशन निर्माण के लिए रिकॉर्डिंग या डबिंग एवं संपादन सुविधाओं के साथ वीडियो सामग्री का विकास किया जा सकता है।
- स्वयंप्रभा (SWAYAMPRABHA) एवं संबंधित दूर शिक्षा के शैक्षणिक चैनलों जैसे इग्नू का ज्ञान-दर्शन एवं सी.ई.सी. (यू. जी.सी.) के शैक्षणिक चैनलों पर आधारित पाठ्यक्रमों को ऑनलाइन शिक्षा के साथ जोड़ा जा सकता है।

- तकनीकी सुलभता की दिशा में कार्य किया जा सकता है, जिससे कि सुदूर और दुर्गम क्षेत्रों में जहाँ इंटरनेट अथवा अन्य तकनीकी संसाधनों की या तो कमी है या अनुपलब्धता है, उनको सुदृढ़ करने की आवश्यकता है, जिससे कि ऑनलाइन शिक्षा दूरस्थ एवं दुर्गम क्षेत्रों में भी प्रदान की जा सके।
- मूल्यांकन को समयबद्ध तरीके से पारंपरिक एवं पेपर-पेन के माध्यम से ऑनलाइन माध्यम की तरफ लाया जा सकता है, जिससे कि मूल्यांकन पारदर्शी हो, सतत हो और तेजी से हो और इसके साथ किफायती भी हो।

इस लेख में प्रस्तुत अवधारणा एवं कार्य योजनाओं से यह परिलिक्षित होता है कि राष्ट्रीय शिक्षा नीति में उल्लेखित उच्च शिक्षा के उद्देश्यों अर्थात् उच्च शिक्षा में सुलभता, समता एवं समग्रता का प्रारूप तैयार करने में प्रौद्योगिकी सक्षम ऑनलाइन शिक्षा अपना महत्त्वपूर्ण योगदान प्रदान कर सकती है। अतः उल्लिखित उद्देश्यों की प्राप्ति के लिए सभी उच्च शिक्षा संस्थान आपसी सहयोग एवं समन्वय से ऑनलाइन शिक्षा प्रदान करने का प्रारूप तैयार कर सकते हैं, क्योंकि ऑनलाइन एवं मुक्त तथा दूरस्थ शिक्षा के द्वारा ही उच्च शिक्षा के लोकतंत्रीकरण के सपने को पूरा किया जा सकता है।

□

राष्ट्रीय शिक्षा नीति के कार्यान्वयन में मुक्त एवं दूरस्थ शिक्षा की भूमिका

—प्रो. अमी उपाध्याय

इक्कीसवीं सदी के भारत के लिए एक नवीन दृष्टिकोण पर आधारित शिक्षा प्रणाली की आवश्यकता थी। इसकी पूर्ति राष्ट्रीय शिक्षा नीति-2020 करती है। इस नीति का उद्देश्य भारत को 'अधिक जीवंत, क्रियाशील, परस्पर सहयोगी समुदायों और एक खुशहाल, सामंजस्यपूर्ण, सुसंस्कृत, उत्पादक, अभिनव, प्रगतिशील और समृद्ध राष्ट्र' में बदलना है। (राष्ट्रीय शिक्षा नीति, मानव संसाधन विकास मंत्रालय, 2020, पृष्ठ 33) इस नीति में सतत विकास लक्ष्यों को पूरा करने की क्षमता है। इस नीति में मुक्त और दूरस्थ शिक्षा के माध्यम से उच्च शिक्षा के अवसरों के प्रसार का प्रस्ताव है। यह नीति निम्नलिखित बिंदुओं पर उच्च शिक्षा प्रणाली के संस्थागत पुनर्गठन की सिफारिश करती है—

बहु-विषयक विश्वविद्यालय

शिक्षा नीति में 3,000 या इससे अधिक छात्र संख्या वाले उच्च शिक्षा संस्थानों को विशाल बहु-विषयक विश्वविद्यालयों में परिवर्तित करने की परिकल्पना है। इस परिवर्तन के लिए न केवल अवसंरचना

(इंफ्रास्ट्रक्चर) बल्कि मानव कर्मियों के भी भारी निवेश की आवश्यकता है। इस आवश्यकता की पूर्ति मुक्त विश्वविद्यालय बिना किसी अतिरिक्त प्रयास के कुशलतापूर्वक कर सकते हैं, क्योंकि उनके पास पहले से ही ऐसी संरचना मौजूद है। प्रत्येक मुक्त विश्वविद्यालय के पास संबद्ध अध्ययन केंद्रों की एक शृंखला होती है, जो विशाल भौगोलिक क्षेत्रों में तो फैले हुए होते हैं और लगभग हर जिले के शहरी और ग्रामीण क्षेत्रों तक पहुँचते हैं। पारंपरिक विश्वविद्यालयों और कॉलेजों के मुकाबले, मुक्त विश्वविद्यालय किसी निर्धारित संख्या तक ही विद्यार्थियों को प्रवेश देने के लिए बाध्य नहीं है, अतः किसी भी समय उनमें प्रवेश संख्या 3,000 या उससे कहीं ज्यादा बिना किसी बाधा के हो सकती है। मुक्त विश्वविद्यालयों की लचीली व्यवस्था उन्हें कला, मानविकी, सामाजिक विज्ञान, भाषा, विज्ञान, पेशेवर, तकनीकी और व्यावसायिक आदि विभिन्न क्षेत्रों में कई तरह के पाठ्यक्रमों की पेशकश करने की सुविधा देती है। भारत के पास प्राचीन समय से तक्षशिला और नालंदा जैसे बड़े बहु-विषयक अनुसंधान और शिक्षण विश्वविद्यालयों में उपार्जित ज्ञान की समृद्ध विरासत है। इस विरासत को राष्ट्र के केंद्रीय और राज्य स्तरीय मुक्त विश्वविद्यालयों द्वारा सर्वोत्तम रूप से संरक्षित और संवर्धित किया जा सकता है।

अनुसंधान और शिक्षण केंद्रित विश्वविद्यालय

शिक्षा नीति गुणवत्तायुक्त शिक्षण और अनुसंधान केंद्रित विश्वविद्यालयों को समान महत्त्व देती है। इस स्थिति में विश्वविद्यालयों के कामकाज का दायरा कहीं अधिक बढ़ जाता है। वे नियमित स्नातक और स्नातकोत्तर कार्यक्रमों की पेशकश करने तक ही सीमित नहीं रह

जाते, अपितु अनुसंधान गतिविधियों और बहु-विषयक और कौशल-उन्मुख पाठ्यक्रमों के अध्यापन के अवसर भी उनके लिए खुल जाते हैं। अपनी योजनाओं और कार्यों के साथ मुक्त विश्वविद्यालय इन गतिविधियों को और अधिक आसानी से प्रोत्साहित कर सकते हैं, क्योंकि उनके पास न केवल विश्वविद्यालयों संकाय सदस्यों और शैक्षणिक परामर्शदाताओं की एक सशक्त सक्षम टीम है, बल्कि विशेषज्ञों का एक ऐसा समूह भी है, जो किसी परिसर विशेष मात्र तक ही सीमित नहीं हैं, अपितु विभिन्न क्षेत्रों में बिखरे होने पर भी आवश्यकता पड़ने पर सहर्ष अपनी विशेषज्ञता का लाभ देने के लिए उद्यत हैं। इसके अलावा पारंपरिक विश्वविद्यालय सामान्यतया किसी विशिष्ट क्षेत्र, जैसे खेल, अभियांत्रिकी, तकनीकी या कृषि आदि से संबद्ध होते हैं। मुक्त विश्वविद्यालय इस संबंध में अधिक लचीले हैं, क्योंकि ऑनलाइन या ऑफलाइन मोड के माध्यम से वे छात्रों को विभिन्न प्रकार के विषयों में अध्ययन का अवसर उपलब्ध करा सकते हैं और स्थानीय भाषाओं और स्थानीय कौशल पर पाठ्यक्रमों की पेशकश के रूप में स्थानीय आवश्यकताओं को भी पूरा कर सकते हैं।

सामुदायिक भागीदारी

सामुदायिक सहभागिता इस नीति के प्रमुख क्षेत्रों में से एक है। मुक्त विश्वविद्यालय अनेक तरह से सामुदायिक सेवा और सामुदायिक सहभागिता में संलग्न हो सकते हैं। अध्ययन केंद्रों के नेटवर्क के माध्यम से मुक्त विश्वविद्यालय दूर-दराज के इलाकों और जिलों तक पहुँच सकते हैं। समग्र शिक्षा के एक भाग के रूप में, स्थानीय आबादी को स्थानीय उद्योग, व्यवसायों, कला, शिल्प, कौशल आदि के साथ

संलग्न करके उच्च शिक्षा में दाखिला दिया जा सकता है। पर्यावरण शिक्षा, मूल्य-आधारित शिक्षा, प्राकृतिक संसाधनों का प्रबंधन, सतत विकास आदि कार्यक्रमों में भी ग्रामीण और शहरी क्षेत्रों के युवाओं और वयस्कों को शामिल किया जा सकता है। सामाजिक जिम्मेदारी के एक हिस्से के रूप में, मुक्त विश्वविद्यालयों के पास कुछ गाँवों को गोद लेने की भी गुंजाइश है। तब इन गाँवों में शिक्षा की, विभिन्न मुद्दों पर जागरूकता जाग्रत् करने की और उनके मूलभूत अधिकारों के उचित उपयोग सुनिश्चित करने की जिम्मेदारी इन विश्वविद्यालयों की होगी। लड़कियों और महिलाओं को सामाजिक और आर्थिक रूप से स्वतंत्र बनाने के लिए प्रोत्साहित और प्रशिक्षित किया जा सकता है, किसी प्रकार के कौशल में दक्षता हासिल कराई जा सकती है। मुक्त विश्वविद्यालय इन लड़कियों को शिक्षित करने और भविष्य में अगुवाई कर सकने में सक्षम बनाने के लिए परामर्शकों का एक समूह बना सकते हैं। इस तरह चौतरफा सामुदायिक सहभागिता-मुक्त विश्वविद्यालय की संरचना और प्रणाली के साथ अधिक संभव है।

सकल नामांकन अनुपात

शिक्षा नीति का लक्ष्य उच्च शिक्षा में सकल नामांकन अनुपात को 2035 तक 26.3 प्रतिशत (2018) से बढ़ाकर 50 प्रतिशत करना है। इसके साथ नीति यह भी घोषणा करती है कि—"पूर्ण पहुँच, न्याय संगतता और समावेशन सुनिश्चित करने के लिए छूट गए क्षेत्रों में आधिकाधिक उच्च शिक्षण संस्थान स्थापित और विकसित किए जाएँगे। सन् 2030 तक, लगभग हर जिले में कम-से-कम एक बड़ा बहुविषयक उच्च शिक्षण संस्थान होगा।" (रा.शि.नी., पृष्ठ 35)। इस स्थिति में सकल नामांकन अनुपात एक बड़ी चुनौती है, जिससे पार

पाने के लिए हमारा राष्ट्र प्रयासरत है। यहाँ भी मुक्त विश्वविद्यालय ऐसे अनछुए क्षेत्रों तक पहुँचते हैं, जहाँ पारंपरिक विश्वविद्यालयों की पहुँच लगभग नहीं हो पाती है। मुक्त विश्वविद्यालयों का विकास और सुदृढ़ीकरण हजारों की संख्या में छात्र नामांकन को आकर्षित कर सकने में समर्थ हो सकता है। मुक्त विश्वविद्यालयों की शिक्षा पद्धति स्वाध्याय सामग्री की उपलब्धता, शैक्षणिक परामर्श, शिक्षणेतर और सह-शैक्षणिक गतिविधियों, प्रशिक्षण और जागरूकता कार्यक्रमों आदि के माध्यम से विद्यार्थियों की एक बड़ी संख्या को संलग्न कर सकने में सक्षम है। नीति में लगभग हर जिले में एक बड़ा बहु-विषयक उच्च शिक्षण संस्थान स्थापित करने का उल्लेख है, मुक्त विश्वविद्यालयों के पास पहले से ही अपने क्षेत्र के तहत हर जिले में स्थापित अध्ययन केंद्रों का एक नेटवर्क है और यह अंततः राज्य और राष्ट्र के सकल नामांकन अनुपात में उल्लेखनीय सुधार कर सकता है।

सांस्कृतिक अध्ययन और कलाओं का संवर्धन

यह दूरदर्शी नीति स्थापित करती है कि अपनी भाषा, संस्कृति और परंपराओं में अच्छी तरह से शिक्षित होना एक व्यक्ति की शैक्षिक, सामाजिक और तकनीकी प्रगति के साथ-साथ राष्ट्र के लिए बहुत बड़ा लाभ है। निकट भविष्य में ऐसे पाठ्यक्रम और शिक्षा-पद्धति को विकसित करने की आवश्यकता है, जो हमारी स्थानीय संस्कृति, परंपरा, विरासत, रीति-रिवाज, भाषा, दर्शन और पारंपरिक तरीके से सीखने को बढ़ावा दे। इस नीति का उद्देश्य खोई हुई मूल-निधि जैसे कि भाषा, कला और संस्कृति को फिर से जीवित करना है, जो विश्व स्तर पर सक्षम, कुशल और क्रियाशील व्यक्तित्व के विकास के लिए

पूर्व शर्त की तरह होते हैं। नीति में कहा गया है कि "विद्यार्थी शिक्षा प्रणाली में प्रमुख हितधारक हैं। उच्च गुणवत्तायुक्त शिक्षण-अधिगम प्रक्रियाओं के लिए गतिशील जीवंत परिसर जीवन आवश्यक है। इसके लिए विद्यार्थियों को खेल, संस्कृति, कला क्लब, पर्यावरण क्लब, विविध गतिविधि क्लब, सामुदायिक सेवा परियोजना इत्यादि में भाग लेने के भरपूर अवसर दिए जाएँगे" (रा.शि.नी., पृष्ठ 40)

राष्ट्रीय शिक्षा नीति 2020 के क्रियान्वयन में मुक्त विश्वविद्यालयों की भूमिका महत्त्वपूर्ण है। भारत का प्रत्येक प्रदेश सांस्कृतिक समृद्धि और विविधता से पूर्ण है। प्रत्येक मुक्त विश्वविद्यालय में शिक्षण, अनुसंधान और संस्कृति के भंडार के एक समग्र केंद्र के रूप में सांस्कृतिक केंद्र की स्थापना की जा सकती है। इस नीति में स्थानीय एवं भारतीय भाषाओं में पढ़ानेवाले उच्च शिक्षण संस्थान को विकसित करने का लक्ष्य रखा गया है। मुक्त विश्वविद्यालय प्रभावी रूप से स्थानीय साहित्य को बढ़ावा देने का काम कर सकते हैं। स्थानीय साहित्य को प्रोत्साहन, अनुवाद अध्ययन, अनुवाद कार्यों और साहित्यिक रचनाओं की व्याख्या के कार्य भी किए जा सकते हैं। इस नीति में संस्कृति के अनिवार्य तत्त्वों, जैसे संगीत, त्योहार, कला और शिल्प का ज्ञान, को मुख्यधारा में लाने का प्रावधान है। इसे ध्यान में रखते हुए प्राचीन भारतीय ज्ञान प्रणालियों और कलाओं से संबंधित शोध एवं शिक्षण कार्य को बढ़ावा देना होगा। आत्मनिर्भर भारत के लक्ष्य के लिए स्थानीय कला, शिल्प और हस्तकला कौशल को बढ़ावा देना, नीति द्वारा की गई एक और सिफारिश है।

मुक्त विश्वविद्यालयों की संरचना और बुनियादी ढाँचा इस प्रकार का होता है कि युवाओं की एक बड़ी आबादी तक इनकी पहुँच आसान होती है। इसका लाभ उठाते हुए उच्च शिक्षा का प्रसार किया जा

सकता है। इन विश्वविद्यालयों में प्रत्येक वर्ष हजारों छात्रों को प्रवेश दिया जाता है। यदि विश्वविद्यालय कला और कौशल सिखानेवाले कलाकारों और शिल्पकारों से इन विद्यार्थियों को जोड़ सके तो प्रत्येक वर्ष स्वरोजगार सक्षम योग्य युवा तैयार हो सकेंगे। इसके अलावा न केवल उच्च शिक्षा, बल्कि नीति ने पाँचवीं कक्षा तक के बच्चों को घरेलू भाषा/क्षेत्रीय भाषा सिखाने की अवधारणा प्रस्तुत की है। इस स्थिति में मुक्त विश्वविद्यालय लघु अवधि के पाठ्यक्रमों द्वारा क्षेत्रीय भाषाओं में रचनात्मक शिक्षण का प्रशिक्षण दे सकते हैं। साथ ही साथ कला, भाषा और संस्कृति को बढ़ावा देने के संदर्भ में कौशल प्रयोगशाला के रूप में भी काम कर सकता है। उदाहरण के लिए, डॉ. बाबासाहेब आंबेडकर ओपन यूनिवर्सिटी का कच्छ केंद्र कच्छी कला, संस्कृति, भाषा, हस्तकला और स्थानीय कौशल सिखाने के लिए एक कौशल प्रयोगशाला चलाएगा। मुक्त विश्वविद्यालय अपने 'सांस्कृतिक अध्ययन' पाठ्यक्रम और कार्यक्रम अध्ययन-केंद्रों के जरिए ऑनलाइन और ऑफलाइन दोनों मोड में प्रदान करते हैं तो यह चॉइस बेस्ड क्रेडिट सिस्टम और अकादमिक क्रेडिट बैंक के उद्देश्य को भी पूरा करेगा, क्योंकि तब किसी भी राज्य का विद्यार्थी देश के किसी भी अन्य राज्य की संस्कृति का अध्ययन कर सकने का अवसर पा सकेगा। मुक्त विश्वविद्यालयों को मजबूत करने से निश्चित रूप से सकल नामांकन अनुपात में वृद्धि होगी।

निष्कर्षतः यह कहा जा सकता है कि इस अग्रगामी दूरदर्शी राष्ट्रीय शिक्षा नीति-2020 के कार्यान्वयन में आनेवाली कुछ चुनौतियों को मुक्त दूरस्थ शिक्षा के माध्यम से दूर किया जा सकता है। नीति में कहा गया है कि 'अपने सांस्कृतिक इतिहास, कला, भाषा और परंपराओं के प्रति प्रबल भावना और स्पष्ट ज्ञान के द्वारा ही

बच्चे अपनी सकारात्मक सांस्कृतिक पहचान और आत्म-सम्मान का निर्माण कर सकते हैं।' (रा.शि.नी., पृष्ठ 53) व्यक्तिगत रूप से भी, यह मेरा विश्वास है कि सांस्कृतिक जागरूकता ही व्यक्तिगत और सामाजिक विकास में परिणत होती है। हमारे राष्ट्र में मुक्त दूरस्थ शिक्षा-प्रणाली न केवल उच्च शिक्षा के मुद्दों को हल करेगी, बल्कि सतत विकास के लक्ष्यों की पूर्ति में भी योगदान करेगी।

□

आत्मनिर्भर भारत के लिए तकनीकी शिक्षा

—प्रो. अनिल सहस्रबुद्धे

राष्ट्रीय शिक्षा नीति-2020 भारतीय समाज की अपेक्षाओं को ध्यान में रखते हुए एक भविष्योन्मुखी दस्तावेज है। इस नीति में पूर्व की शिक्षा नीतियों-वर्ष 1968 की नीति 1986 और 1992 की क्रियान्वयन योजनाओं के समान भाषा की समस्या, भारतीय मूल्यों पर बल, स्वायत्तता, सकल नामांकन दर में वृद्धि आदि क्षेत्रों से संबंधित संस्तुतियाँ देखी जा सकती हैं। इसके साथ-साथ इसमें अनके नई संकल्पनाओं को भी स्थान दिया गया है। विश्वविद्यालयों का बहुअनुशासनात्मक वातावरण, विषयों के बीच कठोर विभाजन को कमजोर करना, शिक्षा में प्रौद्योगिकी का प्रयोग करना, शोध और शिक्षण आधारित विश्वविद्यालयों का विकास, प्रवेश और अध्ययन के दौरान बाहर जाने और पुनः प्रवेश लेने की व्यवस्था, अकादमिक क्रेडिट बैंक की व्यवस्था आदि ऐसी ही संकल्पनाएँ हैं। इन संकल्पनाओं के क्रियान्वयन द्वारा उच्च शिक्षा में सकल नामांकन दर को 50 प्रतिशत तक बढ़ाना, भारत में विश्वविद्यालयों का विस्तार करना जैसे कुछ मौलिक सुझाव हैं। इन सुझावों के साथ-साथ राष्ट्रीय शिक्षा नीति-2020 पेशेवर

शिक्षा, उदाहरण के लिए अभियांत्रिकी और मेडिकल से संबंधित भी महत्त्वपूर्ण सुझाव देती है। इसका एक उदाहरण इन अध्ययन क्षेत्रों में भारतीय मूल्यों, नैतिक आचार संहिता, व्यावसायिक समर्पण, भारतीय ज्ञान-परंपरा की पुनर्स्थापना और नवाचार द्वारा धरातल की समस्याओं का समाधान करना है। यह नीति वृत्तिक शिक्षा में परीक्षा की समस्या, वास्तविक क्षेत्रानुभव दक्षताओं का विकास, रोजगारपरकता, उद्यमिता दक्षता और अध्यापकों की तैयारी जैसे आयामों को सुदृढ़ कर 'वृत्तिक शिक्षा' को मजबूत करना चाहती है। यह नीति वृत्तिक शिक्षा को इस तरीके परिकल्पित करती है कि इसके माध्यम से एक स्वायत्त एवं स्वावलंबी भारतीय मस्तिष्क का विकास हो सके, जो वैज्ञानिक चिंतन और अन्वेषण की क्षमता से युक्त हो, जो आधुनिक ज्ञान और विज्ञान के क्षेत्रों में शोध और नवाचार के माध्यम से समाज की वास्तविक समस्याओं का समाधान करने में समर्थ हो।

यदि विद्यालयी शिक्षा के संदर्भ में देखा जाए तो परंपरागत प्रणाली के स्थान पर 5+3+3+4 माध्यम से 15 वर्षीय विद्यालय शिक्षा का प्रावधान किया गया है। इसमें आरंभिक 5 वर्षों में बिना तनाव के समग्र विकास हेतु खेल और कहानी आदि के माध्यम से बच्चों की खोजी प्रवृत्ति को बढ़ावा दिया जाएगा। उन्हें बुनियादी साक्षरता और गणितीय दक्षताओं से युक्त किया जाएगा। अगले तीन वर्षों में समग्र विकास के लिए विद्यालयी ज्ञान के साथ-साथ कृषि, बागवानी, संगीत और कला आदि की भी संलग्नता प्रदान की जाएगी। माध्यमिक स्तर के चार वर्षों में विषयों के बीच कठोर विभाजन को समाप्त करते हुए विद्यार्थियों को उनकी रुचि के अनुसार विषय चयन का मौका दिया गया जाएगा। इसके अतिरिक्त इस स्तर पर खेल, सांस्कृतिक गतिविधियों, योग एवं ध्यान आदि के माध्यम से भी विद्यार्थियों के समग्र विकास की नींव

रखी जाएगी। इन प्रावधानों से स्पष्ट है कि शिक्षा द्वारा विद्यार्थियों में अंतर्निहित क्षमता का विकास, वैज्ञानिक अभिवृत्ति का पोषण और इसके अनुसार ज्ञान कुशलता का विकास करना शिक्षा का मूल लक्ष्य है। जब इस तरह के परिवेश में विकसित विद्यार्थी उच्च शिक्षा में आएँगे तो वे निरंतर ज्ञानार्जन की प्रक्रिया में संलग्न रहते हुए भारतीय मूल्यों का पालन करते हुए सामाजिक-सांस्कृतिक और पर्यावरणीय चुनौतियों के समाधान का प्रयास करेंगे।

शिक्षा नीति-2020 के क्रियान्वयन की पहली चुनौती है कि 10+2+3 की व्यवस्था को कैसे 5+3+3+4 की व्यवस्था में रूपांतरित किया जाए? इसके लिए हमें पूर्व विद्यालयी शिक्षा और विद्यालयी शिक्षा के संस्थागत ढाँचे पर विचार करना होगा। हमें उन युक्तियों को क्रियान्वित करना होगा, जिनके माध्यम से आँगनवाड़ी, बालवाड़ी और अन्य प्राथमिक कक्षाओं में विद्यार्थियों का नामांकन हो और वे वहाँ आनंदपूर्ण ढंग से पढ़ाई कर सकें। इस दिशा में एक महत्त्वपूर्ण पहल यह हो सकती है कि पूर्व बाल्यावस्था और आरंभिक बाल्यावस्था के लिए एक ही तरह के संस्थान बने और उनमें बच्चों की विकासात्मक अवस्था के अनुसार अलग-अलग समय अवधि पाठ्यचर्या की व्यवस्था की जाए। हमें यह भी ध्यान रखना होगा कि विद्यार्थियों को उनके आवास के निकट ही विद्यालयों की सुविधा उपलब्ध कराई जाए, जिससे उन्हें यात्रा के लिए संसाधन और समय नष्ट न करना पड़े। हमें इस स्तर के लिए क्रमबद्ध तरीके से पाठ्यचर्या का विकास करना होगा, जिसमें आनुभविक अधिगम, भारतीय मूल्य, परिवार तंत्र, प्राचीन कला, शिल्प व कहानियों आदि का समावेश हो। इससे विद्यार्थियों के लिए सीखना आनंद पूर्ण बन सकेगा। हमें इस स्तर के अध्यापकों के लिए संदर्भ पुस्तकें, प्रशिक्षण के वीडियो आदि संसाधन भी तैयार करने चाहिए।

उन्हें खेल विधि से या खिलौनों के माध्यम से कैसे शिक्षा दी जाए, इसका प्रशिक्षण भी प्रदान करना चाहिए। उन्हें मुक्त स्रोत सॉफ्टवेयर और ऑनलाइन प्रशिक्षण तकनीकों आदि से भी परिचित कराना चाहिए। आरंभिक कक्षाओं में प्राय: देखा जाता है कि विद्यार्थी गणित को नापसंद करने लगते हैं, इसका मूल कारण इस विषय की अमूर्तता है। इसे ध्यान में रखते हुए शिक्षा नीति के सुझाव के आलोक में हमें गणित की कक्षा में रोजमर्रा के उदाहरणों का प्रयोग करना चाहिए। हमें गणित के पाठ्यक्रम में वैदिक गणित को भी रखना चाहिए। विज्ञान शिक्षण के संदर्भ में ध्यान रखना चाहिए, बच्चों में प्रकृति का अवलोकन करने, परिवेश के संसाधनों को पहचानने, मानव कृत विकास जैसे—रेल, सड़क, जल-संसाधन हवाई परिवहन आदि के प्रभाव का मूल्यांकन करने की क्षमता विकसित हो। हमें अपने विद्यालयों में इतिहास के अध्ययन दृष्टि को भी सही करना होगा। इससे ही हमारे नागरिकों में भारतीय मूल्य घोषित होंगे और वे नैतिक दृष्टि से ईमानदार एवं राष्ट्र के लिए समर्पित युवा बनेंगे। राष्ट्रीय शिक्षा नीति में कक्षा 6 और उसके बाद की कक्षाओं में व्यावसायिक शिक्षा के घटक को रखा गया है। इस क्षेत्र में हमारी चुनौती यह है कि हम विद्यार्थियों को कैसे मिश्रित और विविधता भरे विकल्प उपलब्ध कराएँ। हमें ध्यान रखना होगा कि इन नवाचारों की मदद से विद्यालयों को चिंतन प्रयोगशालाओं के रूप में विकसित करना है। आनेवाले वर्षों में माध्यमिक स्तर पर शिक्षा विविधता भरी होगी। इसे ध्यान में रखते हुए हमें उद्देश्य पूर्ण तरीके से उच्च शिक्षा की पाठ्यचर्या और गतिविधियों में भी बदलाव करना होगा। जैसा कि राष्ट्रीय शिक्षा नीति के दस्तावेज में स्पष्ट कहा गया है, इसका एक मुख्य प्राथमिकता क्षेत्र स्वास्थ्य और पोषण भी है। इसके लिए 'मध्याह्न भोजन योजना' को एक नई दृष्टि से देखने का सुझाव

दिया गया है। मध्याह्न भोजन योजना में दोपहर के खाने के साथ-साथ सुबह के नाश्ते का भी प्रबंध किया गया है। इस बदलाव के कारण विद्यार्थियों के स्वास्थ्य में स्वाभाविक सुधार होगा। इसके साथ-साथ उनकी स्वास्थ संबंधी आदतों में बदलाव के लिए जागरूकता कार्यक्रम चलाने की जरूरत है। स्वच्छ भारत अभियान इसका एक उदाहरण है।

नई शिक्षा नीति में संस्तुति की गई है कि स्नातक स्तर पर प्रवेश लेने के उपरांत विद्यार्थी अपनी आवश्यकता और रुचि के अनुसार पाठ्यक्रम से बाहर भी जा सकते हैं और पुनः पाठ्यक्रम में प्रवेश ले सकते हैं। यह हमारे लिए एक चुनौती भरा क्षेत्र है। इस व्यवस्था के क्रियान्वयन के विषय में सोचने की आवश्यकता है। 'एकेडमिक बैंक ऑफ क्रेडिट' इस दिशा में एक महत्त्वपूर्ण सुझाव है, जिसे हमें अपने संस्थानों में लागू करना होगा। हमें उच्च शिक्षा की पाठ्यचर्या को वर्ष आधारित परीक्षा प्रणाली के अनुरूप अपेक्षित पूर्व ज्ञान के मूल्यांकन के स्थान पर दक्षता आधारित सतत मूल्यांकन प्रणाली की ओर प्रतिस्थापित करना होगा, जिससे विद्यार्थियों की वास्तविक व्यवसाय जगत् में कार्य करने की क्षमता का आकलन हो सके। ऐसा करने पर ही बहु-प्रवेश और बहु-निर्गत की व्यवस्था कारगर हो पाएगी। कई बार विद्यार्थी रुचि परिवर्तन के कारण एक-एक अध्ययन कार्यक्रम को छोड़कर दूसरे अध्ययन कार्यक्रम में प्रवेश लेना चाहते हैं। इस स्थिति में उनकी रुचि के पोषण हेतु आवश्यक है कि हमारे अध्ययन कार्यक्रमों में समतुल्य क्रेडिट व्यवस्था हो, जिससे यदि विद्यार्थी किसी अन्य अध्ययन कार्यक्रम में प्रवेश लेते हैं तो उनके द्वारा अर्जित क्रेडिट खराब न हो। हमें सीखने के लिए क्रेडिट की परिभाषा में सैद्धांतिक ज्ञान, ट्यूटोरियल, अभ्यास कार्यक्रम, उद्योग जगत् में प्रशिक्षण आदि को भी जोड़ना और परिभाषित करना होगा। हमें अर्जित क्रेडिट-गणना की एक व्यवस्था विकसित

करनी होगी, जिससे विद्यार्थियों द्वारा अलग-अलग संस्थानों से अर्जित क्रेडिट, ऑनलाइन अध्ययन द्वारा अर्जित क्रेडिट आदि की गणना करने और उसके आधार पर उपाधि प्रदान करने में कोई समस्या न हो। इस प्रक्रिया में लोचशीलता का भी ध्यान रखना होगा। हमें अपनी मूल्यांकन प्रणाली को इस तरीके से बदलना होगा कि वह यह बताएँ कि हमारे विद्यार्थी क्या-क्या जानते हैं। वर्तमान परीक्षा प्रणाली बताती है कि वे क्या-क्या नहीं जानते हैं? हमें अपने विद्यार्थियों से स्मृति आधारित प्रश्नों के स्थान पर उनकी विश्लेषणात्मक क्षमता आलोचनात्मक चिंतन और समस्या को विश्लेषक संश्लेषित करके समाधान ढूँढ़ने की क्षमता सृजनात्मकता और नवाचार की क्षमता का मूल्यांकन करना होगा। परीक्षा प्रणाली में बदलाव करने से विद्यार्थियों की खोजी प्रवृत्ति, शोध अभिक्षमताओं एवं कुशलताओं का भी संवर्धन होगा। उच्च शिक्षा के इन बदलावों के परिणाम स्वरूप हम रोजगार को खोजनेवाले स्नातक तैयार करने के स्थान पर उद्यमी स्नातक तैयार करेंगे, जो दूसरों को रोजगार प्रदान करेंगे। यह कहना जितना सरल है करना उतना ही कठिन है। इसके लिए संकाय सदस्यों के लिए भी प्रशिक्षण कार्यक्रम का आयोजन करना होगा, जिससे वे उक्त सुझाव को क्रियान्वित करने में सहयोग कर सकें। शिक्षा नीति के सुझावों को ध्यान में रखते हुए हमारे संकाय सदस्य केवल एक अध्यापक नहीं रहेंगे, बल्कि वे एक मार्गदर्शक, सलाहकार और दोस्त की भूमिका में भी होंगे, जो अपने विद्यार्थियों की ऊर्जा का सकारात्मक नियोजन करेंगे।

वर्तमान में हमारे यहाँ उच्च शिक्षा में सकल नामांकन दर 27 प्रतिशत है। आनेवाले 15 वर्षों में हमें इसे बढ़ाकर लगभग 50 प्रतिशत तक ले जाना है। हमें उच्च शिक्षा में इस तरीके के बदलाव करने हैं कि उपाधि प्रदान करने के साथ-साथ समाजोपयोगी एवं उत्पादक श्रमशक्ति

तैयार हो सके। इस नीति में प्रत्येक जिले में एक विश्वविद्यालय की कल्पना की गई है। जिस क्षेत्र में पहले से ही विश्वविद्यालयों की अधिकता है, वहाँ पर इन संस्थानों के आपसी तालमेल से एक मजबूत व्यवस्था खड़ी की जा सकती है। सूचना प्रौद्योगिकी एक ऐसा क्षेत्र है, जिसके माध्यम से मिश्रित अधिगम व्यवस्था के द्वारा उच्च शिक्षा में नामांकन पर बढ़ाई जा सकती है। इसके द्वारा दूरदराज के क्षेत्रों में उच्च शिक्षा का प्रसार किया जा सकता है। हमें औपचारिक शिक्षा से वंचित समुदायों और क्षेत्रों के लिए प्रभावशाली मुख्य कार्यक्रम का भी निर्माण करना होगा। यह विचार करना होगा कि कैसे हमारे सर्वश्रेष्ठ अध्यापक मुक्स (MOOCs) आधारित सामग्रियों को तैयार करने में योगदान करें। हमें राष्ट्रीय शिक्षा तकनीकी मंच के सहयोग से सूचना प्रौद्योगिकी के क्षेत्र में आनेवाले बदलावों, जैसे कृत्रिम बुद्धि, डेटा विश्लेषण, क्लाउड कंप्यूटिंग, रोबोटिक आदि का भी शिक्षा के क्षेत्र में प्रयोग करना होगा। हमें ध्यान रखना होगा कि उद्योग जगत् के साथ साझेदारी का अभिप्राय केवल नौकरी प्रदान करना नहीं है, बल्कि उनके अनुभवों को पाठ्यचर्या विकास, प्रयोगशाला विकास, प्रशिक्षण कार्यक्रमों के विकास और वास्तविक जगत् की चुनौतियों के समाधान के लिए भी उपयोग में लाना होगा। इसके लिए प्रत्येक महाविद्यालय को कम-से-कम पाँच उद्योगों के साथ अनुबंध करना होगा। यह पहल विद्यार्थी केंद्रित नवाचार में सहयोगी होगी।

राष्ट्रीय शिक्षा नीति-2020 उच्च शिक्षा की एक नई संरचनागत व्यवस्था को प्रस्तावित करती है। इसके अंतर्गत 'भारतीय उच्च शिक्षा आयोग' को उच्च शिक्षा की सर्वोच्च संस्था के रूप में स्थापित किया जाएगा, जिसके चार समांतर अंग होंगे। पहला 'राष्ट्रीय उच्च शिक्षा विनियामक परिषद्'। दूसरा, इसके द्वारा नम्य किंतु कठोर नियमन

का दायित्व निभाया जाएगा। सामान्य शिक्षा, इसका लक्ष्य उच्च शिक्षा संस्थानों के गुणवत्ता मानकों का निर्धारण करना होगा। तीसरा, 'राष्ट्रीय प्रत्यायन परिषद्' उच्च शिक्षा के प्रत्यायन का कार्य करेगी और चौथा, उच्च शिक्षा संस्थानों को वित्तीय अनुदान उपलब्ध कराने के लिए उच्च शिक्षा अनुदान परिषद् की स्थापना की जाएगी। इस तरह से स्पष्ट है कि विश्वविद्यालय अनुदान आयोग, अखिल भारतीय तकनीकी शिक्षा परिषद् और राष्ट्रीय अध्यापक शिक्षा परिषद् को भारतीय उच्च शिक्षा परिषद् के अंतर्गत लाया जाएगा। इन निकायों के कर्मचारियों और अधिकारियों को उनकी विशेषज्ञता के आधार पर नई संस्थागत संरचना में दायित्व सौंपे जा सकते हैं। शिक्षा नीति का मानना है कि अध्यापकों के वृत्तिक विकास के संदर्भ में पारदर्शी व्यवस्था को विकसित करना अपरिहार्य है। इसके लिए व्यावसायिक मानकों के निर्धारण के कार्य को भी प्राथमिकता के आधार पर करना होगा।

नीति का एक प्रमुख सुझाव शोध और नवाचार को प्रोत्साहन देना है। इसके लिए भारत के प्रधान वैज्ञानिक सलाहकार के नेतृत्व में 'राष्ट्रीय शोध फाउंडेशन' की स्थापना की जाएगी। यह शोध के क्षेत्र में भारत को मजबूत करने की दिशा में महत्त्वपूर्ण प्रयास होगा। राष्ट्रीय शोध फाउंडेशन विविध क्षेत्रों में शोध की प्राथमिकता और संसाधनों के वितरण का ध्यान रखेगा। इसके द्वारा प्रयास किया जाएगा कि शोध की उत्तरदायी, प्रभावशाली और परिणामोन्मुख व्यवस्था विकसित की जाए। राष्ट्रीय शोध फाउंडेशन निजी क्षेत्रों के द्वारा किए जा रहे कार्यों को भी संज्ञान में लेगा। राष्ट्रीय शिक्षा नीति में यह भी सुझाया गया है कि शोध के लिए अनुदान देते समय सरकारी संस्थाओं और स्ववित्तपोषित निजी संस्थाओं के बीच कोई भेदभाव नहीं किया जाएगा। दोनों क्षेत्रों में शोध की संस्कृति को बढ़ावा देने का प्रयास किया जाएगा। शोध प्रकाशन की

गुणवत्ता की दृष्टि से वर्तमान में भारत दुनिया के 5 बड़े देशों में से एक है। आनेवाले वर्षों में हमें पेटेंट अर्जित करने के क्षेत्र में विशेष रूप से कार्य करना होगा। इसके लिए 'राष्ट्रीय शोध फाउंडेशन' की भूमिका महत्त्वपूर्ण होगी।

पिछले कुछ वर्षों से अखिल भारतीय तकनीकी शिक्षा परिषद् द्वारा कुछ महत्त्वपूर्ण नवाचार किए गए हैं, जो राष्ट्रीय शिक्षा नीति के सुझावों के अनकूल हैं। क्षेत्र अध्ययन को पाठ्यक्रम में सम्मिलित करना, संकाय सदस्यों के लिए अनिवार्य रूप से दक्षता संवर्धन कार्यक्रम और उद्योग क्षेत्र के भागीदारी करना, विद्यार्थियों के लिए 3 सप्ताह को अभिप्रेरण कार्यक्रम, व्यावसायिक पाठ्यक्रमों में भारतीय संविधान, पर्यावरण, भारत के परंपरागत ज्ञान आदि से संबंधित घटकों को सम्मिलित करना आदि इसके उदाहरण हैं। इसके साथ-साथ प्रत्येक संस्थान में नवाचार प्रकोष्ठ की स्थापना उद्योग जगत् के 5 संस्थानों के साथ अनुबंध करना, उन्नत भारत अभियान के अंतर्गत 5 गाँव को गोद लेकर उनके विकास के लिए कार्य करना, 2022 तक 60 प्रतिशत अध्ययन कार्यक्रमों का प्रत्यायन कराना, संस्थान की गुणवत्ता में सुधार के लिए मदद करना, परीक्षा प्रणाली में सुधार करना, स्मार्ट भारत से संबंधित अच्छी परियोजनाओं को पुरस्कृत करना, जैसे छात्र विश्वकर्मा पुरस्कार, विश्वेश्वरैया शिक्षक पुरस्कार आदि की व्यवस्था की गई है। वर्तमान में ये सुधार अपना सकारात्मक परिणाम दिखा रहे हैं। भारतीय भाषाओं के माध्यम से तकनीकी शिक्षा प्रदान करना एक महत्त्वपूर्ण क्रियान्वयन का क्षेत्र है। अखिल भारतीय तकनीकी शिक्षा परिषद् द्वारा अच्छी अंग्रेजी किताबों का अनुवाद और भारतीय भाषाओं में सामग्री के विकास के लिए सहायता प्रदान की जा रही है। इसके द्वारा आठ भारतीय भाषाओं में अनुवाद के लिए ऑटोमेटिक अनुवाद उपकरण

का विकास किया गया है। राष्ट्रीय शिक्षा नीति-2020 की संस्तुति के अनुरूप वृत्तिक शिक्षा में मूल्य आधारित शिक्षण पर बल दिया जाना अपेक्षित है। इसके लिए भारत के प्राचीन इतिहास और सांस्कृतिक विरासत महत्त्वपूर्ण साधन की भूमिका अदा कर सकते हैं। इस हेतु शिक्षा मंत्रालय द्वारा अखिल भारतीय तकनीकी शिक्षा परिषद् के अंतर्गत नवाचार प्रकोष्ठ भारतीय जनतंत्र प्रकोष्ठ की स्थापना की गई है, जो द्रुत गति से कार्य कर रहे हैं। 'स्मार्ट इंडिया हैक्थन' द्वारा समकालीन समस्याओं के समाधान के लिए विद्यार्थियों को अवसर दिया जा रहा है। इस तरह नवाचार आधारित प्रयोगों में सशक्त और सक्षम भारत के लक्षण देखे जा सकते हैं। शिक्षा के क्षेत्र में कार्य करनेवाली संस्थाएँ विश्वविद्यालय, उद्योग जगत् और सरकार मिलकर आनेवाले दशक में भारतीय शिक्षा का पूर्ण कायाकल्प कर सकते हैं, जिससे भविष्य के भारत की प्रतिष्ठा विश्वगुरु के रूप में होगी।

** मूल लेख का अंग्रेजी से हिंदी अनुवाद डॉ. ऋषभ कुमार मिश्र, सहायक प्रोफेसर म.गा.अं.हि.वि. द्वारा किया गया है।*

□

शिक्षा नीति, आत्मनिर्भर भारत एवं विश्वविद्यालयों की भूमिका

—प्रो. नीलिमा गुप्ता

शिक्षा नीति–2020 का एक मुख्य उद्देश्य विद्यार्थियों को स्वावलंबी बनाना है। एक स्वावलंबी विद्यार्थी सतत सीखने वाला और अपनी क्षमताओं के अनुरूप अपना भविष्य साकार करनेवाला होता है। जब हमारी शिक्षा-व्यवस्था ऐसे विद्यार्थियों को तैयार करती है तो वह न्यायसंगत समाज के विकास और राष्ट्रीय विकास को बढ़ावा देने में योगदान करती है। शिक्षा नीति–2020 इस दिशा में एक महत्त्वपूर्ण पहल है। यह गुणवत्तापूर्ण शिक्षा तक सार्वभौमिक पहुँच प्रदान करने, वैश्विक मंच पर सामाजिक न्याय और समानता, वैज्ञानिक उन्नति, राष्ट्रीय एकीकरण और सांस्कृतिक संरक्षण के संदर्भ में राष्ट्र की सतत प्रगति को सुनिश्चित करती है। इस नीति का मानना है कि सार्वभौमिक उच्च स्तरीय शिक्षा वह उचित माध्यम है, जिससे देश की समृद्ध प्रतिभा और संसाधनों का सर्वोत्तम विकास और संवर्धन तथा व्यक्ति, समाज, राष्ट्र और विश्व की भलाई के लिए किया जा सकता है। अगले दशक में भारत दुनिया का सबसे युवा जनसंख्या वाला देश होगा और इन युवाओं को उच्चतर गुणवत्तापूर्ण शैक्षिक अवसर उपलब्ध कराने पर ही

भारत का भविष्य निर्भर करेगा। ये गुणवत्तापूर्ण शैक्षिक अवसर विद्यार्थी और भारत दोनों को आत्मनिर्भर बनाने में योगदान करेंगे। आत्मनिर्भरता के इस लक्ष्य के लिए हमें अपनी शिक्षा प्रणाली पुनर्गठित करने की आवश्यकता होगी। विशेष रूप से विश्वविद्यालयी शिक्षा को हमें एक नए रूप में परिकल्पित करना होगा। हमें ध्यान रखना होगा कि सीखने के परिणामों और वास्तविक परिस्थिति में सीखे हुए ज्ञान के अनुप्रयोग में अंतराल न हो। इस तरह की शिक्षा-व्यवस्था को विकसित करके हम संपूर्ण विश्व को राह दिखानेवाली शिक्षा-व्यवस्था विकसित कर सकते हैं।

आत्मनिर्भरता की आवश्यकता को रेखांकित करते हुए शिक्षा नीति-2020 में उल्लिखित है कि "बिग डेटा, मशीन लर्निंग और आर्टिफीशियल इंटेलिजेंस जैसे क्षेत्रों में हो रहे अनेक वैज्ञानिक-तकनीकी विकास के चलते एक ओर विश्व भर में अकुशल कामगारों के स्थान पर मशीनें कार्य करने लगेंगी और दूसरी ओर डेटा साइंस, कंप्यूटर साइंस और गणित के क्षेत्रों में ऐसे कुशल कामगारों की आवश्यकता और माँग बढ़ेगी, जो विज्ञान, समाज-विज्ञान और मानविकी के विविध विषयों में योग्यता रखते हो। जलवायु परिर्वतन, बढ़ते प्रदूषण और घटते प्राकृतिक संसाधनों के कारण हमें ऊर्जा, भोजन, पानी, स्वच्छता आदि की आवश्यकताओं कौ पूरा करने के नए पथ खोजने होंगे और इस कारण जीव विज्ञान, रसायन विज्ञान, भौतिक विज्ञान, कृषि, जलवायु विज्ञान और समाजिक विज्ञान के क्षेत्र में नए कुशल कामगारों की आवश्यकता होगी।" इसके अनुरूप यह नीति रोजगार और वैश्विक परिस्थिति में तीव्र गति से आ रहे परिवर्तनों के कारणों को पहचानती है और उनके अनुरूप अपनी व्यवस्था को सशक्त करना चाहता है। इसके लिए इसकी आधारभूत मान्यता है कि

हमारी शिक्षा ऐसी हो, जो शिक्षार्थियों के जीवन के सभी पक्षों और क्षमताओं का संतुलित विकास करे।

आत्मनिर्भर भारत अभियान

भारत के प्रधानमंत्री माननीय श्री नरेंद्र मोदी द्वारा भारत को एक आत्मनिर्भर राष्ट्र बनाने का लक्ष्य 12 मई, 2020 को घोषित किया गया था। आत्मनिर्भर भारत अभियान के अंतर्गत सूक्ष्म, लघु एवं मध्यम उद्योग को प्रोत्साहित करने के साथ-साथ गरीबों, श्रमिकों और किसानों के लिए अनेक घोषणाएँ की गईं, जिनमें किसानों की आय दोगुनी करने से संबंधित 11 घोषणाएँ सम्मिलित थीं। आत्मनिर्भर भारत के निम्नलिखित पाँच मूल स्तंभ हैं—

1. **अर्थव्यवस्था**—एक ऐसी अर्थव्यवस्था, जो छोटे-छोटे परिर्वतन (इंक्रिमेंटल चेंज) नहीं, परंतु ऊँची छलाँग (क्वांटम जंप) लाए।

2. **बुनियादी ढाँचा**—एक ऐसा बुनियादी ढाँचा, जो आधुनिक भारत की पहचान बने। विदेशी कंपनियों को भारत निर्मित उत्पादों को क्रय करने हेतु आकर्षित कर सके।

3. **प्रौद्योगिकी**—एक ऐसा सिस्टम, जिसमें आधुनिक तकनीक को अपनाने और समाज में डिजिटल तकनीक का उपयोग बढ़ाना शामिल है।

4. **जनसांख्यिकी (डेमोग्राफी)**—भारत की जीवंत जनसांख्यिकी हमारी शक्ति है, आत्मनिर्भर भारत के लिए ऊर्जा का स्रोत है।

5. **माँग**—भारत के पास बड़ा घरेलू बाजार और माँग है, उसकी पूरी क्षमता का प्रयोग किए जाने की आवश्यकता है।

विश्वविद्यालयों की भूमिका

आत्मनिर्भरता का उद्देश्य पूरा करने के लिए शिक्षा भी इसी लक्ष्य के अनुरूप होनी चाहिए। शिक्षण संस्थानों को राष्ट्रीय शिक्षा नीति–2020 ने भी यही दिशा दिखाई है। शिक्षा नीति द्वारा प्रस्तावित कौशल शिक्षा एवं व्यावसायिक शिक्षा युक्त पाठ्यक्रम का स्वरूप भी एक आत्मनिर्भर भारत की नींव रखता है। देश को आत्मनिर्भर बनाने के लिए पहले देश के छात्रों को आत्मनिर्भर बनाना होगा। इस लक्ष्य को प्राप्त करने का आधारभूत माध्यम शिक्षा है। ऐसे में शिक्षण संस्थानों की भूमिका और भी महत्त्वपूर्ण हो जाती है। विश्वविद्यालयों को आगे बढ़कर आत्मनिर्भता में पूरा योगदान देना चाहिए, इस मान्यता के साथ सी.एस.जे.एम. विश्वविद्यालय, कानपुर ने एक पहल की। शिक्षा संस्कृति उत्थान न्यास द्वारा इस लक्ष्य के क्रियान्वयन में सक्रिय सहयोग प्रदान किया गया। न्यास ने देश के विख्यात शिक्षाविदों की समितियों का गठन कर विश्वविद्यालय को सहायता प्रदान की।

छत्रपति शाहूजी महाराज विश्वविद्यालय कानपुर द्वारा 'आत्मनिर्भर कानपुर अभियान' को जनपद स्तर पर आरंभ किया गया। इसमें विश्वविद्यालय के साथ–साथ उद्यमी, व्यापारी, बुद्धिजीवी, राजनीतिज्ञ और समाजसेवियों की संलग्नता है। वर्तमान में आत्मनिर्भर कानपुर मूवमेंट द्वारा कार्य योजना का स्वरूप बना लिया है, जिसके अंतर्गत छात्र–छात्राओं का डाटा बैंक बनाने हेतु गूगल फार्म तैयार कर पंजीयन आरंभ किया गया है एवं रोजगार देनेवाले उद्यमियों और कंपनियों का भी डाटा बैंक गूगल फार्म पर उद्धृत किया गया है, जिसके द्वारा प्रतिभावान व्यक्तियों को रोजगार दिलाने का प्रयास हो सके।

उद्यमियों का एक समूह भी बनाया जा रहा है, जिसके द्वारा स्टार्टअप के इच्छुक युवाओं और छात्रों को उचित मार्गदर्शन और

प्रशिक्षण भी दिया जाएगा। विश्वविद्यालय ने अपनी कार्ययोजना को निम्नलिखित बिंदुओं पर केंद्रित किया—

1. **कुटीर उद्योगों की पुनर्स्थापना :** 'आत्मनिर्भर भारत' के निर्माण के लिए सबसे आवश्यक है कि कुटीर उद्योगों की पुनर्स्थापना की जाए। उ.प्र. के बरेली का जरी उद्योग, पतंग बनाना, माँझा बनाना, पीलीभीत की बाँसुरी, मुरादाबाद का पीतल उद्योग, कानपुर का चमड़ा, जूट एवं कपास उद्योग आदि ऐसे कई उद्योग हैं, जिनके विस्तार से न केवल बेरोजगारों की समस्या का निदान होगा वरन् इसके निर्यात से हमें विदेशी मुद्रा भी प्राप्त हो सकेगी। इसमें विश्वविद्यालयों की बड़ी भूमिका सुनिश्चित की जा सकती है। विश्वविद्यालय में कौशल विकास पाठ्यक्रम खोले जाएँ तथा ऐसी स्वदेशी तकनीक की शिक्षा दी जाए, जिससे छात्र प्रेरित हो अपना उद्योग स्वयं लगा सकें।

2. **लोकल फॉर वोकल :** छात्रों के माध्यम से जन-जन को यह संदेश दिया जाए कि 'लोकल फॉर वोकल', अर्थात् स्वदेशी वस्तुओं के प्रयोग से ही हम आत्मनिर्भर बन सकेंगे। यदि हम लोकल के लिए वोकल अर्थात् स्वदेशी वस्तुओं का प्रचार करेंगे तो एक दिन वह लोकल से ग्लोबल हो जाएँगे। वर्तमान में जितनी भी ग्लोबल कंपनियाँ हैं, वे भी एक समय में लोकल ही थीं और इसमें सबसे बड़ा योगदान वर्तमान की युवा पीढ़ी तथा छात्र-छात्राओं का होगा। यदि हमारी लोकल वस्तुएँ ग्लोबल हो जाएँगी, तब हम स्वयं ही नहीं वरन् पूरा देश आत्मनिर्भर हो जाएगा। इसका एक उदाहरण है कि प्रधानमंत्रीजी ने जब से खादी खरीदने का आग्रह किया, तब से

खादी एवं हैंडलूम की बिक्री रिकार्ड स्तर पर पहुँच गई। अब उसे ग्लोबल बनाने का कार्य हम लोगों का है। आत्मनिर्भर तथा वोकल फॉर लोकल दोनों मंत्र एक-दूसरे से जुड़े हुए हैं। ये एक-दूसरे के अनुपूरक हैं।

3. **स्टार्ट अप्स :** स्टार्टअप के माध्यम से सूक्ष्म, लघु तथा मध्यम वर्गीय गृह उद्योगों को बढ़ावा दिया जाए।
4. **रक्षा संबंधी उपकरण :** रक्षा संबंधी उपकरण की ओर छात्रों का ध्यान आकर्षित करने की आवश्यकता है, क्योंकि हमारे बजट का बड़ा भाग इस पर व्यय होता है। अतः यदि हमने कुछ ऐसे अद्भुत सुरक्षा उपकरण बना लिये, तब हम आत्मनिर्भर तो होंगे ही, साथ ही हम उन्हें निर्यात भी कर पाएँगे।
5. **शोध द्वारा गुणवत्ता वाले उत्पाद :** 'भारत उत्पाद'—उत्कृष्टता का प्रतीक नवीन शोध, अनुसंधान, परिश्रम और लगन के द्वारा ऐसे गुणवत्ता के उत्पाद तैयार कराए जाएँ, जिससे आयात के स्थान पर हमारा निर्यात का मार्ग प्रशस्त हो सके। मानव संसाधन द्वारा इस युवा पीढ़ी को ऐसी शिक्षा दें कि वह गुणवत्ता वाले उत्पाद तैयार करे और उसकी माँग अन्य देशों द्वारा की जाने लगे। जितने भी छोटे-छोटे निर्यातक देश हैं, उन्होंने इसी नीति को अपनाया तथा अपने उत्पादों में गुणवत्ता एवं श्रेष्ठता रखी, जिससे विदेशों में उनकी माँग बढ़ी। इसी नीति को भारत को अपनाना है तथा गुणवत्तापूर्ण उत्पादों को बनाकर उसका प्रसार भी कराना है। भारत की जलवायु, भौगोलिक स्थिति, आकार, आबादी भी अद्भुत है, जिससे गुणवत्ताशील वस्तुओं का उत्पादन, ओ.डी.ओ.पी. के माध्यम

से करके सफलता प्राप्त की जा सकती है।

6. **हस्तशिल्प तथा आयुर्वेदिक उत्पाद :** विश्वविद्यालयों में हस्तशिल्प तथा आयुर्वेदिक उत्पादों को बढ़ाने का प्रशिक्षण दिया जाए तथा उनका प्रसार किया जाए, जिससे इनके विपणन में बढ़ोत्तरी हो।

7. **विश्वविद्यालयों द्वारा कृषि को प्रोत्साहित करना :** भारत एक कृषि प्रधान देश है। यद्यपि 70 प्रतिशत आबादी कृषि पर निर्भर है, परंतु अधिकांश किसानों के पास कुछ बीघा भूमि ही है और वह पानी के लिए मौसम पर निर्भर करते हैं तथा रासायनिक खाद महँगी होने के कारण उसको नहीं क्रय कर पाते। परिणामस्वरूप फसल का अच्छा उत्पादन न होना। आवश्यकता इस बात की है कि ऐसे छोटे किसानों के लिए ऐसी तकनीक को विकसित किया जाए, जिससे न्यूनतम लागत में अधिक उत्पाद हो सके तथा किसान को उसके सही दाम मिल सके। यदि भारतीय किसान संतुष्ट होगा, तब देश स्वयं ही आत्मनिर्भर तथा स्वावलंबी होगा।

8. **स्वास्थ्य संबंधी शिक्षा :** भारत में स्वास्थ्य संबंधी वर्ग प्रतिवर्ष 22 प्रतिशत से भी अधिक तीव्रता से बढ़ रहा है। इस अभियान के तहत माननीय प्रधानमंत्री श्री नरेंद्र मोदीजी के निर्देश पर मानव संसाधन विकास मंत्रालय के विशेषज्ञों ने छात्रों, अभिवावकों एवं शिक्षकों के तनाव को दूर करने के लिए पहले मनोवैज्ञानिक 'मनोदर्पण' दिशानिर्देश बनाए हैं। कोविड-19 ने हमें जागरूक किया है कि हमें स्वास्थ्य संबंधी शिक्षा पर ध्यान देना चाहिए, क्योंकि 'जान है तो जहान है'। हर पाठ्यक्रम में स्वास्थ्य संबंधी शिक्षा अनिवार्य होनी चाहिए।

आत्मनिर्भर कानपुर अभियान का उद्देश्य

- आत्मनिर्भर भारत अभियान के अंतर्गत शहर कानपुर को आत्मनिर्भर बनाना और नवभारत की अवधारणा को साकार करना।
- जनपद स्तर पर आत्मनिर्भरता को बढ़ावा देना।
- आपदा के समय को अवसर में बदलना।
- युवाओं, छात्रों तथा प्रवासियों हेतु रोजगार एवं आत्मनिर्भरता के अवसर उत्पन्न करना।
- समाज को सकारात्मक दिशा देकर संसाधनों का सही उपयोग कर समाज को नया दृष्टिकोण प्रदान करना।
- विश्वविद्यालय और समाज के मध्य सशक्त संबंध स्थापित करना।

विश्वविद्यालय की कार्ययोजना

- युवाओं और छात्र-छात्राओं का डाटा तैयार करना।
- रोजगार के अवसर प्रदान करनेवाली संस्थाओं और उद्योगों का डाटा तैयार करना।
- प्रशिक्षण और मार्गदर्शन देनेवाले उद्यमियों का समूह बनाते हुए उनका मार्गदर्शन प्राप्त करना।
- प्रमुख उद्यमियों, एम.एस.एम.ई. और जिला उद्योग केंद्र के साथ समन्वय स्थापित करना।
- स्वदेशी उत्पादों का प्रचार-प्रसार करना और उत्पादों के विक्रय हेतु एक मंच तैयार करना।
- समय-समय पर विभिन्न बुद्धिजीवियों, राजनीतिज्ञों और उद्यामियों के साथ विचारों का आदान-प्रदान कर प्रभावी

कार्य योजनाओं को विकसित करना।

- शिक्षा जगत्, उद्यमी, सरकारी तथा गैर-सरकारी संस्थाओं के पदाधिकारी, शासन तथा प्रशासन के प्रतिनिधि, समाज के विशिष्ट समाज-सेवी तथा जनता के प्रतिनिधियों को एक मंच से जोड़ना एवं आत्मनिर्भरता के लक्ष्य को साकार करना।

इस योजना को साकार रूप प्रदान करने के लिए बनाई गई उच्च स्तरीय समिति ने क्रियान्वयन के निम्नलिखित आयामों को पहचाना है—

1. युवाओं एवं छात्र-छात्राओं का सर्वेक्षण करते हुए उनकी स्टार्टअप एवं रोजगार क्षेत्र की रुचि प्राप्त की जाए।
2. स्टार्टअप के इच्छुक छात्र-छात्राओं को विशेषज्ञ उद्यमियों द्वारा प्रशिक्षण दिलवाया जाए, जिसमें तकनीकी विश्वविद्यालय, एम.एस.एम.ई. तथा उद्योग केंद्र सहयोगी के रूप में सम्मिलित रहें। स्टार्टअप की ट्रेनिंग देने हेतु विभिन्न केंद्र बनें।
3. प्रभावी स्टार्टअप की संभावनाओं पर भी सर्वेक्षण कराकर उन स्टार्टअप से युवाओं को अवगत कराया जाए।
4. छोटे-छोटे उद्योग, जैसे पेपर बैग, वेफर बैग, हैंडीक्राफ्ट इत्यादि को विशेष रूप से विकसित करने हेतु प्रशिक्षण दिया जाए।
5. कार्यों के स्तर पर छोटी समितियाँ बनाकर विभिन्न विभागों के सहयोग से क्रियान्वयन कराया जाए।
6. जनपद स्तर पर कानपुर हाट का आयोजन निश्चित अंतराल पर आयोजित करवाया जाए।

7. विश्वविद्यालय स्तर एवं महाविद्यालय स्तर पर आत्मनिर्भर क्लब की स्थापना की जाए।
8. विद्यालय स्तर पर भी आत्मनिर्भर एवं नैतिकता के गुणों का विकास कराया जाए।
9. उद्यमियों द्वारा प्रदान की जानेवाली रोजगार की रिक्तियों की संख्या क्षेत्रवार उपलब्ध कराई जाए।
10. उद्यमियों और छात्र-छात्राओं के बीच संवाद स्थापित हो।
11. उद्यमियों की सफलता की कहानियों को छात्र-छात्राओं को बताते हुए उन्हें प्रोत्साहित किया जाए।
12. इंडियन इंडस्ट्रीज एसोसिएशन और एम.एस.एम.ई. विभाग के साथ एम.ओ.यू. किया जाए।
13. कानपुर महानगर हेतु होजरी और लेदर हब पर प्रभावी रणनीति बनाने हेतु उद्यमी विशेष योजनाएँ बनाएँ।
14. कृषि क्षेत्र से संबंधित कार्यों में सभावनाओं को उजागर किया जाए।
15. लोकल प्रोडक्ट को बढ़ावा देने हेतु रोड मैप बनाया जाए।
16. ई-पोर्टल की स्थापना कर लोकल प्रोडक्ट की मार्केटिंग की जाए।

विश्वविद्यालय द्वारा 'आत्मनिर्भर कानपुर अभियान' के अंतर्गत विभिन्न वर्ग, उद्यमी, व्यवसायी, उद्योग संगठन, स्वयंसेवी संगठन, उद्योग विभाग, एम.एस.एम.ई. को जोड़ा गया है और विश्वविद्यालय की वेबसाइट पर युवाओं, छात्रों का डाटा बैंक भी तैयार कराया जा रहा है, जिसमें लगभग 4000 छात्र-छात्राओं ने अपना पंजीयन करा दिया है। इस कड़ी में विश्वविद्यालय एक और प्रयास कर रहा है, जहाँ पर वह एम.एस.एम.ई. और इंडस्ट्री के साथ मिलकर इच्छुक छात्रों को

प्रशिक्षण प्रदान कर रहा है, जिसमें विश्वविद्यालय अपना पूरा प्रयास कर रहा है।

प्रत्येक विश्वविद्यालय अपने-अपने स्तर पर आत्मनिर्भर भारत की परिकल्पना को साकार करने के लिए निम्नलिखित कदम उठा सकते हैं—

- विश्वविद्यालय एक समिति का गठन करें, जिसमें उद्योग, स्वयंसेवी संगठन, औद्योगिक संगठन इत्यादि को सम्मिलित किया जाए।
- उद्यमियों का एक समूह बनाएँ, जो युवाओं और छात्रों को ट्रेनिंग तथा काउंसलिंग प्रदान करे।
- युवाओं, प्रवासियों और छात्रों का डाटा बैंक तैयार किया जाए।
- उद्यमियों का भी डाटा बैंक तैयार किया जाए, जिससे संभावित रोजगार की संख्या प्राप्त हो सके और उसी के अनुसार छात्र-छात्राओं को वहाँ पर समावेश किया जा सके।
- आत्मनिर्भर भारत अभियान की उपयोगिता पर बुद्धिजीवियों एवं उद्यमियों के विचारों को भी आमंत्रित किया जाए।
- भावी योजनाओं को विभिन्न संगठनों के साथ विचार कर शीघ्र ही क्रियान्वयन किया जाए, जिससे उसकी उपयोगिता सिद्ध हो सके।

उपर्युक्त बिंदुओं के आलोक में छत्रपति शाहूजी महाराज विश्वविद्यालय, कानपुर द्वारा 'आत्मनिर्भर कानपुर अभियान' की कार्य योजना के अनुसार कार्यों को मूर्त रूप देना आरंभ हो गया है। अभियान

का मुख्य उद्देश्य विश्वविद्यालय को समाज के साथ जोड़ते हुए स्थानीय स्तर पर शिल्पकला, स्टार्टअप, रोजगार इत्यादि को बढ़ावा देना है। विश्वविद्यालय द्वारा शिक्षा नीति-2020 में सम्मिलित आत्मनिर्भर भारत की भूमिका को शक्ति प्रदान करने हेतु अधिक-से-अधिक पाठ्यक्रमों में आत्मनिर्भरता के पाठ को सम्मिलित किया जाना प्रस्तावित है। यदि हमारे अंदर आत्मविश्वास है तो कोई भी कार्य असंभव नहीं है। इसी भाव के साथ आज कानपुर जनपद में समाज के हर वर्ग, जैसे उद्यमी, व्यवसायी, शिक्षक, स्वयंसेवी संस्थाएँ, शासन एवं प्रशासन के प्रतिनिधि, औद्योगिक संगठन मिलकर आत्मनिर्भर कानपुर अभियान में सक्रिय भूमिका निभा रहे हैं तथा एक सकारात्मक विचार के साथ आगे बढ़ रहे हैं, हम निश्चित ही जनपद कानपुर को आत्मनिर्भर बनाएँगे, यह हम सबका विश्वास है और प्रण है। आत्मनिर्भर भारत अभियान के अंतर्गत हमारा उद्देश्य सिर्फ जनपद कानपुर तक ही सीमित नहीं है, बल्कि देश के अन्य विश्वविद्यालय और जनपद अपने-अपने स्तर पर इस अभियान को मूर्त रूप दें, तभी हम एक ऐसे भारत की कल्पना कर सकते हैं, जो पूर्ण रूप से आत्मनिर्भर हो और अन्य देशों के लिए एक प्रेरणास्रोत के रूप में विद्यमान हो। हमारा दृढ़ संकल्प है कि हम अपने भारत देश को एक ऐसे शिखर पर ले जाएँ, जहाँ पर हम गर्व से कह सकें कि हम भारतीय हैं।

□

राष्ट्रीय शिक्षा नीति-2020 : शिक्षक, शिक्षा और शिक्षण-शास्त्र

—डॉ. चाँद किरण सलूजा

राष्ट्रीय शिक्षा नीति-2020 इक्कीसवीं शताब्दी की पहली शिक्षा नीति है, जिसका लक्ष्य हमारे देश के विकास के लिए अनिवार्य आवश्यकताओं को पूर्ण करना है। यह नीति भारत की परंपरा और सांस्कृतिक मूल्यों के आधार को बनाए रखते हुए, 21वीं सदी की शिक्षा के लिए आकांक्षित लक्ष्यों, जिनमें एस.डी.जी. (स्थायी विकासात्मक लक्ष्य) सम्मिलित हैं, के संयोजन में शिक्षा-व्यवस्थाएँ, उसके नियमन और प्रशासन सहित, सभी पक्षों के सुधार और पुनर्गठन का प्रस्ताव रखती है। राष्ट्रीय शिक्षा नीति प्रत्येक व्यक्ति में निहित रचनात्मक क्षमताओं के विकास पर विशेष बल देती है। यह नीति इस सिद्धांत पर आधारित है कि शिक्षा से न केवल साक्षरता और संख्या ज्ञान जैसी 'आधारभूत क्षमताओं' के साथ-साथ 'उच्चतर स्तर' की तार्किक और समस्या-समाधान संबंधी संज्ञानात्मक क्षमताओं का विकास होना चाहिए, अपितु नैतिक, सामाजिक और भावनात्मक स्तर पर भी व्यक्ति का विकास होना आवश्यक है।

रा.शि.नी, 2020 : परिचय

यह अत्यंत स्पष्ट ही है कि नूतन शिक्षा नीति के इस दायित्व का निर्वहन मुख्य रूप से शिक्षक एवं उनकी शिक्षा पर ही निर्भर करता है। शिक्षा के व्यापक लक्ष्य को व्यक्त करते हुए 29 जुलाई, 2020 को घोषित हमारी इस राष्ट्रीय शिक्षा नीति का भूमिका के अंतर्गत मानना है कि शिक्षा पूर्ण मानव क्षमता को प्राप्त करने, एक न्यायसंगत और न्यायपूर्ण समाज के विकास और राष्ट्रीय विकास को बढ़ावा देने के लिए एक मूलभूत आवश्यकता है। शिक्षा नीति की दृष्टि में गुणवत्तापूर्ण शिक्षा तक सार्वभौमिक पहुँच प्रदान करना मूल रूप से वैश्विक मंच पर सामाजिक न्याय और समानता, वैज्ञानिक उन्नति, राष्ट्रीय एकता और सांस्कृतिक संरक्षण के संदर्भ में भारत की सतत प्रगति और आर्थिक विकास की कुंजी है। यह सच है कि सार्वभौमिक उच्च स्तरीय शिक्षा ही वह उचित माध्यम है, जिसके द्वारा देश की समृद्ध प्रतिभा और संसाधनों का सर्वोत्तम विकास और संवर्धन व्यक्ति, समाज, राष्ट्र और विश्व के हित के लिए किया जा सकता है। यह भी स्पष्ट है कि अगले दशक में संसार के सबसे युवा जनसंख्या वाले हमारे देश में इन युवाओं को उच्चतर गुणवत्तापूर्ण शैक्षिक अवसर के उपलब्ध कराने पर ही राष्ट्र का भविष्य निर्भर करेगा। यह भी अत्यंत स्पष्ट है कि स्थिति की प्राप्ति हेतु 'शिक्षक ही वह आधारभूत स्तंभ' है, जिस पर संपूर्ण शैक्षिक प्रक्रिया की सफलता केंद्रित रहती है। राष्ट्रीय शिक्षा आयोग (1964-66) द्वारा व्यक्त कथन कि 'राष्ट्र का निर्माण कक्षाओं में हो रहा है' के भाव को इसी संदर्भ में समझा जा सकता है।

राष्ट्रीय शिक्षा नीति (2020) की स्वीकारोक्ति है कि—

शिक्षा-व्यवस्था में किए जा रहे आधारभूत परिवर्तनों के केंद्र में आवश्यक रूप से शिक्षक ही रहने चाहिए। शिक्षा की नई नीति को

निश्चित रूप से, प्रत्येक स्तर पर शिक्षकों को समाज के सर्वाधिक सम्माननीय और अनिवार्य सदस्य के रूप में पुनः स्थान देने में सहायता करनी होगी, क्योंकि शिक्षक ही नागरिकों की हमारी अगली पीढ़ी को वास्तव में आकार देते हैं। इस नीति द्वारा शिक्षकों को सक्षम बनाने के लिए प्रत्येक संभव उपाय किए जाने की आवश्यकता है, जिससे वे अपने कार्य को प्रभावी रूप से कर सकें। नई शिक्षा नीति को प्रत्येक स्तर पर शिक्षण के व्यवसाय में सबसे होनहार लोगों का चयन करने में सहायता करनी होगी। इसके लिए उनकी आजीविका, सम्मान, मान-मर्यादा और स्वायत्तता सुनिश्चित करनी होगी, साथ ही तंत्र में गुणवत्ता नियंत्रण और उत्तरदायित्व की आधारभूत प्रक्रियाएँ भी स्थापित करनी होंगी।

इस दृष्टि से शिक्षा नीति के आधारभूत सिद्धांतों एवं दर्शन के अंतर्गत शिक्षा-नीति की अपेक्षा है कि—

'हर बच्चे की विशिष्ट क्षमताओं की स्वीकृति, पहचान और उनके विकास हेतु प्रयास किया जाना चाहिए और इसके लिए केवल शिक्षकों को ही नहीं, अपितु अभिभावकों को भी इन क्षमताओं के प्रति संवेदनशील बनाना होगा, जिससे वे बच्चे की अकादमिक और अन्य क्षमताओं में उसके सर्वांगीण विकास पर भी पूरा ध्यान दे सकें।'

ध्यान देना होगा कि भारतीय संविधान के अनुच्छेद 51(अ) में अभिभावक बच्चों की शिक्षा हेतु पूर्णतः उत्तरदायी हैं।

यहाँ प्रयुक्त 'संवेदना' शब्द विशेष महत्त्व रखता है। इसमें समाया 'सम्' उपसर्ग बच्चों के अनुभवात्मक स्तर तक आकर उनकी वेदना को अनुभूत करना है। यह इस तथ्य को मानने को प्रेरित करता है कि 'बच्चा कोरी स्लेट' नहीं है। उसके पास अनुभव भी हैं और अनुभूतियाँ भी हैं। उसके पास भावों का अभाव नहीं है। उसके पास रोकर बात

मनवाने की शक्ति है। उसके पास हँसकर आकृष्ट करने की शक्ति है। खेल के मैदान में शीत को अथवा गरमी को हराने की शक्ति है। वह उस बीज रूपी कोश के समान है, जिसमें संपूर्ण फलयुक्त विशाल वृक्ष समाया है। प्राचीन भारतीय परंपरा में तैत्तिरीयोपनिषद् की शिक्षावल्ली में विकास की कल्पना को 'अन्नमयकोश, प्राणमयकोश, मनोमयकोश, विज्ञानमयकोश तथा आनंदमयकोश' के रूप में पञ्चकोशीय विकास के रूपक में चित्रित किया गया है, जो इसी तथ्य को ही उद्घाटित करता है कि 'बच्चा कोरी स्लेट' नहीं है। वह उर्वरित होनेवाली अंत: ऊर्जा से युक्त है, जिसके प्रस्फुटन की प्रक्रिया को ही स्वामी विवेकानंद ने शिक्षा की संज्ञा दी है। इसके लिए आवश्यकता है 'परिवेश के निर्माण की'। शिक्षकों की सार्थकता इसी में निहित है। यह नीति यही संदेश देती चलती है कि शिक्षकों का दायित्व बच्चों की 'रचनात्मकता और तार्किक सोच, तार्किक निर्णय लेने और नवाचार को प्रोत्साहित करने हेतु' प्रेरणा में समाया है।

इस दृष्टि से 'विद्यार्थियों के चहुँमुखी विकास' को केंद्र में रखकर शिक्षा के संपूर्ण ताने-बाने को बुननेवाली इस राष्ट्रीय शिक्षा नीति को अपने उद्देश्यों को व्यावहारिक आकार देने हेतु यदि 'शिक्षक-केंद्रित-नीति' भी कहा जाए तो कोई अतिशयोक्ति न होगी। यद्यपि शिक्षा नीति के दो अध्याय 'पाँचवा एवं पंद्रहवा' साक्षात् 'शिक्षक व शिक्षक-शिक्षा' से जुड़े हैं। तथापि, संपूर्ण शिक्षा नीति के विभिन्न 'तथ्य व कथ्य' प्रत्यक्ष अथवा अप्रत्यक्ष रूप से 'शिक्षक' से की जानेवाली अथवा शिक्षकों के द्वारा की जानेवाली अपेक्षाओं की चर्चा करते हैं। नीति का पाँचवा अध्याय सामान्यत: शिक्षक के स्वरूप व उससे की जानेवाली अपेक्षाओं आदि की चर्चा करता है तो अध्याय 15 उसकी तैयारी हेतु चतुर्वर्षीय पाठ्यक्रम की प्रक्रिया को उद्घाटित करता हुआ शिक्षक-

शिक्षा की चर्चा करता है। इसी के साथ-साथ पाठ्यचर्या से संबद्ध चतुर्थ अध्याय में मुख्यतः निम्नलिखित विषयों की चर्चा 'शिक्षक एवं शिक्षक-शिक्षा' के आधार से संबद्ध है—

- अनिवार्य अधिगम तथा विमर्शात्मक चिंतन के विकास हेतु पाठ्यचर्या की सामग्री को कम करना
- अनुभवात्मक अधिगम
- विषयों के चयन में नम्यता के द्वारा विद्यार्थियों का सशक्तीकरण
- बहुभाषावाद तथा भाषा की सशक्तता/बहुभाषावाद
- सभी भाषाओं तथा छात्रों को उच्चतर गुणवत्ता के साथ पढ़ाया जाना
- अनिवार्य विषयों, कौशलों तथा क्षमताओं का पाठ्यचर्यात्मक एकीकरण
- स्थानीय सामग्री एवं आस्वाद के साथ राष्ट्रीय पाठ्यपुस्तकें
- छात्रों के विकास हेतु आकलन के स्वरूप में परिवर्तन
- प्रतिभाशाली छात्रों/विशिष्ट योग्यता युक्त छात्रों हेतु सहायता

इस दृष्टि से शिक्षण शास्त्र के प्रारूप में परिवर्तन अनिवार्य है। शिक्षा-नीति का संपूर्ण परिप्रेक्ष्य इस तथ्य पर आधारित है कि छात्र सक्रिय और चिंतनशील हैं, न कि निष्क्रिय। आलोचनात्मक चिंतन, समग्रता, खोज, चर्चा तथा विश्लेषण-आधारित अधिगम ही शिक्षण-अधिगम-प्रक्रिया का आधार है। यह भी सत्य है कि कोई दो बच्चे समान नहीं होते। उनके परिवेश, अवस्था अथवा आयु के अनुसार भिन्नता रहती है। उनकी सामाजिकता, रुचि, अभिवृत्ति, विकास दर आदि विभिन्न तत्त्वों की दृष्टि से उनमें भिन्नता रहती है। उनकी अधिगम की शैलियाँ भिन्न-भिन्न होती हैं। अतः समान शिक्षण पद्धति अपनाने की अपेक्षा शिक्षण-अधिगम

प्रक्रिया को वैविध्य पूर्ण, क्रीडा-आधारित, समग्र, एकीकृत, आनंदप्रद और रुचिकर एवं गतिविध्यात्मक होना चाहिए। एतदर्थ शारीरिक, संज्ञानात्मक एवं भावात्मक विकास में समन्वय होना चाहिए। कला-क्रीडा-केंद्रित पाठ्यचर्या इनका आधार होना चाहिए। इसी के साथ-साथ शिक्षार्थियों को भारत की समृद्ध विविधता का प्रत्यक्ष ज्ञान भी होना चाहिए। शिक्षक की भूमिका सहयोगी अथवा प्रेरक ही रहनी चाहिए। मनोरंजक और संवादात्मक शैली के माध्यम से सुनने एवं बोलने के अवसर हेतु परिवेश हेतु का निर्माण करना आवश्यक है। इसके लिए तकनीकी का बृहद् उपयोग किए जाने की विस्तृत चर्चा यह नीति करती है।

इनका संबंध विद्यालय शिक्षा के परिवेश से अधिक है। विश्वविद्यालयों अथवा उच्चशिक्षा हेतु भिन्न-भिन्न स्थानों पर भिन्न प्रकार से भाव व्यक्त किए गए हैं।

शिक्षानीति के अनुच्छेद 5.1 में प्राचीनकाल का संदर्भ लेते हुए माना गया कि भारत में शिक्षक समाज के सबसे अधिक सम्मानित सदस्य थे और केवल सबसे अच्छे और विद्वान् ही शिक्षक बनते थे। विद्यार्थियों को निर्धारित ज्ञान, कौशल और नैतिक मूल्य प्रदान करने के लिए समाज शिक्षक या गुरुओं को उनकी आवश्यकताओं की सभी वस्तुओं को प्रदान करता था। नीति की यह भी चिंता है कि अध्यापक-शिक्षा की गुणवत्ता, भर्ती, पदस्थापन, सेवा शर्तों और शिक्षकों के अधिकारों की स्थिति वैसी नहीं है, जैसी होनी चाहिए, और इसके परिणामस्वरूप शिक्षकों की गुणवत्ता और उत्साह वांछित मानकों का प्राप्त नहीं कर पाता है। अतः—

शिक्षकों के लिए उच्चतर स्थान और उनके प्रति आदर और सम्मान के भाव को पुनर्जीवित करना होगा, ताकि शिक्षण व्यवसाय में बेहतर लोगों को शामिल करने हेतु उन्हें प्रेरित किया जा सके। यह नीति

इस तथ्य में पूर्ण विश्वास व्यक्त करती है कि हमारे छात्रों और हमारे राष्ट्र के लिए सर्वोत्तम संभव भविष्य सुनिश्चित करने के लिए शिक्षकों की प्रेरणा और सशक्तीकरण की आवश्यकता है।

अतः राष्ट्रीय शिक्षा नीति (2020) के शिक्षा संबंधी प्रयासों की सफलता 'शिक्षकों के सशक्तीकरण की प्रक्रिया' में ही खोजनी होगी।

यह शिक्षा नीति पद्धति और मूल्य संबंधी चर्चा बहुतायत से करती है, जिसका निहितार्थ है—

- निरंतर क्रियात्मक शोध की प्रक्रिया
- पद्धति में लचीलापन
- पुस्तक चयन
- तार्किकता, विश्लेषण, रचनात्मकता, समस्या समाधान, पद्धतिचयन
- आकलन की प्रक्रिया
- सामग्री निर्माण
- निरीक्षण प्रक्रिया
- अंत:सेवा प्रशिक्षण
- अधिगमशैली की पहचान

शिक्षा और समाज के परिवर्तन के परिप्रेक्ष्य में यह अनिवार्य हो जाता है कि जो कुछ सीखा गया है, उसका नवीनीकरण होता रहे। यह सीखना निरंतर चलता रहना चाहिए। यह बहुत ही स्पष्ट सा अभिमत है कि भारत की प्राचीन परंपरा मूलतः ज्ञान की ही परंपरा रही है। भारतीय वाङ्मय विभिन्न प्रकार से विभिन्न स्थानों पर पुनः-पुनः इस बात को दोहराता सा चलता है कि :

'न हि ज्ञानसदृशं पवित्रमिह विद्यते'

(श्रीमद्‌भगवद्‌गीता, 4.38)

अर्थात् इस जगत् में ज्ञान के समान कुछ और पवित्र नहीं है। अतः ज्ञान प्राप्त करते हुए ही हम सौ वर्षों तक जीवित रहें—

'बुध्येम शरदः शतम्'

(अथर्ववेदः, 19.67.3)

यह भी सत्य है कि ज्ञान का कोई अंत नहीं है—

'नान्तोज्ञानस्यविद्यते'

और न ही कोई सबकुछ जानता है, 'सर्वः सर्वं न जानाति'। अतः पुनः पुनः प्रार्थना की गई है कि—

'स्वाध्यायान्मा प्रमदः'

तैत्तिरीयोपनिषद् की शिक्षावल्ली में शिक्षा को चतुर्मुखी प्रक्रिया के रूप में प्रस्तुत किया गया है—

आचार्यो पूर्वरूपम्। अन्तेवास्युत्तररूपम्। विद्या सन्धिः। प्रवचनं सन्धानम्।

अर्थात् शिक्षा के चार आधारभूत तत्त्व हैं—

- प्रथम आचार्य
- तत्पश्चात् अंतेवासी अर्थात् छात्र
- इसके उपरांत दोनों को जोड़नेवाली विद्या
- और अंततः प्रवचन रूपी संधान

इस सङ्कल्पना को निम्नलिखित रूप में देख सकते हैं—

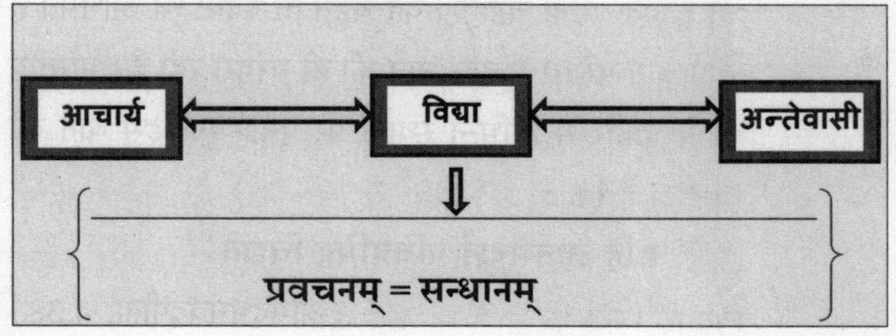

आचार्य—विद्या—अंतेवासी प्रवचनम् = संधानम्

इस शिक्षा-व्यवस्था का मूल लक्ष्य विद्यार्थियों का संपूर्ण अथवा सर्वांगीण विकास था। तैत्तिरीयोपनिषद् में इस सर्वांगीण विकास के स्वरूप को पञ्चकोशीय विकास के रूप में अभिव्यक्त किया गया है—

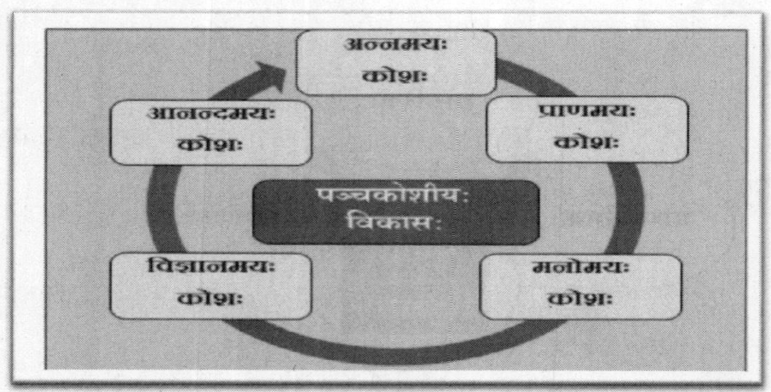

इसके निहितार्थ को निम्नलिखित रूप में समझा जा सकता है कि शिक्षा का प्रमुख लक्ष्य शिक्षार्थी के समग्र विकास से जुड़ा हुआ था। अतः स्पष्ट ही है कि तत्कालीन शिक्षा-व्यवस्था गुरुकुलीय शिक्षा-व्यवस्था होने के नाते बच्चे के समग्र विकास के चक्र का मुख्य दायित्व आचार्य का ही था। आचार्य की भूमिका ही केंद्रिक भूमिका थी। आचार्य की इस केंद्रिक भूमिका के मुख्यतः पाँच आयाम थे—

- शारीरिक विकास की दृष्टि से अंतेवासियों अर्थात् विद्यार्थियों की प्रकृति (स्वभाव) का अवबोध।
- प्राणिक विकास की दृष्टि से विद्यार्थियों की विभिन्न शारीरिक गतिविधियों अथवा प्रणाली-तंत्र का भली-भाँति अवबोधन
- मानसिक विकास की दृष्टि से विद्यार्थियों के मनोवैज्ञानिक तत्त्वों, यथा रुचि, प्रवृत्ति, अभिवृत्ति, अभिप्रेरणा, भावनात्मक विकास-प्रक्रिया आदि का अवबोध।

- विद्यार्थियों के बौद्धिक विकास आदि की दृष्टि से बुद्धि के स्वरूप एवं प्रकार्य आदि का अवबोध।
- विद्यार्थियों के आध्यात्मिक विकास की दृष्टि से आध्यात्मिक तत्त्वों एवं आध्यात्मिक विकास की प्रक्रिया का अवबोध।

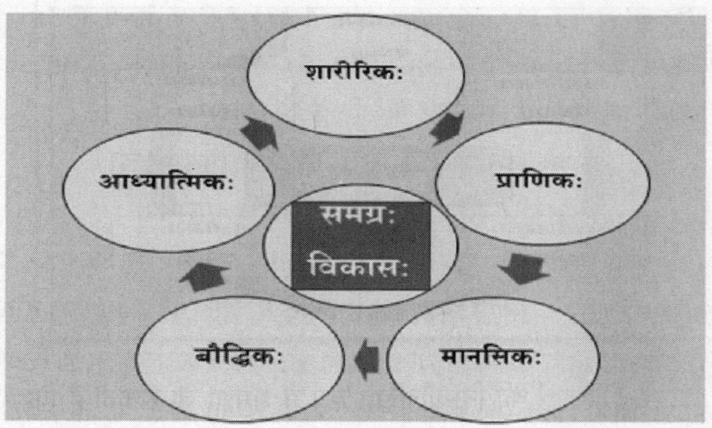

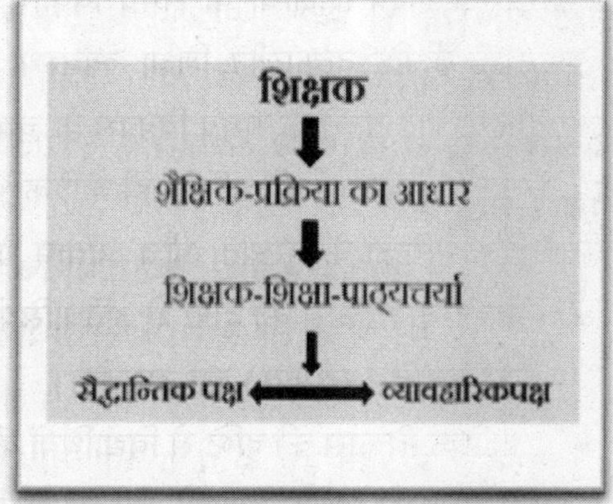

यह स्पष्ट ही है कि इस विकास का लक्ष्यात्मक केंद्र 'अंतेवासी', अर्थात् छात्र हैं तो इस दायित्व का निर्वहण करनेवाले शिक्षक/शिक्षिकाएँ ही हैं। शिक्षा के लक्ष्य, विधियाँ, पाठ्यक्रम, सामग्री, गतिविधियों,

मूल्यांकन आदि के समन्वित रूप को ही शिक्षक-शिक्षा की पाठ्यचर्या के रूप में लिया गया था।

'गुरुकुल प्रणाली' के रूप में प्रतिष्ठित इस भारतीय शिक्षा-व्यवस्था में भाषा-शिक्षा का अपना एक विशिष्ट स्थान था। कारण भी स्पष्ट ही है कि ज्ञान की संपूर्ण प्रक्रिया मूल रूप से बच्चे के भाषाई विकास अथवा आधार पर निर्भर रहती है। भाषा-दर्शन के विशिष्ट ग्रंथ 'वाक्य-पदीयम्' के रचयिता भर्तृहरि के अनुसार—

न सोऽस्ति प्रत्ययो लोके यः शब्दानुगमादृते।
अनुविद्धमिव ज्ञानं सर्वं शब्देन भासते॥

अर्थात् संसार में प्रायः सभी संकल्पनाएँ मूलरूप से शब्द पर ही आश्रित रहती हैं। संपूर्ण ज्ञान मूलतः शब्द के द्वारा ही उद्‌भासित होता है। अतः भारतीय परंपरा में भाषा प्रयोग की क्षमता का विकास ही शिक्षा का प्रारंभिक लक्ष्य था। साथ ही यह अत्यंत स्पष्ट ही है कि तत्कालीन शिक्षा-व्यवस्था का स्वरूप मुख्यतः वाचिक था, अतः इस व्यवस्था में भाषा का विशिष्ट स्थान था। अतः शिक्षा का मूल अर्थ ही भाषाई विकास से संबद्ध था। भाषा अभ्यास के उपरांत ही वे गुरुकुल की ओर प्रस्थान करते थे—

पदक्रमविशेषज्ञोवर्णकर्मविचक्षणः।
स्वरमात्राविभाज्ञोगच्छेदाचार्यसंसदम्॥

(तैत्तिरीयप्रातिशाख्य, 24)

गुरुकुल में रहते हुए वे भाषा का व्याकरण आदि की दृष्टि से भलीभाँति अध्ययन करते थे। वस्तुतः भाषा ही विभिन्न शास्त्रों के अवबोधन का ही आधार नहीं अपितु आजीवन स्वयं अध्ययन का आधार है। यही कारण है कि नूतन शिक्षा-नीति में शैक्षिक संरचना में परिवर्तन करते हुए 5+3+3+4 प्रणाली के अंतर्गत प्रारंभिक पाँच वर्षों

को भाषा एवं तार्किक विकास की दृष्टि से संख्यात्मक ज्ञान से जोड़ा है।

शिक्षा–नीति (2020) की दृष्टि में 'क्या सीखा जाए' के साथ–साथ यह भी सीखना चाहिए कि 'कैसे सीखा जाता है' नीति का मानना है कि—

व्यवसाय और वैश्विक पारिस्थितिकी में तीव्र गति से आ रहे परिवर्तनों के कारण यह आवश्यक हो गया है कि बच्चे 'जो कुछ सिखाया जा रहा है, उसे तो सीखें ही', पर साथ ही वे सतत सीखते रहने की कला भी सीखें। इसलिए शिक्षा में विषयवस्तु को बढ़ाने की अपेक्षा इस बात पर अधिक बल देने की आवश्यकता है कि बच्चे समस्या–समाधान और तार्किक एवं रचनात्मक रूप से सोचना सीखें।

अत: स्वाभाविक हो जाता है कि इसके लिए शिक्षकों भी सीखना होगा कि 'सीखा कैसे जाता है, इसे जानना व इसे सीखना। यही सीखने की सांदर्भिक भूमिका है।'

नीति मानकर चलती है कि शैक्षिक प्रणाली का उद्‌देश्य अच्छे इंसानों का विकास करना है, जो तर्कसंगत विचार और कार्य करने में सक्षम हों, जिनमें करुणा और सहानुभूति, साहस और लचीलापन, वैज्ञानिक चिंतन और रचनात्मक कल्पनाशक्ति, नैतिक मूल्य और आधार हों। इसका उद्‌देश्य ऐसे उत्पादक लोगों को तैयार करना है, जो हमारे संविधान द्वारा परिकल्पित समावेशी और बहुलतावादी समाज के निर्माण में समुचित रीति से योगदान करे। नीति की दृष्टि में—

एक अच्छी शैक्षिक संस्था वह है, जिसमें प्रत्येक छात्र का स्वागत किया जाता है और उसकी देखभाल की जाती है, जहाँ एक सुरक्षित और प्रेरणादायक शिक्षा वातावरण विद्यमान रहता है, जहाँ सभी छात्रों को सीखने के लिए विविध प्रकार के अनुभव उपलब्ध कराए जाते हैं

और जहाँ सीखने के लिए अच्छे बुनियादी ढाँचे और उपयुक्त संसाधन उपलब्ध हैं। ये सब प्राप्त करना प्रत्येक शिक्षा संस्थान का लक्ष्य होना चाहिए। तथापि, साथ ही विभिन्न संस्थानों के बीच और शिक्षा के हर स्तर पर परस्पर सहज जुड़ाव और समन्वय आवश्यक है।

स्पष्ट है कि इस प्रकार की संस्थाओं का निर्माण का दायित्व शिक्षकों का ही है।

सच तो यह है शिक्षक को स्वयं को एक संस्था के रूप में घड़ना होगा। बच्चों को पढ़ना सीखना होगा—

'बच्चा ही वह पुस्तक, जिसे शब्दशः पढ़ना होगा'

भारत द्वारा 2015 में अपनाए गए सतत विकास एजेंडा-2030 के लक्ष्य 4 (एस.डी.जी. 4) में परिलक्षित वैश्विक शिक्षा के विकास कार्यक्रम के अनुसार विश्व में 2030 तक 'सभी के लिए समावेशी और समान गुणवत्तायुक्त शिक्षा सुनिश्चित करने और जीवन-पर्यंत शिक्षा के अवसरों को बढ़ावा दिए जाने' का लक्ष्य है।

अध्यापकों को स्वयं को इस प्रकार घड़ने की आवश्यकता है कि वे विद्यार्थियों को विविध विषयों के बीच अंतर्संबंधों को देखना सिखा पाएँ, कुछ नया सोचना सिखा पाएँ और नई जानकारी का नई और परिवर्तित होती हुई परिस्थितियों या क्षेत्रों में उपयोग करना सिखा पाएँ।

आवश्यकता है कि शिक्षण-प्रक्रिया को शिक्षार्थी केंद्रित करते हुए निम्नलिखित तत्त्वों से युक्त करने की—

जिज्ञासा, खोज, अनुभव, संवाद, लचीली, समग्र एवं समन्वित रूप से देखने एवं समझने में सक्षम बनानेवाली तथा रुचिपूर्णता, ताकि शिक्षा शिक्षार्थियों के जीवन के सभी पक्षों और क्षमताओं का संतुलित विकास करने के योग्य हो सके। शिक्षा-नीति की अपेक्षा है कि शिक्षक पाठ्यक्रम में समाविष्ट विज्ञान, गणित, बुनियादी कलाओं, शिल्प,

मानविकी, 'लिब्रल-आर्ट' दृष्टिकोण का विकास, उच्च गुणवत्ता वाले अनुसंधान पर अवधान, खेल एवं स्वास्थ्य, भाषाओं, साहित्य, संस्कृति एवं मूल्यों के बीच परस्पर संबंधों को समझने एवं समझाने हेतु समर्थ हो सकें। शिक्षकों से की जानेवाली अपेक्षाओं के संदर्भ में शिक्षा-नीति की अपेक्षा है कि शिक्षा से चरित्र निर्माण होना चाहिए, शिक्षार्थियों में नैतिकता, तार्किकता, करुणा और संवेदनशीलता विकसित करनी चाहिए, साथ ही व्यवसाय के लिए सक्षम बनाना चाहिए। इस दृष्टि से शिक्षकों को विद्यार्थियों के समक्ष एक सर्वांगीण विकास वाले प्रतिमान के रूप में उपस्थित होना चाहिए।

नूतन राष्ट्रीय शिक्षानीति के लक्ष्य व मूलभूत सिद्धांतों के परिप्रेक्ष्य में शिक्षक-शिक्षा को निम्नलिखित तत्त्वों को अपना आधार बनाना होगा—

- बुनियादी साक्षरता और संख्याज्ञान को सर्वाधिक प्राथमिकता देना,
- लचीलापन, ताकि शिक्षार्थियों में उनके सीखने के तौर-तरीके और कार्यक्रमों को चुनने की क्षमता हो, और इस तरह वे अपनी प्रतिभा और रुचियों के अनुसार जीवन में अपना रास्ता चुन सकें;
- कला और विज्ञान, पाठ्यक्रम और पाठ्येतर गतिविधियों, व्यावसायिक और शैक्षिक धाराओं आदि के बीच कोई भेद न होना चाहिए,
- ज्ञान की एकात्मकता और अखंडता की सुनिश्चितता,
- बहु-विषयात्मकता युक्त समग्र शिक्षा,
- अवधारणात्मक समझ पर बल,
- नैतिकता, मानवीय और संवैधानिक मूल्य यथा, सहानुभूति, अन्यों का सम्मान, स्वच्छता, शिष्टाचार, लोकतांत्रिक

भावना, सेवा भावना, सार्वजनिक संपत्ति का सम्मान वैज्ञानिक चिंतन, स्वतंत्रता, उत्तरदायित्व, बहुलतावाद, समानता और न्याय आदि का विकास;

- अध्ययन-अध्यापन के कार्य में भाषा की शक्ति को प्रोत्साहन एवं भाषा संबंधी बाधाओं को दूर करना,
- सतत मूल्यांकन,
- तकनीकी का उपयोग,
- दिव्यांग बच्चों के लिए शिक्षा की सुलभता,
- पाठ्यक्रमों, शिक्षा-शास्त्र और नीति में स्थानीय संदर्भ की विविधता एवं सम्मान,
- शैक्षिक निर्णयों में समता और समावेशन,
- सभी छात्र शिक्षा प्रणाली में सफलता प्राप्त करने के योग्य हैं;
- सभी स्तरों के शिक्षा पाठ्यक्रम में तालमेल, प्रारंभिक बाल्यावस्था देख-भाल तथा शिक्षा से,
- गुणवत्तापूर्ण शिक्षा और विकास के लिए उत्कृष्ट स्तर का शोध,
- निरंतर अनुसंधान और नियमित मूल्यांकन के आधार पर प्रगति की सतत समीक्षा,
- भारत की समृद्ध और वैविध्यपूर्ण प्राचीन एवं आधुनिक संस्कृति का समन्वय,
- गुणवत्तापूर्ण शिक्षा तक पहुँच को प्रत्येक बच्चे का मौलिक अधिकार माना जाना चाहिए,
- निरंतर व्यावसायिक विकास, सकारात्मक कार्य वातावरण और सेवा की स्थिति,

शिक्षा नीति की दृष्टि छात्रों में—

'भारतीय होने का गर्व न केवल विचारों में अपितु व्यवहार, बुद्धि और कार्यों में भी और साथ ही ज्ञान, कौशल, मूल्यों और सोच में भी होना चाहिए, जो मानवाधिकारों, स्थायी विकास और जीवनयापन तथा वैश्विक कल्याण के लिए प्रतिबद्ध हो, ताकि वे वास्तविक अर्थ में वैश्विक नागरिक बन सकें।'

अतः आवश्यक है शिक्षकों की क्षमताओं का अधिकतम स्तर तक विकास, ताकि वे कार्य प्रभावी ढंग से कर सकें। शिक्षकों, छात्रों, अभिभावकों, प्रधानाध्यापकों और अन्य सहायक कर्मचारियों के एक समावेशी समुदाय का अंग बन सके। नूतन शिक्षा नीति (2020) का स्पष्ट मानना है कि शिक्षा के सभी चरणों में उच्चतम-गुणवत्ता वाले शिक्षकों की आवश्यकता होगी और किसी भी चरण को किसी अन्य की तुलना में अधिक महत्त्वपूर्ण नहीं माना जाएगा तथा शिक्षकों के लिए उच्चतर स्थान और उनके प्रति आदर और सम्मान के भाव को पुनर्जीवित करना होगा, ताकि शिक्षण व्यवसाय में कुशल लोगों को सम्मिलित करने हेतु उन्हें प्रेरित किया जा सके। हमारे छात्रों और हमारे राष्ट्र के लिए सर्वोत्तम संभव भविष्य सुनिश्चित करने के लिए शिक्षकों की प्रेरणा और सशक्तीकरण की आवश्यकता है। इस संदर्भ में उत्कृष्ट शिक्षकों के लिए ग्रामीण क्षेत्रों में शिक्षण कार्य करने के लिए प्रोत्साहन देने की बात यह नीति विशेष रूप से करती है। विशेष रूप से ऐसे क्षेत्रों में, जो वर्तमान में सबसे अधिक शिक्षक की कमी का सामना कर रहे हैं और वहाँ उत्कृष्ट शिक्षकों की सबसे बड़ी आवश्यकता है। नीति का मानना है कि 'ग्रामीण विद्यालयों में पढ़ाने के लिए एक प्रमुख प्रोत्साहन विद्यालय परिसर में या उसके आस-पास स्थानीय आवास का प्रावधान होगा

या ग्रामीण क्षेत्रों में स्थानीय आवास रखने में सहायता करने के लिए आवास-भत्ते में वृद्धि होगी।'

सार रूप में कहा जा सकता है कि नूतन शिक्षा नीति-2020 की दृष्टि में शिक्षण-शास्त्र को एक सशक्त भारतीय और स्थानीय संदर्भ देने की दृष्टि से पुनर्गठित करने का प्रश्न अत्यत महत्त्वपूर्ण है, ताकि चरितार्थ किया जा सके—

'सभी बच्चे सीख रहे हैं।'

□

राष्ट्रीय शिक्षा नीति-2020 और प्रबंधन शिक्षा

—डॉ. जयेंद्रसिंह जाधव

चौंतीस वर्षों बाद भारत में एक नई राष्ट्रीय शिक्षा नीति आई है, जो भारतीयों की अपेक्षाओं को साकार करने का लक्ष्य रखती है। 21वीं शताब्दी में पूरी दुनिया बदल चुकी है। प्रत्येक क्षेत्र में बदलाव आ चुके हैं। इसके अनुरूप शिक्षा के क्षेत्र को अद्यतन नहीं किया गया है। इस कारण लंबे समय से शिक्षा नीति की आवश्यकता महसूस की जा रही थी। यह माना गया था कि शिक्षा क्षेत्र में महत्त्वपूर्ण बदलाव के बिना हम शताब्दी की आवश्यकताओं को संबोधित नहीं कर सकते हैं। इस दिशा में वर्तमान सरकार के द्वारा महत्त्वपूर्ण प्रयास किए जा रहे हैं। राष्ट्रीय शिक्षा नीति को बनाने के लिए वर्ष 2015 में प्रयत्न आरंभ हो गए थे। विगत 5 वर्षों में सतत प्रयास से एक ठोस नीति तैयार की गई है, जिसमें पूर्व विद्यालयी शिक्षा से लेकर महाविद्यालय और शोध के स्तर तक महत्त्वपूर्ण बदलावों को परिकल्पित किया गया है। भारत में पिछले 70 वर्षों में प्रबंधन शिक्षा का तीव्र गति से विकास हुआ है। विशेष रूप से 1990 के बाद से आर्थिक विकास के अनुरूप प्रबंधन पेशेवरों की माँग बढ़ी है। इस माँग की पूर्ति के लिए देश में बड़ी संख्या में प्रबंधन की

शिक्षा प्रदान करनेवाले सरकारी और निजी संस्थान स्थापित हुए। प्रबंधन के पाठ्यक्रमों के लिए युवाओं में आकर्षण बढ़ा, फिर भी निम्न गुणवत्ता वाले प्रबंधन संस्थानों के कारण कुछ चुनौतियाँ भी पैदा हुईं। वर्तमान समय में प्रबंधन शिक्षा को देखा जाए तो भारतीय प्रबंधन संस्थान, प्रबंधन के राष्ट्रीय महत्त्व के संस्थान, विभिन्न केंद्रीय और राज्य विश्वविद्यालयों से संबंधित महाविद्यालय और स्वायत्तशासी महाविद्यालय महत्त्वपूर्ण योगदान कर रहे हैं। अखिल भारतीय उच्च शिक्षा सर्वेक्षण 2018-19 के अनुसार भारत में कुल 19 भारतीय प्रबंधन संस्थान, प्रबंधन के 475 एकल संस्थान, 671 प्रबंधन महाविद्यालय और प्रबंधन शिक्षा के लिए समर्पित विश्वविद्यालय हैं। अखिल भारतीय उच्च शिक्षा सर्वेक्षण 2018-2019 के आँकड़ों के अनुसार लगभग छह लाख पचास हजार विद्याार्थी स्नातक स्तर पर और छह लाख तीस हजार विद्यार्थी परास्नातक स्तर पर प्रबंधन पाठ्यक्रमों में पंजीकृत हैं। इसके अलावा लगभग एक लाख पच्चीस हजार विद्यार्थी दूर शिक्षा के द्वारा प्रबंधन पाठ्यक्रम में नामांकित हैं। विद्यार्थियों की उक्त संख्या प्रबंधन शिक्षा की महत्त्वपूर्ण भूमिका की ओर संकेत करती है। देखा जाए तो सामाजिक विज्ञान और विज्ञान के बाद प्रबंधन ही स्नातक और परास्नातक स्तर पर विद्यार्थियों के आकर्षण का एक मुख्य क्षेत्र बनकर उभरा है।

भारत की शिक्षा-व्यवस्था अमरीका और चीन के बाद दुनिया की सबसे बड़ी शिक्षा की व्यवस्था है। फिर भी हमारे यहाँ उच्च शिक्षा में सकल नामांकन दर 27 प्रतिशत है। इसका तात्पर्य है कि उच्च शिक्षा प्राप्त करने की योग्यता रखनेवाले युवाओं में से केवल 27 प्रतिशत ही उच्च शिक्षा प्राप्त कर पा रहे हैं, जबकि चीन की सकल नामांकन दर 44 प्रतिशत और ब्राजील की सकल नामांकन दर 50 प्रतिशत है। नई शिक्षा नीति भारत में उच्च शिक्षा की सकल नामांकन दर को बढ़ाकर

वर्ष 2035 तक 50 प्रतिशत करने का लक्ष्य रखती है। इस लक्ष्य की प्राप्ति में प्रबंधन शिक्षा की महत्त्वपूर्ण भूमिका होगी। यूनिसेफ द्वारा किए गए एक सर्वेक्षण के अनुसार वर्तमान में जो स्नातक और परास्नातक विद्यार्थी प्रबंधन की शिक्षा प्राप्त कर रहे हैं, उनमें से केवल 26 प्रतिशत के पास उद्योग जगत् के अनुरूप कुशलताएँ और दक्षताएँ हैं। अत: वर्तमान समय में प्रबंधन शिक्षा के विस्तार के साथ-साथ उसमें गुणवत्ता को सुनिश्चित करने का भी प्रयास करना होगा। यद्यपि शिक्षा नीति में प्रबंधन शिक्षा का नाम उल्लेख करते हुए कोई विशिष्ट खंड नहीं है, लेकिन इसमें उच्च शिक्षा की गुणवत्ता सुधार से संबंधित जो भी सुझाव हैं, वे प्रबंधन शिक्षा के लिए भी हैं। आनेवाले समय में हमें अपने प्रबंधन शिक्षा प्रदान करनेवाले संस्थानों को गुणवत्ता युक्त बनाना होगा। राष्ट्रीय शिक्षा नीति 2020 के अनुरूप प्रबंधन संस्थानों की पर विचार करने से पूर्व हमें व्यवसाय, समाज और पर्यावरण के संबंधों पर विचार करना पड़ेगा। इसे ध्यान में रखते हुए हमें प्रबंधन संस्थानों के पाठ्यक्रमों का विकास करना होगा। उन्हें क्रियान्वित करने की दृष्टि से अद्यतन बनाना होगा और वर्तमान परिवर्तनों के सापेक्ष अनुकूलित करना होगा। इसके लिए हमें पुराने पड़ चुके विषयों को बाहर करने की आवश्यकता होगी। नए शिक्षण शास्त्रीय उपकरणों का विकास करना होगा। संकाय सदस्यों को भी पेशेवर विकास का अवसर देना होगा। हमें प्रौद्योगिकी का समुचित उपयोग करते हुए विद्यार्थियों को अर्थपूर्ण संलग्नता प्रदान करनी होगी। हमें ध्यान रखना होगा कि हमारे प्रबंध संस्थान व समाज और व्यवसाय जगत् में हो रहे बदलावों के अनुरूप खुद को अद्यतन रखें। प्रत्येक प्रबंध संस्थान को अपने उद्देश्यों और समस्याओं को चिह्नित करना होगा। उद्योग जगत् के साथ मिलकर उसका समाधान करना होगा।

राष्ट्रीय शिक्षा नीति-2020 संस्थानों को बहुअनुशासनात्मक ढाँचे में परिवर्तित करने का सुझाव देती है। इसके लिए बहुअनुशासनात्मक शिक्षा और शोध विश्वविद्यालय (मेरू) की स्थापना की संस्तुति है। इसका महत्त्वपूर्ण निहितार्थ प्रबंधन संस्थानों के लिए हो सकता है। वर्तमान में अधिकांश प्रबंधन संस्थान एकल रूप में हैं, जो 21वीं सदी के लिए आवश्यक बहुअनुशासनात्मक शिक्षा के उद्देश्य को पूर्ण नहीं कर पाते हैं। जबकि हमारे प्रबंधन संस्थानों में विद्यार्थियों की एक बड़ी आबादी बहुअनुशासनात्मक पृष्ठभूमि से आती है। प्रबंध संस्थानों को बहुअनुशासनात्मक बनाने के लिए हमारे पास पर्याप्त संभावना विद्यमान है। यदि वैश्विक स्तर देखा जाए तो सिंगापुर प्रबंध विश्वविद्यालय इसका एक अच्छा उदाहरण है। सिंगापुर प्रबंध विश्वविद्यालय सामाजिक विज्ञान, एकाउंटिंग, मानविकी और प्रौद्योगिकी आदि क्षेत्रों में भी पाठ्यक्रम उपलब्ध कराता है। इस दिशा में आई.आई.एम. कोझीकोड द्वारा एक महत्त्वपूर्ण प्रयास किया गया है। वहाँ पर 'एम.बी.ए. इन लिबरल स्टडीज' नाम से अध्ययन कार्यक्रम प्रारंभ किया गया है। राष्ट्रीय शिक्षा नीति-2020 में स्वायत्त महाविद्यालयों की भी व्यवस्था की गई है, जो मुख्यतः अध्यापन का कार्य करेंगे। इन संस्थानों में बहुअनुशासनात्मक स्नातक स्तरीय शिक्षा की व्यवस्था होगी। इस दृष्टि से प्रबंधन की शिक्षा प्रदान करनेवाले स्वायत्तशासी संस्थानों का भी विकास किया जा सकता है।

हमारे पास अनेक ऐसे प्रबंधन संस्थान हैं, जो स्वायत्तशासी हैं। ये गुणवत्तापूर्ण शिक्षा भी प्रदान करना करते हैं। हमें राष्ट्रीय शिक्षा नीति-2020 को ध्यान में रखते हुए प्रबंधन संस्थानों के लिए भविष्य की रूपरेखा को विकसित करना है। इस दौरान हमें यह विचार करना है कि कैसे प्रबंधन शिक्षा के क्षेत्र में अनैतिक अभ्यास और शिक्षा के

बाजारीकरण पर रोक लगाई जाए। इसके लिए हमें सुनम्य किंतु दृढ़ कानूनों को क्रियान्वित करना होगा, जिससे उत्तम प्रबंधन और न्यूनतम नियंत्रण का लक्ष्य साकार हो। ऐसा होने पर हम केवल उपाधि के लिए शिक्षा के उपागम से भी मुक्ति पा सकेंगे। वर्तमान में आई.आई.एम. द्वारा डिप्लोमा की उपाधि प्रदान की जाती है। वे विश्वविद्यालय की तरह उपाधि प्रदान नहीं कर सकते हैं। इन्हें स्वायत्तशासी संस्थान बना देने पर वे भी विश्वविद्यालयों के जैसे स्नातक की उपाधि प्रदान कर सकेंगे।

नई राष्ट्रीय शिक्षा नीति का उद्देश्य भारत केंद्रीय शिक्षा-व्यवस्था का विकास करना है। यदि प्रबंधन शिक्षा के क्षेत्र को देखें तो यहाँ पर अधिकांश पाठ्यक्रम पाश्चात्य प्रबंधन विश्वविद्यालयों पर आधारित है। प्रबंधन संस्थानों में पढ़ाए जानेवाले प्रकरण अध्ययन यूरोप और अमरीका से हैं। हमें भारतीय संदर्भों को ध्यान में रखते हुए प्रबंधन का पाठ्यक्रम तैयार करना होगा, जिसमें भारतीय शास्त्रों, ग्रंथों और भारतीय समाज का उदाहरण हो। हमें भारतीय समाज के अनुरूप प्रकरणों अध्ययनों को प्रस्तुत करना होगा, जिसे विद्यार्थी वास्तविक जीवन से जोड़ सकें और वे भारतीयता का गर्व-बोध भी कर सकें। राष्ट्रीय शिक्षा नीति-2020 के अनुसार भारत सरकार विदेशी विश्वविद्यालयों को भी भारत में अपने परिसर खोलने के लिए आमंत्रित करना चाहती है। प्रबंधन शिक्षा के क्षेत्र में यह सकारात्मक पहल है। विदेशी संस्थानों के परिसर भारत में खुलने से एक लाभ यह होगा कि हमारे जो विद्यार्थी विदेशी संस्थानों में अध्ययन के लिए जाते हैं और जिसके कारण 18 बिलियन धनराशि विदेशों को जाती है, वह भारत में ही रह जाएगा। उत्तर आपदा काल में शिक्षा के अंतरराष्ट्रीयकरण के लिए भी यह पहल आवश्यक है। उत्तर आपदाकाल में शिक्षा के अंतरराष्ट्रीयकरण की परिभाषा बदली है। देशों के बीच भौतिक रूप से आना-जाना उतना

आसान नहीं है। इसका विकल्प प्रबंधन शिक्षा में सूचना प्रौद्योगिकी का प्रभावपूर्ण उपयोग है। परिष्कृत प्रौद्योगिकियों, जैसे कृत्रिम बुद्धि आदि के प्रयोग द्वारा डिजिटल अधिगम भौतिक दूरी और शिक्षा की लागत जैसी समस्याओं का समाधान करने में मदद करेगा। इस नए अधिगम परिवेश में एक-दूसरे के साथ संलग्न होने और शिक्षण और आकलन के तरीकों में नवाचार करना होगा। हमें शोध और उद्योग जगत् के साथ कार्य करने के नए तरीकों के बारे में भी सोचना होगा।

नई शिक्षा नीति की संस्तुति के अनुसार जब भारत में विदेशी विश्वविद्यालयों के केंद्र खुलेंगे तो इससे हमारे प्रबंधन संस्थानों के लिए एक चुनौती पैदा होगी। इसके साथ ही प्रबंध शिक्षा की लागत भी बढ़ जाएगी। हमें इसे विषय को ध्यान में रखना है। हमें गुणवत्तापूर्ण, किंतु समावेशी शिक्षा प्रदान करनी है। हमें सुनिश्चित करना है कि वंचित वर्ग के युवाओं को भी विश्वस्तरीय शिक्षा प्राप्त हो साथ ही वे इसकी लागत को भी वहन करने की स्थिति में हो। प्रबंधन शिक्षा के वैश्वीकरण के लिए हमें अच्छे गवर्नेंस, गुणवत्तापूर्ण संस्थान, संस्थानों की स्वायत्तता और विश्वस्तरीय आधारभूत संसाधनों की आवश्यकता होगी। विश्वस्तरीय संस्थानों के खुलने की दशा में भारतीय संस्थान अपने हितों की रक्षा की माँग भी करेंगे। इस मुद्दे को हमें ध्यानपूर्वक संबोधित करना है। उच्च शिक्षा एवं वृत्तिक शिक्षा के नियामक संस्थानों के द्वारा सकारात्मक माहौल के निर्माण का एक विकल्प हो सकता है। हमें नए क्रियान्वयन मॉडल की भी आवश्यकता होगी। अब तक भारत में उच्च शिक्षा का अंतरराष्ट्रीयकरण सीमित स्तर पर किया गया है। हमें अपने संस्थानों को विश्वस्तरीय बनाना पड़ेगा। इसके साथ-साथ भारतीय संस्थानों की भी विदेशों में स्थापित करना होगा, जिससे भारतीय ज्ञान-परंपरा से विश्व परिचित हो सके। भारतीय और विदेशी संस्थानों

के सहयोग से पाठ्यक्रम के निर्माण विद्यार्थियों के स्थानांतरण और दोनों स्थानों से प्रमाण-पत्र प्रदान करने की प्रक्रिया पर भी विचार करना पड़ेगा। हमें इसके लिए ठोस कदम उठाने की आवश्यकता होगी। इसके लिए भविष्य की कार्यकारी योजना बनाई जा सकती है। उदाहरण के लिए, विद्यार्थियों को भारतीय विश्वविद्यालय दोनों भारतीय और विदेशी विश्वविद्यालय दोनों द्वारा उपाधि प्रदान की जाए आदि।

भविष्य के प्रबंधन संस्थानों में अनेक नए प्रयोग करने होंगे। इन प्रयोगों के माध्यम से प्रौद्योगिकी और मनुष्य, डिजिटल दुनिया और भौतिक दुनिया के बीच के अंतराल को पाटना होगा। स्थानीय, राष्ट्रीय और वैश्विक प्रवृत्तियों को प्रबंधन शिक्षा में एकीकृत करना होगा। अल्पकालिक और दीर्घकालिक, स्मृति आधारित और आनुभविक शिक्षण को समंजित करना होगा। संकाय सदस्यों को सशक्त और ऊर्जावान बनाने के लिए, उनकी सेवाएँ एक से अधिक संस्थानों में भी ली जा सकती हैं। इस हेतु भारतीय प्रौद्योगिकी संस्थान और प्रबंधन विद्यालयों के बीच तालमेल हो सकता है। इसी तरह उद्योग क्षेत्र और अकादमिक जगत् के बीच भी साझेदारी से हम उद्योग जगत् के अनुभवों द्वारा कक्षा शिक्षण को लाभ पहुँचा सकते हैं। इसके साथ-साथ परंपरागत एम.बी.ए. पाठ्यक्रम के साथ-साथ 'एग्जीक्यूटिव एजुकेशन प्रोग्राम' द्वारा भी प्रबंधन शिक्षा को समृद्ध किया जा सकता है।

प्रबंधन शिक्षा में हमें मनुष्य और प्रकृति, नगरीय और ग्रामीण, अमीर और गरीब जैसे विभाजनों के बीच शाश्वत विकास के लिए शिक्षा के लक्ष्य को ध्यान में रखना चाहिए। हमें प्रयास करना होगा कि हमारी शिक्षा-व्यवस्था गरीबी और भुखमरी जैसी समस्याओं का निराकरण कर सके। हमें स्वच्छ और सक्रिय शहरों की आवश्यकता होगी। हमें उपभोग और उत्पादन के साथ-साथ न्याय और शांति की

भी आवश्यकता होगी। इन्हें ध्यान में रखते हुए प्रबंधन संस्थानों नए कार्यक्रम प्रारंभ करने होंगे। कचरा प्रबंधन, आपदा प्रबंधन और स्वयं के प्रबंधन जैसे नए विषय क्षेत्रों को जोड़ना पड़ेगा।

राष्ट्रीय शिक्षा नीति–2020 के अनुसार हमें प्रबंधन संस्थानों में समग्र शिक्षा का माहौल तैयार करना पड़ेगा। हमें अनुभव आधारित अधिगम, यथार्थ सदृश अधिगम जैसे उपागमों को अपनाना होगा। मीडिया विश्लेषण, खेल विश्लेषण, डाटा साइंस और प्रौद्योगिकी से जुड़े नए विषयों को शामिल करना पड़ेगा। एम.बी.ए. कार्यक्रमों में स्वास्थ्य प्रबंधन, सुरक्षा प्रबंधन, खेल प्रबंधन जैसे विषयों को आरंभ करना पड़ेगा। हमें अंतरराष्ट्रीय व्यापार, मुद्रा प्रबंधन, वित्तीय सेवाओं, विपणन सेवाओं में विशेषज्ञता प्रदान करनेवाले संस्थानों को भी विकसित करना पड़ेगा। हमें ध्यान रखना होगा कि मानव संसाधन के विकास और प्रबंधन की लागत पर तकनीकी को स्वीकार करनेवाला समाज कभी भी समावेशी और प्रसन्न नहीं रह सकता है। मानवता, दयालुता, कृतज्ञता, सामूहिक नेतृत्व जैसे मूल्य सार्वभौमिक हैं। इन्हें प्रबंधन संस्थानों में अनिवार्य रूप से पढ़ाया जाना चाहिए। यही कारण है कि श्रीकृष्ण, चाणक्य, विवेकानंद और श्री अरबिंद आज भी हमारे लिए महत्त्वपूर्ण विचारक हैं। जैसा कि भारत की शिक्षा–व्यवस्था में सिखाती है, उसके अनरूप 'सत्यं वद धर्मं चर' का ध्यान में रखते हुए अपने प्रबंधन संस्थानों में मानवीय मूल्यों को केंद्रीय स्थान देना पड़ेगा। ऐसा करने पर ही हम सही अर्थों में भारतीय संस्थान विकसित कर पाएँगे। राष्ट्रीय शिक्षा नीति को केवल सरकारी तंत्र के परिपत्र के माध्यम से प्रेरित नहीं किया जा सकता है। इसके लिए हमें स्वयं समर्पित भाव से तैयार करना होगा। भारत के वर्तमान और भविष्य के निर्माण के लिए इस नीति का क्रियान्वयन अति महत्त्वपूर्ण है। इसके लिए प्रत्येक अध्यापक

विद्यार्थी और अभिभावक की भूमिका उल्लेखनीय होगी। राष्ट्रीय शिक्षा नीति-2020 का क्रियान्वयन भारत को विश्व गुरु बनाने की दिशा में महत्त्वपूर्ण होगा। राष्ट्रीय शिक्षा नीति-2020 युवाओं को अर्जुन के जैसा ऊर्जावान बनाकर उन्हें 21वीं सदी के लिए तैयार करना चाहती है, उन्हें भय रहित बनाना चाहती है, उन्हें जिज्ञासु बनाना चाहती है। यह ध्येय आसान नहीं है, लेकिन असंभव भी नहीं है। यदि शिक्षा नीति में प्रत्येक सुझाव का क्रियान्वयन होता है तो भारतीय शिक्षा-व्यवस्था का पूर्ण कायाकल्प हो जाएगा। भारतीय समाज के पाँच मिलियन अध्यापक इस कायाकल्प में माध्यम बनेंगे। आइए, राष्ट्र और समाज के कल्याण हेतु हम अपने मन को पवित्र विचारों से उर्वर बनाएँ!

** मूल लेख का अंग्रेजी से हिंदी अनुवाद डॉ. ऋषभ कुमार मिश्र, सहायक प्रोफेसर म.गा.अं.हि.वि. द्वारा किया गया है।*

□

भारत में कृषि शिक्षा का भविष्य

—डॉ. राकेश चंद्र अग्रवाल

भारत एक कृषि प्रधान देश है। आजादी के समय हमारे देश को भोजन की कमी का सामना करना पड़ा। बाद में 'हरित क्रांति' के कारण जनसंख्या वृद्धि के बावजूद खाद्यान्न उत्पादन में हम आत्मनिर्भर बने। हरित क्रांति की सफलता के अनेक कारणों में से एक कृषि स्नातकों द्वारा निभाई गई भूमिका है। स्वतंत्रता के बाद कृषि के क्षेत्र में शिक्षा प्रदान करने के लिए सभी राज्यों में कृषि विश्वविद्यालय स्थापित किए गए। भारत में कृषि विश्वविद्यालय अमरीका के भूमि अनुदान पैटर्न (Land grant pattern) के आधार पर स्थापित किए गए, जिसमें अनुसंधान, शिक्षण और विस्तार का एकीकरण महत्त्वपूर्ण था। 1960 के दौरान भूमि अनुदान पैटर्न पर स्थापित होनेवाला पहला कृषि विश्वविद्यालय, गोविंद बल्लभ पंत कृषि विश्वविद्यालय, पंतनगर था। कृषि शिक्षा राज्य का विषय क्षेत्र है। अतः कृषि विश्वविद्यालय संबंधित राज्य सरकारों द्वारा स्थापित एवं नियंत्रित होते हैं।

वर्तमान में संपूर्ण रूप में दुनिया कई परिवर्तनकारी बदलावों से गुजर रही है। बढ़ती जनसंख्या, बदलती जीवन शैली, शहरीकरण का विस्तार और त्वरित जलवायु परिवर्तन राष्ट्रीय कृषि अनुसंधान प्रणाली के लिए नई चुनौतियाँ पैदा कर रहे हैं। जबकि अतीत में हमारे सामने

प्रमुख चुनौती पर्याप्त भोजन की आपूर्ति करने की थी, लेकिन अब स्वास्थ्य को बढ़ावा देने के लिए पर्याप्त पोषक तत्त्व प्रदान करना हमारा लक्ष्य है। भविष्य में यह चुनौती अलग-अलग आनुवंशिक प्रोफाइल के आधार पर इष्टतम पोषक तत्त्व प्रदान करने के लिए होगी। सौभाग्य से इन चुनौतियों के साथ-साथ विज्ञान में विकास चुनौतियों से निपटने के लिए नए रास्ते बना रहा है। राष्ट्रीय कृषि अनुसंधान, शिक्षा और विस्तार (एन.ए.आर.ई.ई.) प्रणाली, जो दुनिया में सबसे बड़ी है, ने भारत को शिप-टू-माउथ की स्थिति से भोजन के अधिकार का दर्जा दिलवाने के लिए आवश्यक वैज्ञानिकों, शिक्षकों, शोधकर्ताओं, प्रौद्योगिकीविदों, प्रौद्योगिकियों और प्रौद्योगिकी हस्तांतरण प्रणालियों को जन्म दिया था।

भारतीय परिषद् कृषि अनुसंधान (आई.सी.ए.आर.), कृषि शिक्षा के प्रभावी प्रसार को नियंत्रित और सुनिश्चित करता है। आई.सी.ए.आर. ने अपने अनुसंधान और प्रौद्योगिकी विकास के माध्यम से भारत में हरित क्रांति और कृषि के बाद के विकास की शुरुआत करने में एक अग्रणी भूमिका निभाई है, जिसने देश को खाद्यान्न उत्पादन 5.4 गुना, बागवानी फसलों को 10.1 गुना, मछली 15.2 गुना तक बढ़ाने में सक्षम बनाया है। इसने कृषि में उच्च शिक्षा में उत्कृष्टता को बढ़ावा देने में एक प्रमुख भूमिका निभाई है।

देश की राष्ट्रीय कृषि अनुसंधान, शिक्षा एवं विस्तार प्रणाली, जिसमें 64 आई.सी.ए.आर. अनुसंधान संस्थान, 13 परियोजना निदेशालय, 6 राष्ट्रीय ब्यूरो, 15 एन.आर.सी., 60 ए.आई.सी.आर.पी., 74 कृषि विश्वविद्यालय, 11 ए.टी.ए.आर.आई. और 722 के.वी.के. (कृषि विज्ञान केंद्र) सम्मिलित हैं, ने देश के कृषि विकास में अत्यधिक योगदान दिया है। यह प्रणाली जीवंत एवं सजग बनी हुई है और निरंतर किसान-केंद्रित कृषि अनुसंधान एवं विकास के कार्य में लगी है, ताकि

भारतीय कृषि न केवल टिकाऊ, बल्कि जलवायु अनुकूल बनी रह सके।

वर्ष 1960 में कृषि विश्वविद्यालयों में छात्रों की संख्या 5,000 से कम थी, जो कि अब 45,000 हो गई है। प्रत्येक वर्ष स्नातक स्तर पर लगभग 28,000 छात्र और परास्नातक एवं शोध के स्तर पर 17,500 से अधिक छात्र प्रवेश लेते हैं। इसके अतिरिक्त 400 निजी संबद्ध कॉलेज भी उच्च कृषि शिक्षा के लिए छात्रों का नामांकन कर रहे हैं। इन विश्वविद्यालयों में स्नातक डिग्री 11 विषयों में तथा स्नातकोत्तर डिग्री 95 विषयों में दी जाती है।

कृषि को एक ऐसी प्रमुख आर्थिक गतिविधि माना जाता है, जो देश के समग्र वैभव को संवर्धित करती है। अतीत में कृषि को तकनीक के कम उपयोग वाला उद्योग माना जाता था, जिसमें बहुत से छोटे व परिवार स्तर के खेत होते थे और अधिकांशतः उनका ध्यान, नए कार्य करने के बजाय कार्यों को बेहतर ढंग से करने पर केंद्रित रहता था। सक्षम एवं कुशल मानव संसाधन किसी भी विकासात्मक प्रयास की वास्तविक ताकत होते हैं। आनेवाले दिनों में राष्ट्रों की ताकत उनके देशवासियों की सक्षमता के स्तर पर निर्भर करेगी।

कृषि छात्रों को उद्यमशील बनाने के लिए कृषि शिक्षा

युवाओं के लिए रोजगार सुनिश्चित करने के लिए, कृषि एवं संबद्ध विज्ञानों के स्नातकों के अभिमुखीकरण हेतु कृषि विश्वविद्यालयों में वर्ष 2015-16 में स्टूडेंट रेडीनेस (कृषि उद्यमिता जागरूकता विकास योजना) कार्यक्रम आरंभ किया गया था। उभरती ज्ञान गहन कृषि के लिए विद्यार्थियों को उद्यमियों के रूप में प्रशिक्षित किया जाता है। विद्यार्थी तत्परता कार्यक्रम, भारतीय कृषि अनुसंधान परिषद् द्वारा

रोजगार को सुनिश्चित करने और उभरते हुए कृषि के गहन ज्ञान के लिए उद्यमियों का विकास करने हेतु कृषि और समवर्गी विषयों के कृषि स्नातकों के पुन:अभिमुखीकरण हेतु शुरू की गई एक नई पहल है। इसमें सभी कृषि विश्वविद्यालयों, महाविद्यालयों में डिग्री प्रदान करने के लिए एक अनिवार्य पूर्व अपेक्षा के रूप में कार्यक्रम की शुरुआत करने की परिकल्पकना की गई है, ताकि संबंधित विषय क्षेत्र की आवश्यकता पर आधारित व्यावहारिक प्रशिक्षण एवं प्रायोगिक अनुभव को सुनिश्चित किया जा सके। यह शिक्षा को उद्यमिता एवं रोजगार में तब्दील करने का अगला कदम है।

इस कार्यक्रम में पाँच घटकों का समावेश है—प्रायोगिक शिक्षा, ग्रामीण जागरूकता कार्य अनुभव, संयंत्र में प्रशिक्षण, औद्योगिक तैनाती, व्यावहारिक प्रशिक्षण, कौशल विकास प्रशिक्षण एवं विद्यार्थी-परियोजनाएँ। ये सभी घटक आपस में जुड़े हैं और इनकी संकल्पना परियोजना विकास एवं कार्यान्वयन, निर्णय लेने, व्यक्तिगत एवं टीम समन्वयन, समस्याओं को सुलझानेवाला उपागम लेखांकन, गुणवत्ता नियंत्रण, विपणन एवं विवाद प्रबंधन आदि में कौशल निर्माण के लिए की गई है। प्रायोगिक शिक्षा, विद्यार्थियों में दक्षता, योग्यता, क्षमता निर्माण, कौशल अर्जन, विशेषज्ञता एवं आत्मविश्वास विकसित करने में सहायता करती है, ताकि वे अपना स्वयं का व्यवसाय आरंभ कर सकें और 'रोजगार याचकों के बजाय रोजगार उत्पन्न करनेवाले' बन सकें। भारतीय कृषि अनुसंधान परिषद् ने विभिन्न कृषि विश्वविद्यालयों में 485 प्रायोगिक शिक्षा इकाइयों की स्थापना की है। इन इकाइयों में 60,000 से अधिक विद्यार्थियों को प्रशिक्षण दिया गया है और उन्हें एक कृषि-उद्यम स्थापित करने तथा उसे चलाने का अच्छा ज्ञान प्राप्त है।

देश में गुणवत्तापूर्ण कृषि शिक्षा के लिए आई.सी.ए.आर. की भूमिका

गुणवत्तापूर्ण उच्च कृषि शिक्षा की चिंताओं को दूर करने के लिए राष्ट्रीय कृषि शिक्षा प्रत्यायन बोर्ड (NAEAB) की स्थापना की गई, ताकि कृषि शिक्षा के संस्थानों और कार्यक्रमों की मान्यता के लिए मानदंडों और मानकों को विकसित करने में परिषद् को सलाह दी जा सके। NAEAB ने वर्ष 2001 में कृषि विश्वविद्यालयों की मान्यता शुरुआत की। कृषि शिक्षा और अनुसंधान के प्रबंधन, मार्गदर्शन, समन्वय और विनियमन के लिए आई.सी.ए.आर. कई तंत्रों के माध्यम से कृषि संबंधित मुद्दों को संबोधित करता है। इनमें से एक तंत्र डीन समितियों द्वारा अकादमिक मानदंडों और मानकों को निर्धारित करने और पाठ्यक्रम के संशोधन के लिए कार्य करता है। अब तक आई.सी.ए.आर. ने 5 डीन समितियों का गठन किया है तथा उनकी सिफारिशों को कृषि विश्वविद्यालयों में लागू किया है।

पाँचवीं डीन समिति की सिफारिशों के अनुसार स्नातकों के बीच आवश्यक ज्ञान और कौशल को स्पष्ट किया है और रोजगार, रोजगार क्षमता, उद्यमशीलता, और भारत के खाद्य और कृषि प्रणाली के विज्ञान के नेतृत्व में परिवर्तन के लिए पाठ्यक्रम सुधारों और नवाचारों पर जोर दिया है। महत्त्वपूर्ण रूप से, नए कृषि महाविद्यालयों की स्थापना के लिए न्यूनतम मानकों की भी सिफारिश की गई है। रिपोर्ट में कृषि विज्ञान के आठ प्रमुख विषयों के अनुशंसित पाठ्यक्रम का विवरण है। पाठ्यक्रम को विकसित करने में, समिति ने सरकार की प्रमुख पहल राष्ट्रीय खाद्य सुरक्षा मिशन, राष्ट्रीय कृषि विकास योजना, मेक-इन-इंडिया, स्टार्ट-अप-इंडिया, स्किल इंडिया, डिजिटल इंडिया इत्यादि को छात्र के लिए तैयार किया है। कृषि पाठ्यक्रम में आवश्यक बुनियादी विज्ञान

पाठ्यक्रमों को शामिल किया गया है। समिति ने जलवायु स्मार्ट कृषि, कृषि व्यवसाय, विपणन और आई.सी.टी. से संबंधित छह सामान्य पाठ्यक्रमों को कृषि विज्ञानों में शामिल करने की पहचान की है। इसके अलावा जैव प्रौद्योगिकी, पोषण, सामुदायिक विज्ञान और सेरीकल्चर को कवर करनेवाले चार नए डिग्री प्रोग्राम तैयार किए गए हैं। क्षेत्र-विशिष्ट आवश्यकताओं और अवसरों को पूरा करने के लिए कई सामयिक वैकल्पिक पाठ्यक्रम निर्धारित किए गए हैं। समिति ने कृषि विज्ञान में 11 यूजी डिग्री, और इसे पेशेवर डिग्री के रूप में घोषित किए जाने की सिफारिश की है। सामाजिक विज्ञान और कृषि-व्यवसाय प्रबंधन के साथ जैव-प्रौद्योगिकी, नैनो-प्रौद्योगिकी, सूचना प्रौद्योगिकी, नवीकरणीय ऊर्जा जैसे सामान्य रूप से सीमांत विज्ञान को पाठ्यक्रम में विधिवत् रूप से आंतरिक रूप दिया गया है।

आई.सी.ए.आर. कृषि विश्वविद्यालयों में बुनियादी ढाँचे के विकास, लड़कियों के छात्रावास, छात्रों की सुविधाओं से संबंधित शैक्षिक संरचनाओं के आधुनिकीकरण आदि के लिए अनुदान प्रदान करता है। इसमें व्यक्तित्व विकास, संकाय विकास, खेल और खेल सुविधाओं को मजबूत करना, प्लेसमेंट सेल, पुस्तकालय को मजबूत करना, मौजूदा इ-पाठ्यक्रम सहित इ-संसाधन, इ-ग्रंथ, आई.सी.टी. सुविधाएँ शामिल हैं। सहायता में प्रभावी शिक्षण और सीखने की प्रक्रिया के लिए गुणवत्ता निर्देशात्मक सामग्री तैयार करना, विश्वविद्यालय स्तर की पाठ्यपुस्तकें, मैनुअल आदि लिखना भी शामिल है। इस प्रकार, यह अनुदान कृषि विश्वविद्यालय सिस्टम में कृषि उच्च शिक्षा की गुणवत्ता को बढ़ाने में महत्त्वपूर्ण भूमिका निभाता है। गुणवत्ता को बनाए रखने के लिए वित्तीय वर्ष 2016-17 से वित्तीय सहायता के लिए कृषि विश्विद्यालय को NAEAB द्वारा मान्यता प्राप्त होना चाहिए और मोटे

तौर पर आई.सी.ए.आर. मॉडल अधिनियम का पालन करना चाहिए, ताकि अधिक पारदर्शिता, गुणवत्ता परिणामों पर ध्यान, छात्र और संकाय के प्रदर्शन के लिंक और उद्देश्य और सत्यापन योग्य मैट्रिक्स को शामिल किया जा सके।

कृषि शिक्षा और राष्ट्रीय शिक्षा नीति–2020

भारत की नई शिक्षा नीति–2020 (एन.ई.पी.–2020) ने भारतीय शिक्षा प्रणाली में कई परिवर्तनों का प्रस्ताव किया है, जिसमें उच्चतर कृषि शिक्षा प्रणाली भी शामिल है।

कृषि विश्वविद्यालयों के ढाँचे का पुनर्गठन

शिक्षा नीति के अनुसार, कृषि विश्वविद्यालयों और महाविद्यालयों को बड़े बहुविषयक विश्वविद्यालयों और महाविद्यालय के रूप में HEI क्लस्टर्स/नॉलेज हब में परिवर्तित किया जाएगा। उच्च शिक्षा में विखंडन समाप्त होगा। कृषि शिक्षा के बहुविषयक ढाँचे में बुनियादी विज्ञान, सामाजिक विज्ञान और कृषि विज्ञान के संबद्ध विषयों के अकादमिक कार्यक्रम शामिल होंगे। इसलिए आई.सी.ए.आर.–ए.यू. प्रणाली के तहत एकल स्ट्रीम विश्वविद्यालयों को कृषि पर ध्यान केंद्रित करते हुए 2030 तक बहु–विषयक संस्थानों की ओर बढ़ाने की आवश्यकता है।

कई संबद्ध कॉलेज सार्वजनिक और निजी दोनों क्षेत्रों में बड़ी संख्या में मौजूद हैं। एन.ई.पी. के अनुसार, उन्हें उच्च शिक्षा के नए मानदंडों के तहत लाने की आवश्यकता है। प्रस्तावित नीति के अनुपालन में 2035 तक 'lacrk' 1/4 Affiliation 1/2 को समाप्त करने के लिए विश्वविद्यालयों के साथ समन्वय में काम करने के लिए सामूहिक कदम प्रस्तावित किए गए हैं।

आई.सी.ए.आर. द्वारा उपलब्ध विशेषज्ञता और संसाधनों का

लाभ उठाकर डीम्ड विश्वविद्यालयों को बहु-विषयक अनुसंधान-गहन विश्वविद्यालयों में परिवर्तन करने के लिए आवश्यक कदम उठाए जाएँगे।

कृषि शिक्षा का शैक्षणिक पुनर्गठन

कृषि शिक्षा में बहुविध प्रवेश और निकास की नवोन्मेषी पद्धति को अपनाना होगा। इसके अनुसार एक नवीन शैक्षणिक कार्यक्रमों की संरचना को संशोधित करना होगा। प्रमाण-पत्र, डिप्लोमा, यूजी डिग्री सामान्य या डिग्री अनुसंधान और एक या दो साल की मास्टर डिग्री के विकल्प जैसे प्रस्तावों को साकार करना होगा। यू.जी. और पी.जी. कार्यक्रमों की आवासीय आवश्यकताओं में छूट दी जाएगी, ताकि बाहर निकलने, प्रवेश करने के इच्छुक छात्र किसी भी समय-सीमा के बावजूद ऐसा कर सकें।

निकट भविष्य में माँग के आधार पर कृषि विश्वविद्यालयों की यू.जी. की सीटों में वृद्धि भी कर सकते हैं, ताकि प्रमाण-पत्र, डिप्लोमा वाले कुछ छात्रों के बाहर निकलने पर डिग्री पास आउट छात्रों की संख्या में बाधा न आए। इसके अलावा कृषि विश्वविद्यालयों को 2025 तक चार साल के यू.जी. प्रोग्राम को कार्यात्मक बनाने का समय दिया जा सकता है।

पी.जी. कार्यक्रमों में छात्र की पसंद के अनुसार चुने हुए मेजर तथा माइनर विषयों के विकल्प के साथ बहु-विषयक दृष्टिकोण का पालन करने का प्रस्ताव है। कृषि में उद्यमिता के विकास के लिए एक इंटर्नशिप से गुजरने का प्रावधान है। पी-एच.डी. छात्रों को आवश्यक अनुभव प्राप्त करने और कई संस्थानों/विश्वविद्यालयों में संकाय की कमी को दूर करने के लिए शिक्षण सहायता प्रदान की जाएगी।

कृषि विश्वविद्यालयों में सकल नामांकन अनुपात को बढ़ाने के लिए आनेवाले वर्षों में कम-से-कम 10 प्रतिशत सीटों को बढ़ाना होगा, शिक्षा मंत्रालय के निर्देशों के अनुसार शैक्षणिक बैंक ऑफ क्रेडिट (ए.बी.सी.) को ध्यान में रखते हुए सभी कृषि विश्वविद्यालयों में छात्रों के प्रवेश के लिए आई.सी.ए.आर. द्वारा राष्ट्रीय परीक्षण एजेंसी (NTA) के माध्यम से संयुक्त प्रवेश परीक्षा का आयोजन किया जा सकता है।

कृषि शिक्षा की नियामक संरचना में बदलाव

राष्ट्रीय शिक्षा नीति-2020 की सिफारिशों के अनुसार, आई.सी.ए.आर. कृषि शिक्षा के लिए पाठ्यक्रम को विकसित करने और कृषि शिक्षा के लिए शैक्षणिक मानकों को पूरा करने के लिए 'व्यावसायिक मानक सेटिंग निकाय' के रूप में कार्य करेगा। प्रस्तावित सामान्य शिक्षा परिषद् के एक सदस्य के रूप में, आई.सी.ए.आर. PSSB के माध्यम से देश भर में एक समान शैक्षणिक संरचना बनाने के लिए आवश्यक कदम उठाएगी, जिसमें सार्वजनिक और निजी, दोनों संस्थानों में कृषि विज्ञान में अकादमिक कार्यक्रम पेश किए जाएँगे। आई.सी.ए.आर., GEC के सदस्य के रूप में प्रस्तावित उच्च शिक्षा आयोग के पहले घटक, राष्ट्रीय उच्चतर शिक्षा नियामक परिषद् (NHERC), जो कि एकल नियामक निकाय के रूप में लागू होगा, के माध्यम से कृषि शिक्षा के नियमन में योगदान करने में सक्षम होगा।

कृषि शिक्षा का वैश्वीकरण

वैश्विक गुणवत्ता मानकों को बनाए रखने और अंतरराष्ट्रीय छात्रों की अधिक संख्या को आकर्षित करने के लक्ष्य को प्राप्त के लिए विदेश से आनेवाले छात्रों का स्वागत और समर्थन करने से संबंधित

सभी मामलों के समन्वय के लिए एक अंतरराष्ट्रीय छात्र कार्यालय बनाया जाएगा। उच्च गुणवत्ता वाले विदेशी संस्थानों के साथ अनुसंधान, शिक्षण सहयोग और संकाय व छात्रों के आदान-प्रदान की सुविधा होगी और विदेशी देशों के साथ पारस्परिक रूप से लाभप्रद एम.ओ.यू. पर हस्ताक्षर किए जाएँगे। हमें शिक्षा के पारंपरिक और व्यक्तिगत तरीकों को गुणवत्तापूर्ण शिक्षा के लिए उपलब्ध वैकल्पिक साधनों के साथ समृद्ध करना होगा। मौजूदा ई-लर्निंग प्लेटफार्मों जैसे—SWAYAM, DIKSHA, SWAYAMPRABHA आदि का लाभ उठाने के लिए और कृषि और संबद्ध विज्ञानों में ई-पाठ्यक्रम विकसित करने के लिए भी आवश्यक कदम उठाने होंगे।

□

राष्ट्रीय शिक्षा नीति-2020 : सर्वसमावेशी एवं समरसतापूर्ण समाज का ध्येय

—डॉ. प्रकाश सी. बरतूनिया

भारत सरकार द्वारा 29 जुलाई, 2020 को घोषित राष्ट्रीय शिक्षा नीति–2020, 21वीं सदी की प्रथम शिक्षा नीति है, जो लगभग 34 वर्ष पूर्व बनी राष्ट्रीय शिक्षा नीति (एन.ई.पी.) 1986 का स्थान लेगी। राष्ट्रीय शिक्षा नीति–सब के लिए शिक्षा की आसान पहुँच, समानता, गुणवत्ता, वहनीयता और जवाबदेही के आधार स्तंभों पर वर्ष 2030 के सतत विकास के एजेंडे के अनुकूल नीति निर्मित की गई है। इसका उद्देश्य 21वीं सदी की आवश्यकताओं के अनुसार स्कूल एवं उच्चतर शिक्षा को अधिक समग्र, लचीला बनाते हुए भारत को एक ज्ञान-आधारित जीवंत समाज एवं ज्ञान की वैश्विक महाशक्ति में बदलना तथा प्रत्येक छात्र में निहित अद्वितीय क्षमताओं को सामने लाना है।

नई राष्ट्रीय शिक्षा नीति–2020 बहुत चिंतन, मनन और अध्ययन के पश्चात् घोषित हुई है। घोषित किए जाने से पूर्व इस पर पूरे देश में अनेक गोष्ठियाँ, संगोष्ठियाँ, सेमिनार, सम्मेलन, वर्कशॉप आदि के आयोजन किए गए। इन कार्यक्रमों में देशभर के सुविख्यात शिक्षाविदों,

बुद्धिजीवियों, विद्वानों द्वारा व्यक्त किए गए मत, विचार, सुझाव, नवाचार आदि प्राप्त कर इन्हें इस शिक्षा नीति में सम्मिलित किए जाने के प्रयास भी दिखाई देते हैं। इनके अतिरिक्त आम लोगों की भागीदारी सुनिश्चित करने के उद्देश्य से एक निश्चित अवधि तक ऑन-लाइन या लिखित सुझाव भी आमंत्रित किए गए थे। इसमें अधिक-से-अधिक लोगों के सुझाव एवं विचार सम्मिलित किए जाने के प्रयास भी हुए हैं। इन सब प्रयासों के मंथन के बाद निकले नवनीत के रूप में आज यह शिक्षा नीति हमारे सामने विद्यमान है।

राष्ट्रीय शिक्षा नीति-2020 में भारत राष्ट्र एवं भारतीय संस्कृति पर बल दिया गया है। इसका ध्येय है हम विचारों से भारतीय हो, हम अपने कर्मों से भारतीय हो और हम अपनी बौद्धिकता से भारतीय हो। यह सर्वविदित है कि भारत एक प्राचीन राष्ट्र है एवं इसकी एक महान् संस्कृति है। प्राचीन काल से भारत शिक्षा, संस्कृति और साहित्य का केंद्र रहा है। यहाँ नालंदा, तक्षशिला एवं विक्रमशिला जैसे शिक्षा के विश्वप्रसिद्ध केंद्र रहे हैं। गुरुकुल और आश्रम शिक्षा और संस्कारों के केंद्र होते थे। गुरु शिष्य की गौरवशाली परंपरा थी। गुरु-शिष्य परंपरा का मध्यकाल या भक्तिकाल के संतों द्वारा भी बहुत गुणगान किया गया है।

नई शिक्षा नीति में शिक्षा, शिक्षण तथा शिक्षक की गुणवत्ता पर विशेष ध्यान दिए जाने का उल्लेख है। इसमें व्यवसायिक शिक्षा, प्रौढ़ शिक्षा एवं जीवनपर्यंत सीखने, प्रौद्योगिकी का प्रयोग, डिजिटल शिक्षा, ऑनलाइन शिक्षा के साथ भारतीय भाषाओं, कला और संस्कृति के संवर्धन, लैंगिक समावेशी निधि, बालिकाओं की शिक्षा आदि के विशेष प्रावधान सम्मिलित है। शिक्षा से जुड़े लगभग सभी पहलुओं पर समग्रता, समेकित एवं व्यापक रूप से विचार-विमर्श कर इन्हें अंतिम रूप दिया

गया है। इसलिए नई शिक्षा नीति को सर्वसमावेशी, सर्वस्पर्शी, समेकित, समतावादी, समरसतापूर्ण एवं समग्रतावादी शिक्षा नीति माना गया है।

पिछड़ा वर्ग विकास की योजनाएँ एवं सुविधाएँ

शिक्षा नीति में समाज के कमजोर एवं पिछड़े वर्ग के विकास हेतु अनेक योजनाओं एवं सुविधाओं के प्रावधान किए गए हैं। शिक्षा नीति में पिछड़ा वर्ग का आशय केवल अन्य पिछड़ा वर्ग श्रेणी मात्र से नहीं है, बल्कि इसमें इसका व्यापक अर्थ लिया गया है, अर्थात् इसमें अनुसूचित जाति, अनुसूचित जनजाति, अन्य पिछड़ा वर्ग तथा सामाजिक आर्थिक रूप से वंचित समूह भी सम्मिलित है। पिछड़े वर्ग के छात्र-छात्राओं के लिए विद्यालय निर्माण को बढ़ावा देने की दृष्टि से न्यूनतम आवश्यकताओं की पूर्ति करने का लक्ष्य रखा गया है।

विशेष शिक्षा क्षेत्र (Special Education Zone) (सेज)

देश के ऐसे पिछड़े क्षेत्रों में जो उच्च शिक्षण संस्थाओं और तकनीकि शिक्षण संस्थाओं से वंचित रह गए हैं, उन क्षेत्रों में विशेष शिक्षा क्षेत्र (सेज) की स्थापना की जाएगी। विशेष शिक्षा क्षेत्र की अवधारणा स्वतंत्रता के पश्चात् शिक्षा जगत् में पहली बार सामने आई है। पिछड़े वर्ग की शिक्षा के लिए ऐसे विशेष शिक्षा क्षेत्रों की स्थापना करने के लिए पर्याप्त धनराशि का आवंटन भी विशेष रूप से सुनिश्चित किया जाएगा। विशेष शिक्षा क्षेत्रों में पाठ्यक्रम अधिक समावेशी बनाया जाएगा। इन क्षेत्रों में भारतीय भाषाओं में शिक्षण देनेवाले उच्च शिक्षा संस्थानों की स्थापना को बढ़ावा दिया जाएगा। विशेष शिक्षा क्षेत्रों में सकल नामांकन अनुपात (जी.ई.आर-ग्रास इन्सॅलमेंट रेशियो) के लक्ष्य अन्य क्षेत्रों से अधिक निर्धारित किए जाएँगे। इन क्षेत्रों में उत्तम गुणवत्ता वाले उच्च शिक्षा संस्थान भी स्थापित किए जाएँगे।

पिछड़े वर्ग के उत्थान हेतु सहायता की योजनाएँ

शिक्षा नीति–2020 में पिछड़े वर्ग के छात्रों के लिए छात्रवृद्धि एवं आर्थिक सहायता में वृद्धि की जाएगी। शिक्षण संस्थाओं का भी इसी प्रकार के प्रयास किए जाने हेतु प्रोत्साहित किया जाएगा। पिछड़े वर्ग के छात्रों के लिए ब्रिज कोर्स चलाए जाएँगे। इसके पीछे उद्देश्य यह है कि पिछड़े वर्ग के कमजोर छात्र–छात्राओं के लिए एक विशेष व्यवस्था रहेगी, जिससे इन्हें अन्य छात्रों के साथ शिक्षा में बराबरी के अवसर मिल सकें। एक महत्त्वपूर्ण बात यह है कि राष्ट्रीय शिक्षा नीति में पिछड़ा वर्ग और सामाजिक–आर्थिक रूप से वंचित समूह के छात्रों के लिए नेशनल स्कॉलरशिप पोर्टल का विस्तार किया जाएगा, ताकि इन वर्गों को सुविधा उपलब्ध हो सके। पिछड़े क्षेत्रों में शिक्षा में वर्तमान ड्राप–आउट दर को कम करने का लक्ष्य भी रखा गया है, विशेषकर छात्राओं के वर्तमान ड्राप–आउट रेट को कम करने पर अधिक ध्यान दिया जाएगा। नई शिक्षा नीति में शिक्षा बजट को भी अंतरराष्ट्रीय बजट की समानता के अंतर्गत लाते हुए 6 प्रतिशत तक कर दिए जाने की घोषणा की गई है, जो पूर्व में मात्र 3 प्रतिशत के आस–पास था। इसे पिछले बजट की राशियों से लगभग दोगुनी बजट राशि बढ़ाए जाने का प्रावधान किया गया है।

समान और समावेश शिक्षा

नई राष्ट्रीय शिक्षा नीति–2020 का लक्ष्य यह सुनिश्चित करना है कि कोई भी बच्चा अपने जन्म या पृष्ठभूमि से जुड़ी परिस्थितियों के कारण ज्ञान प्राप्ति या सीखने और उत्कृष्टता प्राप्त करने के किसी भी अवसर से वंचित नहीं रह जाए। इसके तहत विशेष जोर सामाजिक और आर्थिक दृष्टि से वंचित समूहों (एस.ई.डी.जी.) पर रहेगा, जिनमें

बालक-बालिका, सामाजिक-सांस्कृतिक और भौगोलिक संबंधी विशिष्ट पहचान एवं दिव्यांगता शामिल है। इनमें बुनियादी सुविधाओं से वंचित क्षेत्रों एवं समूहों के लिए बालक-बालिका समावेशी कोष और 'विशेष शिक्षा जोन' की स्थापना करना शामिल है।

राष्ट्रीय शिक्षा नीति-2020 शिक्षा के सभी पहलुओं को ध्यान में रखकर निर्मित की गई है। इसमें गुणवत्ता पर तो सर्वाधिक बल दिया गया है, साथ ही शिक्षा से जुड़े सभी हितधारकों की चिंता की गई है। छात्र, शिक्षक, अभिभावक एवं समाज के हितों को प्राथमिकता देते हुए राष्ट्रहितों को सर्वोपरि मानकर इस शिक्षा नीति को निर्मित किया गया है। इसमें समाज के विशेषज्ञ, शिक्षाविद्, समाजसेवी, सहृदय, सेवाभावी, क्रीड़ा, कला, साहित्य, संस्कृति से जुड़े हुए सदस्य तथा समाज के लिए कुछ करने की भावना रखनेवाले सदस्यों की भावना, अनुभव, ज्ञान, विशेषज्ञता का लाभ शिक्षा जगत् को दिलाए जाने के प्रयास दिखाई दिए जाते हैं।

राष्ट्रीय शिक्षा नीति में पिछड़े वर्ग (अनुसूचित जाति, जनजाति, अन्य पिछड़ा वर्ग एवं सामाजिक-आर्थिक रूप से वंचित समूह) के विकास की अनेक योजनाओं और सुविधाओं का प्रावधान कर इन वर्गों को अवसरों की समानता उपलब्ध कराए जाने का प्रयास सामाजिक समरसता की दिशा में उठाया गया एक महत्त्वपूर्ण कदम है। आशा है, राष्ट्रीय शिक्षा नीति-2020 भविष्य में देश की एकता और अखंडता को और अधिक सशक्त बनाएगी तथा समाज में सौहार्द्रपूर्ण का वातावरण निर्मित करने में निश्चित रूप से सफलता प्राप्त करेगी।

□

राष्ट्रीय शिक्षा नीति-2020 और भारतीय भाषाएँ

—प्रो. निरंजन कुमार

भारतीय भाषाओं पर बल राष्ट्रीय शिक्षा नीति (रा.शि.नी.)-2020 की एक प्रमुख विशेषता है। इसके परिचय में ही जिन आधार सिद्धांतों का उल्लेख है, उनमें 'बहुभाषिकता और अध्ययन-अध्यापन के कार्य में भाषा की शक्ति को प्रोत्साहन' देना शामिल है। इसी सिद्धांत के अनुरूप विद्यालयी शिक्षा से लेकर उच्च शिक्षा तक में 'भारतीय भाषाओं के अध्यापन' के साथ-साथ 'भारतीय भाषाओं में अध्यापन' पर बल दिया गया है। इसी क्रम में एक महत्त्वपूर्ण अनुशंसा है कि "जहाँ तक संभव हो, कम-से-कम कक्षा 5 तक, लेकिन बेहतर यह होगा कि यह कक्षा 8 और उससे आगे तक भी हो, शिक्षा का माध्यम, घर की भाषा/मातृभाषा/ स्थानीय भाषा/क्षेत्रीय भाषा होगी।" शिक्षा मनोविज्ञान के शोध अथवा यूनेस्को जैसी संस्थाओं की रिपोर्ट के अनुसार मातृभाषा में सीखना आसान होता है, क्योंकि इसमें संप्रेषण और संज्ञान अत्यंत सहज व शीघ्र होता है। मातृभाषा स्थानीय भाषा में बच्चा चीजों को समझता है, जबकि इतर भाषाओं में उसे रटना पड़ता है।

यह अकारण नहीं कि अमरीका, इंग्लैंड, जर्मनी, इटली, जापान,

कोरिया से लेकर चीन आदि दुनिया के विकसित देशों में स्कूली शिक्षा मातृभाषा या स्थानीय भाषा में ही होती है। यहाँ तक कि मातृभाषा या स्थानीय भाषा में शिक्षा के लाभ को देखते हुए उच्चतर शिक्षा का माध्यम भी इन देशों में आमतौर उस देश की अपनी भाषा होती है। शिक्षा के माध्यम के रूप में देशी (स्थानीय) भाषाओं के महत्त्व, साथ ही आम जनता की भाषाई परिस्थिति को समझते हुए नई नीति भी भारतीय भाषाओं में उच्चतर शिक्षा की वकालत करती है, इसलिए इसमें अधिक-से-अधिक डिग्री पाठ्यक्रमों को भारतीय भाषाओं अथवा द्विभाषी रूप से पढ़ाए जाने की सिफारिश है। रा.शि.नी.-2020 के चौदहवें अध्याय 'उच्चतर शिक्षा में समता और समावेश' में स्पष्ट उल्लेख है—"भारतीय भाषाओं और द्विभाषी रूप से पढ़ाए जानेवाले अधिक डिग्री पाठ्यक्रम विकसित करना।" उच्चतर शिक्षा में भारतीय भाषाएँ में कितनी जरूरी और महत्त्वपूर्ण है, इस बात को दुबारा बाईसवें अध्याय 'भारतीय भाषाओं, कला और संस्कृति का संवर्धन' में रेखांकित करते हुए कहा गया है कि "मातृभाषा/स्थानीय भाषा को शिक्षा के माध्यम के रूप में इस्तेमाल करने और या कार्यक्रमों को द्विभाषित रूप में चलाने के लिए निजी प्रशिक्षण संस्थानों को भी प्रोत्साहित किया जाएगा एवं बढ़ावा दिया जाएगा।"

भारतीय भाषाओं में गुणवत्तापूर्ण उच्च शिक्षा के लिए हमें विभिन्न भारतीय भाषाओं में उच्च गुणवत्ता वाली शिक्षण सामग्री-लिखित और श्रव्य-दृश्य (ऑडियो-विजुअल) तरह की सामग्री की आवश्यकता होगी। नीति इस जरूरत के बारे में पूर्ण सजग है और संस्तुति देती है कि "सर्वसाधारण को विभिन्न भारतीय एवं विदेशी भाषाओं में उच्चतर गुणवत्ता वाली अधिगम सामग्री और अन्य महत्त्वपूर्ण लिखित एवं मौखिक सामग्री उपलब्ध हो सके, इसके लिए एक इंस्टीट्यूट

ऑफ ट्रांसलेशन ऐंड इंटरप्रिटेशन (आई.आई.टी.आई.) की स्थापना की जाएगी।" यह स्वागत-योग्य है कि इस विषय के महत्त्व और गंभीरता को महसूस करते हुए बहुत ही तत्परता के साथ सरकार ने एक समिति भी गठित कर दी है, जो इंस्टीट्यूट ऑफ ट्रांसलेशन ऐंड इंटरप्रिटेशन (आई.आई.टी.आई.) की स्थापना करने की दिशा में कार्य करेगी। इन सबके अलावा भारत के संविधान की आठवीं अनुसूची में उल्लिखित भाषाओं (और उनके साथ उनसे जुड़े साहित्य, संस्कृति व कला) को बढ़ावा देने के लिए भी नीति विशेष सजग है। इसमें कहा गया है कि "भारत के संविधान की आठवीं अनुसूची में उल्लिखित प्रत्येक भाषा के लिए अकादमी स्थापित की जाएगी, जिनमें हर भाषा से श्रेष्ठ विद्वान् एवं मूल रूप से वह भाषा बोलनेवाले लोग शामिल रहेंगे।" नीति आठवीं अनुसूची के इतर भी भाषाई स्तर पर लोकतांत्रिक है और बहुत कम बोली जानेवाली भाषाओं के प्रति भी पूर्ण संवेदनशील है। इसमें कहा गया है कि आदिवासी और विलुप्तप्राय भाषाओं के संरक्षण और बढ़ावा देने के लिए प्रौद्योगिकी की मदद से विशेष प्रयास किए जाएँगे। भाषाओं और उनसे संबंधित संस्कृति के संरक्षण में प्रौद्योगिकी के महत्त्व को समझते और रेखांकित करते हुए यह भी कहा गया है कि "सभी भारतीय भाषाओं और उनसे संबंधित समृद्ध स्थानीय कला एवं संस्कृति के संरक्षण हेतु सभी भारतीय भाषाओं एवं और उनसे संबंधित स्थानीय कला एवं संस्कृति का वेब आधारित प्लेटफार्म/पोर्टल विकिपीडिया के माध्यम से दस्तावेजीकरण कराया जाएगा। निस्संदेह नीति के उपर्युक्त बिंदु भारतीय भाषाओं तथा संस्कृति दोनों ही की मजबूती की दिशा में मील के पत्थर साबित होंगे।"

भारतीय भाषाओं एवं बहुभाषिकता पर जोर देते हुए रा.शि.नी.-2020 में त्रिभाषा सूत्र का भी उल्लेख है, लेकिन प्रस्तावित त्रिभाषा

सूत्र शिक्षा नीति–1986 के त्रिभाषा सूत्र से थोड़ा भिन्न है। पूर्व में हिंदी प्रदेशों में जहाँ स्कूली स्तर पर अंग्रेजी, हिंदी व एक अन्य भारतीय भाषा (इसमें भी वांछनीय रूप से दक्षिण भारतीय भाषा) पढ़ाए जाने की बात थी, वहीं हिंदीतर राज्यों में अंग्रेजी के साथ–साथ उस राज्य की प्रमुख क्षेत्रीय भाषा और हिंदी पढ़ाए जाने का प्रावधान था। तमिलनाडु जैसे कुछ राज्यों में इसको लेकर उठते रहे विवाद के मद्देनजर अब नीति में इसे थोड़ा लचीला बनाते हुए सिर्फ यह कहा गया है कि दो भारतीय भाषाएँ पढ़ाई जाएँगी। अर्थात् किसी भी भाषा का उल्लेख नहीं है, लेकिन संभावना यही है कि व्यावहारिक रूप में यह होगा कि हिंदी प्रदेशों में अंग्रेजी के साथ–साथ हिंदी और एक अन्य भारतीय भाषा के रूप में संस्कृत पढ़ाई जाने की संभावना है, जैसा कि वर्तमान में आमतौर पर हो भी रहा है। दूसरी तरफ अधिकांश हिंदीतर राज्यों में अंग्रेजी के साथ–साथ उस राज्य की प्रमुख क्षेत्रीय भाषा और एक अन्य भारतीय भाषा के रूप में कोई एक भाषा अपनाई जाएगी। व्यापार, रोजगार और देशव्यापी उपयोगिता की दृष्टि से हिंदी के राष्ट्रीय महत्त्व को देखते हुए, अपवादों को छोड़ दें तो यह तीसरी भाषा सामान्यतया हिंदी ही होगी। राष्ट्रीय एकता और राष्ट्रहित में यह स्थिति उचित नहीं है। इसलिए कि हिंदी भाषी राज्यों के छात्र हिंदीतर राज्यों की भाषाएँ सीखने को कभी अग्रसर नहीं होंगे। तमिलनाडु या अन्य हिंदीतर राज्यों का यह आरोप बरकरार रहेगा कि हिंदी भाषी लोग हिंदीतर भाषाएँ नहीं सीखते। यह भाव राष्ट्रीय एकता की भावना के लिए ठीक नहीं है। मेरा दृढ़ मत है कि त्रिभाषा नीति के अंतर्गत यह घोषित किया जाए कि अनिवार्य रूप से दोनों भारतीय भाषाएँ 'आधुनिक भारतीय भाषाएँ' ही हों। तब यह होगा कि हिंदीतर राज्यों में देश की 'संपर्क भाषा' और संघ या केंद्र सरकार की राजभाषा हिंदी तो स्वाभाविक रूप से प्रथम विकल्प रहेगी ही, पर

साथ ही हिंदी प्रदेशों को भी संस्कृत की जगह किसी अन्य हिंदीतर राज्यों की भाषा अपनाना पड़ेगा। बताना जरूरी है कि पूर्व में भी राष्ट्रीय शिक्षा नीति-1968, राष्ट्रीय शिक्षा नीति 1986, और फिर 1992 के संशोधन में जब त्रिभाषा सूत्र को स्वीकार किया गया था तो इसके पीछे की भावना यही थी कि हिंदीभाषी राज्य के बच्चे तीसरी भाषा के रूप में अन्य क्षेत्रीय भाषाओं खास तौर से कोई दक्षिण भारतीय भाषा सीखेंगे।

अतीत में हिंदी प्रदेशों में तीसरी भाषा के रूप में अन्य क्षेत्रीय भाषाओं के विकल्प पर विचार न करने का प्रमुख कारण इन भाषाओं के शिक्षकों की समस्या भी थी, लेकिन टेक्नोलॉजी के इस जमाने में इस समस्या का हल और क्रियान्वयन बहुत आसान हो गया है, खास तौर से ऑनलाइन शिक्षण की जो नई व्यवस्था बनी है, उसके माध्यम से इन भाषाओं का पठन-पाठन सरल हो जाएगा। इसके अतिरिक्त इस कार्य हेतु शिक्षा मंत्रालय के वेबसाइट 'स्वयं' और टेलीविजन चौनल 'स्वयंप्रभा' की मदद भी ली जा सकती है। रा.शि.नी-2020 के आधार सिद्धांतों में अध्ययन-अध्यापन में और भाषा संबंधी बाधाओं को दूर करने में तकनीकी का यथासंभव उपयोग की बात भी शामिल है। इस संशोधन को अपनाने से न केवल हमारे हिंदी प्रदेशों के नौनिहालों को देश की अन्य राज्यों की भाषा और संस्कृति सीखने का मौका मिलेगा, बल्कि यह राष्ट्रीय एकता के भाव को भी बहुत मजबूत करेगा। दूसरी तरफ हिंदीतर भाषियों के इस भय का निराकरण हो सकेगा कि उनकी भाषा लुप्त होती जाएगी और हिंदी का वर्चस्व स्थापित हो जाएगा। इसका एक और लाभ होगा कि संकीर्ण दृष्टि के राजनेताओं को भाषाई राजनीति भड़काने का मौका भी नहीं मिल पाएगा।

रही बात संस्कृत की तो इसमें कोई संदेह नहीं कि न केवल भारतीय संस्कृति और समाज को समझने के लिए संस्कृत का ज्ञान

आवश्यक है, बल्कि अधिकांश भारतीय भाषाओं की आदि स्रोत, और उत्तर से लेकर दक्षिण के समस्त भारतीय भाषाओं को जोड़नेवाली कड़ी के रूप में भी इसकी अपनी महत्त्वपूर्ण पहचान है। सौभाग्य से रा.शि.नी. के अध्याय चार में यह उल्लिखित है कि स्कूलों में छठी कक्षा से शुरू कर कम-से-कम 2 साल के लिए संस्कृत या शास्त्रीय भाषाओं का अध्ययन कराया जाएगा। यह भी स्वागत योग्य है कि उच्च शिक्षा में भी संस्कृत पर बल दिया जाएगा, बल्कि संस्कृत के महत्त्व को समझते हुए इसे अन्य समकालीन और प्रासंगिक विषयों जैसे कि गणित, खगोल विज्ञान, दर्शन, भाषा विज्ञान आदि से जोड़ा जाएगा। रा.शि.नी. के इस नीति के अनुरूप संस्कृत विश्वविद्यालय भी उच्च शिक्षा के बड़े बहु-विषयक संस्थान बनने की ओर अग्रसर होंगे। रा.शि.नी. के क्रियान्वयन करते समय भाषा संबंधी उपरोक्त सुझावों को अपनाना लाभकारी होगा, क्योंकि तात्कालिक भावुकता से ऊपर यह राष्ट्रीय एकता एवं राष्ट्रहित का प्रश्न है।

□

राष्ट्रीय शिक्षा नीति एवं पर्यावरण शिक्षा

—प्रो. एस.के. सिंह

राष्ट्रीय शिक्षा नीति-2020 स्वतंत्रता के पश्चात् भारत के जन के लिए भारतीयता का प्रतिनिधि ग्रंथ बनकर भारतीय शैक्षणिक सांस्कृतिक मूल्यों की प्रतिष्ठा का प्रयत्न है। यह कहने में गर्व की अनुभूति हो रही है कि पर्यावरण प्रधान राष्ट्र भारत में शिक्षा और पर्यावरण का महत्त्व हजारों वर्षों पूर्व से दिखाई पड़ता है। पहली बार एक ऐसी शिक्षा नीति हम सबके बीच में है, जिसने समस्त विषयों को परस्पर संबंधित करते हुए विद्यार्थी और विद्या प्रेमियों के लिए एक सुनहरा अवसर प्रदान करने का सर्वश्रेष्ठ प्रयास किया है। गाय, गंगा और गीता की संस्कृति वाले महान् राष्ट्र में पर्यावरण और उससे जुड़े हुए बिंदु की महत्ता की झलक हमें वर्षों पूर्व से मिलती चली जा रही है। आज हमारे शिक्षाविदों द्वारा इस नई शिक्षा नीति में पर्यावरण से जुड़े समस्त महत्त्वपूर्ण आयामों को संबोधित करते हुए न सिर्फ उनसे जुड़ी अलग-अलग विशेषताओं की चर्चा मिलती है, अपितु उससे जुड़ी समस्याओं, जिससे कि 21वीं सदी में समूचा विश्व परेशान है, का समाधान भी दर्शाया गया है। शिक्षा और पर्यावरण समूचे विश्व के लिए हमेशा से एक महत्त्वपूर्ण विषय रहा है। रियो डे जेनेरियो से शुरू हुई यात्रा आज 21वीं शताब्दी तक विभिन्न सम्मेलनों तक जा पहुँची है।

यह शिक्षा नीति भी पर्यावरण के महत्त्व को समझते हुए इससे जुड़े सभी विषयों को संबोधित करने का एक श्रेष्ठ प्रयास है।

नई राष्ट्रीय शिक्षा नीति में पर्यावरणीय जागरूकता, जल जैसे महत्त्वपूर्ण संसाधनों का संरक्षण और स्वच्छता आदि शामिल है। इसमें स्थानीय स्तर पर समुदाय द्वारा जिन पर्यावरणीय समस्याओं का सामना किया जा रहा है, उन पर विशेष जोर दिया गया है। पर्यावरण शिक्षा में जलवायु परिवर्तन, प्रदूषण, अपशिष्ट प्रबंधन और स्वच्छता के विषयों को शामिल किया गया है। यह शिक्षा नीति प्राचीन भारतीय वैदिक शिक्षा पर केंद्रित है। वैदिक काल में हमारी शिक्षा नीति परीक्षा केंद्रित न होकर ज्ञान केंद्रित थी। शिक्षा ग्रहण करना विद्यार्थी की योग्यता पर निर्भर करता था। उस समय शिक्षा के लिए समय की कोई सीमा नहीं थी। वैदिक काल की शिक्षा को हम एक तरह से प्रोजेक्ट आधारित शिक्षा कह सकते हैं। शिक्षा नीति समग्र रूप से पर्यावरण हितैषी व समाज को ज्ञानवान बनाने के लिए है। कंप्यूटर, लैपटाप व अन्य उपकरण का सदुपयोग करके शिक्षण को रोचक बनाना है। तकनीक को शिक्षकों के विकल्प के रूप में देखने की अपेक्षा सहायक शिक्षण सामग्री बनानी चाहिए।

पर्यावरण अध्ययन का संबंध बहु-विषयक है। इसके दायरे में वह सब आता है, जिससे मानव सभ्यता विकसित हुई है। इसमें हम न केवल जानवरों, पौधों, अन्य जीवों, पानी, मिट्टी, वायु, महासागर, पृथ्वी की परत, ग्लोबल वार्मिंग, जलवायु परिवर्तन और महासागर की धाराओं आदि का अध्ययन करते हैं, बल्कि लोगों के साथ उनके संबंधों का भी अध्ययन करते हैं। वे एक-दूसरे के साथ इस तरह गुँथे हुए हैं कि विज्ञान और भूगोल से लेकर मानविकी तक जैसे कई विषय इसमें समा जाते हैं।

राष्ट्रीय शिक्षा नीति-2020 में बहु-विषयक पाठ्यक्रम की घोषणा लंबे समय से चली आ रही विषयों के चयन भी बाधा को कम कर

सकती है। 1986 की राष्ट्रीय शिक्षा नीति (एन.पी.ई.) को 1992 में 'पर्यावरण संरक्षण' को एक कोर के रूप में शामिल करने के लिए संशोधित किया गया था, जिसके आसपास एक राष्ट्रीय पाठ्यचर्या की रूपरेखा बाद में विकसित की गई थी। कक्षा 3 से 5 के छात्रों को स्कूलों में पर्यावरण के बारे में पढ़ाया जाता था। 2006 में सुप्रीम कोर्ट के निर्देश के बाद पर्यावरण स्नातक स्तर पर भी अध्ययन का अनिवार्य विषय बन गया। भले ही पर्यावरण शिक्षा विद्यालयी पाठ्यक्रम का अनिवार्य हिस्सा रही हो, यह जटिल पर्यावरणीय मुद्दों को हल करने से नहीं जुड़ी है। दुर्भाग्य से सिर्फ किताबी पढ़ाई से छात्रों में पर्यावरण की समझ नहीं विकसित की जा सकती है।

आज हमें जलवायु परिवर्तन जैसी नई चुनौतियों का सामना करना पड़ रहा है। ग्लोबल वार्मिंग, जलवायु परिवर्तन और प्राकृतिक संसाधनों का दुरुपयोग बहुत हो रहा है। जब हम सतत विकास की बात करते हैं तो यह जरूरी है कि हमारी शिक्षा नीति में पर्यावरण जागरूकता पर विशेष जोर हो और शिक्षा पर्यावरणीय समस्याओं को सुलझाने से जुड़ी हो।

हमें इस पर पुनर्विचार करने की आवश्यकता है कि ऐसा क्यों है कि पर्यावरण के अच्छे और बुरे व्यवहार के बारे में बच्चों को पढ़ाए जाने के बावजूद समाज का व्यवहार नहीं बदला है? ज्ञान प्रदान करने के पारंपरिक तरीकों ने वांछित परिणाम नहीं दिया है? पर्यावरण शिक्षा का बेहतर तरीका यह है कि छात्र शिक्षक वर्ग के साथ जंगल एवं विभिन्न स्थानों का भ्रमण कर सच्चाई का अनुभव करें। हमें स्कूलों में हर्बल गार्डन स्थापित करने चाहिए, जो न केवल छात्रों को पर्यावरण से जोड़ेंगे, बल्कि उनके जीव विज्ञान के पाठों को भी जीवंत करेंगे। इस तरह का सीखना न केवल आसान है, बल्कि स्थायी भी है। इसी तरह

पुनर्चक्रण पर व्यावहारिक कौशल, कचरे का निपटारा और छात्रों को जैविक खेती की शिक्षा प्रदान की जा सकती है। इन सब की चर्चा इस नई शिक्षा नीति में की गई है।

राष्ट्रीय शिक्षा नीति के क्रियान्वयन में महाविद्यालयों/विश्वविद्यालयों एवं शिक्षकों को अहम भूमिका निभानी होगी। स्थानीय स्तर पर जो लघु उद्योग हैं, उनकी पहचान करके उनमें वैज्ञानिक तौर पर आधारभूत सुविधाएँ उच्च शिक्षण संसाधनों द्वारा परिष्कृत एवं परिमार्जित करना होगा, जिससे उस क्षेत्र में लोगों को काम मिलने के साथ ही जी.डी.पी. में भी बढ़ोत्तरी होगी। इसके अतिरिक्त हर क्षेत्र के बड़े उद्योगों को उच्च शिक्षण संस्थाओं से जोड़ना होगा। वर्तमान में अपने देश में मूलभूत आवश्यकताएँ, जैसे—बिजली, पानी, सड़क को देश के हर भाग में पहुँचाना होगा, जिससे उद्योग जगत् पूरे देश में विकसित होगा तथा पूरे देश का विकास होगा। लोगों को अपने क्षेत्र में रोजगार उपलब्ध होगा तथा पलायन रुकेगा। इस प्रकार आशा ही नहीं, बल्कि विश्वास के साथ यह कहने में मैं स्वयं को गौरवान्वित महसूस कर रहा हूँ कि यह नई राष्ट्रीय शिक्षा नीति भारत के जनमानस एवं शिक्षा प्रेमियों के लिए मील का पत्थर बन करके आनेवाले वर्षों में प्रतिष्ठित होगी, जो शिक्षा के विभिन्न आयामों को न सिर्फ स्पष्ट और प्रासंगिक बनाने में मददगार सिद्ध होगी। वह दिन दूर नहीं जब भारत वर्ष समूचे विश्व में शिक्षा के एक नए दृष्टिकोण को विकसित करने हेतु स्मरण किया जाएगा और अपनी ऐसी प्रतिभाओं की और कार्यों के बल पर ही निश्चित रूप से विवेकानंद के सपनों का भारत बनते हुए यह गौरवशाली राष्ट्र एक बार पुनः विश्वगुरु बनकर समूचे विश्व के मार्गदर्शन में समर्थ होगा।

□

शिक्षा नीति-2020 और अनुसंधान

—डॉ. तिमिर त्रिपाठी

अनुसंधान और नए ज्ञान का सृजन किसी भी देश की अर्थव्यवस्था को विकसित करने और उसको बनाए रखने के लिए महत्त्वपूर्ण है। यह समाज का उत्थान और राष्ट्र को ऊँचाइयों तक पहुँचाने के लिए एक बुनियादी ढाँचा तथा आधार प्रदान करता है। प्राचीन काल की समृद्ध सभ्यताएँ, जैसे भारत, मेसोपोटामिया, मिस्र, चीन और ग्रीस से लेकर आधुनिक देश, जैसे—अमरीका, इजरायल, जापान, जर्मनी और दक्षिण कोरिया ने बौद्धिक और भौतिक संपदा, ज्ञान और अनुसंधान में मौलिक वृद्धि और विस्तार के कारण प्राप्त की। विज्ञान, कला, भाषा, साहित्य आदि अनेक क्षेत्रों में इनके योगदान सराहनीय हैं। इससे वे न केवल अपनी, बल्कि दुनिया भर के अलग-अलग सभ्यताओं के निर्माण और उत्थान में योगदान कर पाए। वर्तमान में दुनिया में तेजी से हो रहे परिवर्तनों के साथ अनुसंधान का एक मजबूत पारिस्थितिकी तंत्र शायद पहले से कहीं अधिक महत्त्वपूर्ण है। जलवायु परिवर्तन, जनसंख्या विस्फोट, प्रबंधन, जैव प्रौद्योगिकी और डिजिटल बाजार के विस्तार के समय में अनुसंधान ही वह मार्ग है, जो व्यक्ति और देश को सशक्त करेगा। यदि इन समस्याओं के समाधान के क्षेत्र में भारत को अग्रणी बनना है और वास्तव में अपनी विशाल प्रतिभा को फिर से

एक अग्रणी ज्ञान समाज बनने की क्षमता प्राप्त करना है तो राष्ट्र को अपनी अनुसंधान क्षमताओं और स्थितियों में महत्त्वपूर्ण विस्तार की आवश्यकता होगी।

कला और मानविकी में अनुसंधान, विज्ञान और सामाजिक विज्ञान में नवाचार, एक राष्ट्र की प्रगति और प्रबुद्ध प्रकृति के लिए बेहद महत्त्वपूर्ण है। किसी राष्ट्र के आर्थिक, बौद्धिक, सामाजिक, पर्यावरणीय और तकनीकी स्वास्थ्य और प्रगति के लिए अनुसंधान हमेशा से आवश्यक रहा है। शोध और अनुसंधान देश में ज्ञान के निर्माण और नवाचार का आधार तो बनाती ही है, लेकिन अर्थव्यवस्था के विकास में भी एक महत्त्वपूर्ण भूमिका निभाती है। इसी सोच के साथ, नई शिक्षा नीति-2020 में अनुसंधान पर इस तरह बल दिया गया है कि रोजगार के अवसर तो उत्पन्न हों ही, साथ ही सामाजिक रूप से जुड़े हुए सरकारी एवं गैर-सरकारी संस्थाओं में एक सामंजस्य स्थापित करके एक समृद्ध राष्ट्र का निर्माण किया जा सके।

उच्च शिक्षा और अनुसंधान की इन्हीं सब कमियों को चिह्नित करते हुए भारत सरकार ने नई शिक्षा नीति-2020 में उच्च शिक्षा प्रणाली को बढ़ावा देने के लिए शोध और अनुसंधान के क्षेत्र को पुनर्गठित किया है। इसमें विश्वविद्यालयों में अनुसंधान, स्नातक पाठ्यक्रम में अनुसंधान, इंटर्नशिप और समग्र शिक्षा शामिल हैं। आज के युग की जरूरतों को देखते हुए गुणवत्तापूर्ण उच्चतर शिक्षा और अनुसंधान का उद्देश्य व्यक्ति के साथ-साथ देश का विकास करना है, इस नई शिक्षा नीति में बहु-विषयक शोध को प्राथमिकता दी गई है, ताकि विद्यार्थियों में रचनात्मक विकास के साथ-साथ बौद्धिक जिज्ञासा और वैज्ञानिक सोच की क्षमता विकसित की जा सके। अनुसंधान पर ध्यान केंद्रित करने के लिए और अनुसंधान संस्कृति को बढ़ावा देने के लिए, राष्ट्रीय

अनुसंधान फाउंडेशन (National Research Foundation, NRF) की स्थापना की गई है, जो अनुसंधान के लिए वित्त पोषण और सहायता देगा और साथ ही उच्चकोटि के अनुसंधान को बढ़ावा देगा।

वर्तमान में अनुसंधान शिक्षा के अंतिम पड़ाव के रूप में शोध के डिग्री के लिए किए गए शोध को देखा जाता है। इसके लिए शैक्षिक वातावरण और प्रणाली भी एक प्रकार से जिम्मेदार रही है। साथ ही विषयों का कठोर विभाजन, स्थानीय भाषाओं में शोध का न हो पाना, सीमित शिक्षक, संस्थागत स्वायत्तता की कमी प्रमुख कारण है। इसका कारण यह है कि भारत में अभी तक शोध राष्ट्रीय संस्थानों और कुछ केंद्रीय विश्वविद्यालय तक ही सीमित है। राज्य स्तर के विश्वविद्यालयों और महाविद्यालयों में शोध का दायरा बहुत ही सीमित या लगभग नगण्य है। दुनिया के सर्वश्रेष्ठ विश्वविद्यालयों के साक्ष्य से पता चलता है कि उच्च शिक्षा स्तर पर सर्वोत्तम शिक्षण और सीखने की प्रक्रियाएँ उन वातावरणों में होती है, जहाँ अनुसंधान और ज्ञान सृजन की एक मजबूत संस्कृति है। नई शिक्षा नीति में अनुसंधान और शोध में आमूल-चूल बदलाव और छात्रों में नए जोश के संचार करने के साथ ही उत्पन्न चुनौतियों को दूर करने की संस्तुति की गई है, जिससे एक ऐसी अनुसंधान आधारित शिक्षा-व्यवस्था का निर्माण किया जा सके, जिसमें बड़े बहु-विषयक विश्वविद्यालयों और महाविद्यालयों का भारत के प्रत्येक जिले में निर्माण किया जा सके। ऐसे संस्थान स्थानीय या अन्य भारतीय भाषाओं में शिक्षा और शोध का माध्यम प्रदान करें। अनुसंधान में गुणवत्ता एवं सुधार लाने के लिए, साथ ही राज्य स्तर के विश्वविद्यालयों और महाविद्यालयों में सक्रिय रूप से अनुसंधान की नींव रखने के लिए इस नई शिक्षा नीति में 'राष्ट्रीय अनुसंधान फाउंडेशन' की स्थापना की गई है।

एन.आर.एफ. का लक्ष्य विश्वविद्यालयों के माध्यम से अनुसंधान की सोच और जिज्ञासा को उत्पन्न करने में सक्षम बनाना है। विशेष रूप से एन.आर.एफ. योग्यता आधारित शोध के लिए वित्त पोषण का एक विश्वसनीय आधार प्रदान करेगा, जो उत्कृष्ट शोध के लिए उपयुक्त प्रोत्साहन के माध्यम से देश में छात्रों के बीच अनुसंधान की जिज्ञासा विकसित करने में मदद करेगा। एन.आर.एफ. विशेषकर उन राज्य स्तर के विश्वविद्यालयों और अन्य सार्वजनिक संस्थानों में अनुसंधान की क्षमताओं को विकसित करेगा, जहाँ वर्तमान में शोध क्षमता सीमित है। एन.आर.एफ. विज्ञान, प्रौद्योगिकी, सामाजिक विज्ञान, कला और मानविकी विषयों में अनुसंधान को निधि देगा। सफल अनुसंधान को मान्यता दी जाएगी और जहाँ प्रासंगिक हो, वहाँ सरकारी एजेंसियों के साथ-साथ उद्योग और निजी संगठनों के माध्यम से अनुसंधान, खोज एवं अन्वेषण के कार्यों को निष्पादित करेगा। एन.आर.एफ. केंद्र सरकार के अलग-अलग विभाग, संस्था, उच्च शिक्षण संस्थान, अनुसंधान संस्थान एवं औद्योगिक संस्थानों को आपस में जोड़ने में महत्त्वपूर्ण योगदान देगा। 2020-2021 के बजट में अगले 5 सालों के लिए एन.आर.एफ. को 50,000 करोड़ रुपए की निधि आवंटित की गई है, जिसे कि चरणबद्ध एवं समयबद्ध तरीके से अगले आनेवाले वर्षों में लगातार बढ़ाया जाएगा।

एन.आर.एफ. की प्राथमिक गतिविधियों में चार कार्य निम्नलिखित हैं : (क) सभी विषयों में प्रतिस्पर्धी वित्त पोषण अनुदान प्रस्ताव करना; (ख) शैक्षणिक संस्थानों में, विशेषकर उन विश्वविद्यालयों और कॉलेजों में, जहाँ अनुसंधान वर्तमान में एक नवजात अवस्था में है, ऐसे संस्थानों में उत्कृष्ट युवा शोध छात्रों और शिक्षकों को काम पर रखना (जैसे प्रख्यात अनुसंधान विद्वानों को काम पर रखने से, जो सेवानिवृत्त

हुए हैं या उच्च स्तर से सेवानिवृत्त हुए हैं) और ऐसे संस्थानों में मौजूदा उच्च गुणवत्ता वाले कार्यक्रमों को मजबूत करना और पहचानना; (ग) शोधकर्ताओं और सरकार की प्रासंगिक शाखाओं के साथ-साथ उद्योग के बीच एक संपर्क के रूप में कार्य करना, ताकि छात्रों को लगातार तेजी से बदलती हुई आवश्यक राष्ट्रीय अनुसंधान के मुद्दों के बारे में जागरूक किया जाए, ताकि नीति निर्माताओं को लगातार नवीनतम अनुसंधान सफलताओं के बारे में जागरूक किया जा सके, इससे सफलताओं को नीति में लाया जा सकता है और लागू किया जा सकता है तथा (घ) विभिन्न विषयों के लिए किए गए उत्कृष्ट शोध और प्रगति को पहचानना, जिससे कि पुरस्कार और विशेष सेमिनारों के माध्यम से शोधकर्ताओं को पुरस्कृत किया जा सके तथा उनके शोध को समाज, देश और विदेश में प्रोत्साहित किया जा सके।

राष्ट्रीय अकादमियाँ, जैसे—राष्ट्रीय विज्ञान अकादमी, इंजीनियरिंग अकादमी तथा मानविकी और सामाजिक विज्ञान में शिक्षा क्षेत्र से जुड़े शिक्षाविद्, एन.आर.एफ. के प्रयासों को उच्च स्तरीय और प्रभावी बना सकते हैं। एन.आर.एफ. अकादमियों और विभिन्न विषयों के विशेषज्ञ को रिपोर्ट तैयार करने और सलाह प्रदान करने के लिए नियुक्त कर सकता है, जो अनुसंधान और उच्च शिक्षा पर सरकार के प्रयासों में मदद करेगा। इसके साथ ही ये विशेषज्ञ क्षमता निर्माण में भी बहुत योगदान दे सकते हैं और विश्वविद्यालय विभागों और कॉलेजों के संरक्षक के रूप में अनुसंधान की गुणवत्ता को बढ़ाने में महत्त्वपूर्ण योगदान दे सकते हैं। एन.आर.एफ. का लक्ष्य ऐसे कड़ियों को जोड़ने में सुविधा देना होगा, विशेषकर राज्य विश्वविद्यालयों और महाविद्यालयों को, जिससे कि उन संस्थानों में शोध की दिशा निर्धारित की जा सके और उन्हें कार्यों में संलग्न होने के लिए प्रोत्साहित किया जा सके।

उच्च शिक्षा के क्षेत्र में एन.आर.एफ. एक दूरगामी प्रभाव डाल सकता है। एन.आर.एफ. के द्वारा अनुसंधान संस्थानों को स्थापित करने में काफी आसानी होगी, साथ ही यह भी सुनिश्चित होगा कि ये जनसेवा के भाव से स्थापित किए जाएँ। इससे केंद्र और राज्य सरकारों को बेहतरीन प्रदर्शन करनेवाले अनुसंधान संस्थानों को पहचानने में तथा उन अनुसंधानों का विस्तार करने में मदद मिलेगी, साथ ही उच्च कोटि के शोध के लिए प्रभावी शासन और नेतृत्व की क्षमता को बढ़ाया जा सकेगा।

□

शोधोन्मुख उच्च शिक्षा की ओर

—डॉ. राजेश्वर कुमार

लंबे इंतजार और गहन विमर्श के बाद भारत सरकार द्वारा नई राष्ट्रीय शिक्षा नीति–2020 लाई गई है। इसमें देश की आवश्यकताओं के अनुरूप गुणवत्तापूर्ण शिक्षा की स्थापना का लक्ष्य प्रस्तावित है। वैसे तो इस नई राष्ट्रीय शिक्षा नीति में कई नीतिगत और संरचनागत बदलावों का उल्लेख है, परंतु उच्च शिक्षा, खासकर शोध के संदर्भ में जिन बदलावों के प्रस्तावित किया गया है, वे इस नीति के महत्त्वपूर्ण पक्ष हैं। दुनिया के जितने भी उच्च मानकों को स्थापित करनेवाले शीर्ष स्तर के शैक्षणिक संस्थान हैं, वे केवल शिक्षण के कारण शीर्ष पर नहीं बने हुए हैं, बल्कि शिक्षण और शोध के बीच सामंजस्य के कारण शीर्षस्थ हैं। शिक्षण और शोध में सामंजस्य और संतुलन बनाते हुए ही इंडियन इंस्टीट्यूट ऑफ साइंस, आई.आई.टी. और जे.एन.यू. जैसे संस्थान एन.आई.आर.एफ. की रैंकिंग में शीर्ष स्थान प्राप्त करते हैं। इतिहास में समृद्ध सभ्यताएँ भी अपने अनुसंधान के कारण ही जानी गई हैं और आधुनिक विकसित देश भी अपने अनुसंधान और नवाचार के कारण ही वैश्विक ज्ञान की महाशक्ति बने हुए हैं। दुर्भाग्य से स्वतंत्रता बाद कई आयोगों और समितियों द्वारा इस दिशा में दी गई महत्त्वपूर्ण संस्तुतियों के बावजूद सरकारों ने उच्च शिक्षा के इस आधारभूत पक्ष को या तो

नजरअंदाज किया है या सिर्फ सैद्धांतिक जामा पहनाकर रखा है। भारत के अधिकांश विश्वविद्यालय एवं उच्च शिक्षा संस्थान आज भी शिक्षण के ही केंद्र हैं। वहाँ शोधकार्य उपाधि अर्जन तक ही सीमित है। शोध की उपेक्षा के कारण शिक्षण भी परंपरागत ढर्रे पर चलने लगता है। विषयवस्तु अद्यतन नहीं हो पाती है। उसके अनुप्रयोगात्मक पक्ष को मजबूत नहीं किया जा सकता है। वास्तव उच्च शिक्षा शोध के बिना अधूरी है।

उम्मीद बाँधते शोध संबंधी प्रावधान

ऐसे में नई राष्ट्रीय शिक्षा नीति–2020 में शोध संबंधी प्रावधान नई उम्मीद की तरह हैं। सबसे महत्त्वपूर्ण यह है कि इस नीति में पहली बार स्नातक स्तर से ही शोध की दिशा में उन्मुख विद्यार्थियों के लिए पाठ्यक्रम में शोध प्रविधि और शोध से संबंधित आधारभूत संकल्पनाओं को शामिल करने की बात की गई है। शोध एवं नवाचार की दृष्टि से विश्व के श्रेष्ठ 50 विश्वविद्यालयों में अधिकांश ऐसे हैं, जिसमें स्नातक स्तर पर ही 'शोध प्रविधि' के पाठ्यक्रम को शामिल किया गया है। भारतीय विज्ञान संस्थान, बेंगलुरु भी इस प्रारूप का अनुपालन करता है। परिणामस्वरूप वह आज भी भारतीय उच्च शिक्षा के क्षेत्र में मानक संस्थान बना हुआ है, परंतु समाज विज्ञान और मानविकी के विषयों में भारत में कोई संस्थान इस पैटर्न का पालन नहीं करता है। इस कारण इन विषयों में शोध का स्तर काफी दयनीय हैं। इस दृष्टि से विचार किया जाए तो भारत में अधिकांश उच्च शैक्षणिक संस्थानों में शोध के प्रति सकारात्मक वातावरण का अभाव है। ऐसे में स्नातक स्तर पर ही शोध के प्रति विद्यार्थियों को उन्मुख करने का नीतिगत प्रस्ताव सरकार द्वारा उठाया गया ऐतिहासिक कदम है। विश्व के सारे आँकड़ें पुष्टि करते हैं

कि जिन संस्थानों में गुणवत्तापूर्ण शोध हो रहे हैं, वहाँ स्नातक स्तर पर शोध के पाठ्यक्रम को जोड़ा गया है, परंतु इसको व्यावहारिक धरातल पर उतारना भारत के वर्तमान उच्च शिक्षा संस्थानों के लिए चुनौती है। ऐसे में जहाँ पहले से परास्नातक तक शोध संबंधी किसी भी प्रकार के शिक्षण प्रावधान न हो, वहाँ एम.फिल. का अचानक हटाया जाना भी व्यावहारिक रूप से कठिन निर्णय है। इसे कुछ समय लेकर जब शोध के अनुकूल आधारभूत संरचनाओं का विकास हो जाए, तब क्रमिक रूप से हटाए जाने की बात ज्यादा तर्कसंगत होती।

सबसे महत्त्वपूर्ण बात यह है कि अंतर-अनुशासनिक और बहु-अनुशासनिक शोध को बढ़ावा देने के लिए नई शिक्षा नीति में कई प्रावधान दिए गए हैं। इस तथ्य का उल्लेख करते हुए कहा गया है कि भारत में वर्तमान समय में अनुसंधान एवं नवाचार निवेश अमरीका में 2.8 प्रतिशत, इजरायल में 4.3 प्रतिशत और दक्षिण कोरिया में 4 प्रतिशत की तुलना में जी.डी.पी. का केवल 0.69 प्रतिशत हैं। वर्तमान में भारत की जी.डी.पी. का 4.43 प्रतिशत शिक्षा के क्षेत्र में व्यय होता है, जबकि कोठारी आयोग से लेकर कई अन्य समितियों की संस्तुतियों में इसे जी.डी.पी. का 6 प्रतिशत तक होने की बात कही गई है। परंतु अनुसंधान पर इस अंश का कितना प्रतिशत निवेश करने की योजना है, इसकी स्पष्टता नीति में शामिल नहीं है।

राष्ट्रीय शोध फाउंडेशन (एन.आर.एफ.) की स्थापना का प्रस्ताव

इस नीति में शोध कार्यों को बढ़ावा देने के लिए राष्ट्रीय शोध फाउंडेशन (एन.आर.एफ.) का प्रस्ताव है। यहाँ उल्लेखनीय है कि ऐसे संस्थान, जो वर्तमान में किसी स्तर पर अनुसंधान को निधि प्रदान

करते हैं, वे अपनी प्राथमिकताओं और आवश्यकताओं के अनुसार स्वतंत्र रूप से निधिगत अनुसंधान जारी रखेंगे। राष्ट्रीय शोध फाउंडेशन गंभीरतापूर्वक शोध कार्यों का वित्त पोषण करनेवाली एजेंसियों के साथ समन्वय स्थापित करने का काम करेगा। इसके साथ-साथ शोध एवं नवाचार के लिए प्रयोगशालाओं तथा अन्य आधारभूत संरचनाओं के विकास के लिए जिस अतिरिक्त निवेश की आवश्यकता होगी, उसके विषय में भी हमें सोचना होगा। इसके लिए सी.एस.आर. फंड का सदुपयोग हो सकता है। उच्च शिक्षण संस्थानों में शिक्षकों की नियुक्ति और प्रमोशन में शिक्षण एवं शोध की गुणवत्ता को आधार बनाया जाएगा, ताकि शिक्षण एवं शोध का सामंजस्य बना रहे। आज देश में तदर्थ और अतिथि शिक्षकों का बहुत बड़ा वर्ग ऐसा है, जो दिन-रात नौकरी बचाए रखने के लिए चिंतित रहता है। उसमें एक प्रकार की असुरक्षा का भाव बना हुआ है। यह विचारणीय प्रश्न है कि यह वर्ग गुणवत्तापूर्ण शिक्षा के लिए उत्कृष्ट शोध की दिशा में कितना योगदान कर पाएगा।

शोध एवं नवाचार को केंद्र में रखते हुए विद्यालयी शिक्षा के स्तर पर भी पर्याप्त बदलाव किए गए हैं। सीखने की खोज, खोज आधारित शैली, वैज्ञानिक पद्धति और तार्किक चिंतन पर बल देकर विद्यालयी शिक्षा के स्वरूप को भी अनुसंधानपरक बनाने का आधारभूत प्रयास किया गया है। छात्र-शिक्षक अनुपात को कम किया गया हैं। इससे अध्यापकों को शिक्षण के अतिरिक्त शोध एवं नवाचार के लिए अवकाश मिल सकेगा। शिक्षण एवं शोध के बीच समन्वय बना रहे, इस दृष्टि से पी-एच.डी. के शोध अध्येताओं को अपने शोध विषय से संबंधित विषयों का अध्यापन करना होगा। यह एक बढ़िया पहल है। शिक्षा नीति में मातृभाषा में प्राथमिक शिक्षा की बात तो की गई है,

भारतीय भाषाओं के संवर्धन के लिए भी कई प्रावधानों को शामिल किया गया है, परंतु भारतीय भाषाओं में अनुसंधान हो इस दिशा में कोई पहल नहीं दिखती। दुनिया के शोध एवं अनुसंधान के क्षेत्र में शीर्ष देशों की सूची में शामिल जापान, दक्षिण कोरिया, जर्मनी, फ्रांस और इजरायल जैसे देश इसके उदाहरण हैं कि अपनी भाषाओं में ही उत्तम शोध कार्य संभव हैं। इस प्रश्न को गंभीरता से लेने की जरूरत थी, तभी सही मायने में उच्च शिक्षा में भारतीय दृष्टि के समग्र समावेशन का सूत्रपात होता। फिर भी आवश्यकता इस बात की है कि नई शिक्षा नीति में गुणवत्तापूर्ण उच्च शिक्षा और उत्कृष्ट शोध के लिए जिस सैद्धांतिक प्रस्तावों को रखा गया हैं, उन्हें अमली जामा पहनाकर भारत को 21वीं सदी की स्थानीय, राष्ट्रीय और वैश्विक चुनौतियों का सामना करने योग्य बनाया जाए।

□

कला, साहित्य एवं मानविकी के नए क्षितिज

—डॉ. ऋषभ कुमार मिश्र

राष्ट्रीय शिक्षा नीति–2020 में कला, संगीत और साहित्य जैसे मानविकी वर्ग के विषयों को विशेष महत्त्व दिया गया है। औपचारिक शिक्षा की ज्ञान–संरचना में इन विषयों को विज्ञान, गणित, प्रौद्योगिकी के सापेक्ष 'मृदु' माना जाता है। पिछले दो दशकों में विद्यालय स्तर से लेकर उच्च शिक्षा तक ये विषय उपेक्षा के शिकार हुए हैं। यद्यपि विद्यालयी शिक्षा में आरंभिक वर्षों के दौरान आनंद के लिए कला, शिल्प और साहित्य को महत्त्व दिया जाता है। इसे बालकेंद्रित शिक्षा और खेल–आधारित शिक्षा का साधन माना जाता है। लेकिन जैसे ही विद्यार्थी, विद्यालयी संस्कृति के लिए अनुकूलित हो जाता है, वैसे ही उसे हम 'उच्च संज्ञानात्मक संलग्नता' के नाम पर गणित, विज्ञान एवं प्रौद्योगिकी की ओर मोड़ देते हैं। अब कला एवं मानविकी के अन्य विषय केवल पूरक एवं पाठ्य सहगामी विषयों के रूप में रह जाते हैं। इन्हें विद्यार्थियों की अकादमिक गतिविधियों में 'मनोरंजन' का साधन माना जाता है। इन्हें गैर–उत्पादक की संज्ञा दे दी जाती है, जिनका कोई उपयोगिता मूल्य नहीं है। माध्यमिक स्तर

तक पहुँचते-पहुँचते ये विषय दम तोड़ चुके होते हैं। भावी भविष्य की तैयारी के लिए गणित, विज्ञान एवं वाणिज्य की शिक्षा को प्रमुखता दी जाती है। इन विषयों को संज्ञानात्मक आधार पर निम्न उपलब्धि वाले विद्यार्थियों के लिए रूढ़ कर दिया जाता है। कला के विविध रूप—चित्रकला, गायन, नृत्य आदि तो केवल विद्यालय के उत्सवों के आयोजन तक सीमित रह जाते हैं। इस तरह से विद्यालय स्तर पर इन विषयों की परिधीय स्थिति है, जहाँ वे अपनी यांत्रिक भूमिका निभा रहे हैं। उनके अंतनिर्हित मूल्यों, जैसे—स्वतंत्रता, सृजनात्मकता, मूल्यबोध आदि की उपेक्षा हो रही है।

उच्च शिक्षा के स्तर पर इन विषयों में नई दुविधाएँ पैदा होती हैं। कम निवेश में मानविकी की उच्च शिक्षा प्रदान करनेवाले संस्थान खोले जा सकते हैं। इस कारण उच्च शिक्षा में सर्वाधिक नामांकन मानविकी के विषयों में होता है। लेकिन ये विषय परंपरागत सामग्री और रटंत शिक्षण प्रणाली के दुष्प्रभाव से ग्रस्त रहते हैं। इस कारण ये विषय केवल उपाधि वितरण की औपचारिकता का माध्यम बनकर रह जाते हैं। इनके पाठ्यक्रम भी परंपरागत होते हैं और इन्हें केवल इनके उपयोगितावादी मूल्यों के सापेक्ष प्रासंगिक माना जाता है। उदाहरण के लिए, कला के द्वारा अवधान में सुधार होता है, जिसका उपयोग गणित जैसे विषयों को पढ़ाने के लिए किया जा सकता है। ऐसे ही तर्क दिया जाता है कि वैश्वीकरण के दौर में कला का बाजार विकसित हो रहा है, इसके लिए विद्यार्थियों को तैयार किया जा सकता है। संस्कृत और दर्शन जैसे विषय प्रतियोगी परीक्षाओं में उपयोगी होते हैं। उच्च शिक्षा में ज्ञानानुशासनों के बीच जटिल विभाजन के कारण भी कई बार रुचि होते हुए भी विद्यार्थी इन विषयों का चुनाव नहीं कर सकते हैं। उच्च शिक्षा के संदर्भ में दूसरी समस्या है कि शिक्षा द्वारा उत्पादकता बढ़ाने

के लिए कला एवं मानविकी में निवेश की उपेक्षा की जाती है। इसी कारण इन विषयों के प्रतिष्ठित संस्थान अध्यापकों एवं अन्य संसाधनों की समस्या से जूझ रहे हैं। पिछले कुछ वर्षों में शिक्षा और अर्थव्यवस्था का संबंध पेशेवर शिक्षा की दिशा में आगे बढ़ा है। पेशेवर शिक्षा की ओर झुकाव को हमारी नीति और प्रणाली से भी समर्थन मिला है। इसके परिणामस्वरूप शिक्षा की दशा और दिशा में सुधार के लिए फैसले लेते समय प्रयोग किए गए शब्दों को देखिए—वैश्विक अर्थव्यवस्था, उत्पादकता, निवेश, उपयोगी, आउटपुट। ये सारे शब्द हमारी उस मानसिकता हो दर्शाते हैं, जहाँ आपसी रिश्तों, सौहार्द, स्वस्तिभाव और जीवन की गुणवत्ता के स्थान पर आर्थिक होड़ ही सत्य है। जब आप उपयोगी और उत्पादक की खोज करते हैं तो अनायास ही हमारे मन-मस्तिष्क में चुनाव के आधार पर दो वर्ग बन जाते हैं। एक जो उपयोगी है और दूसरा जो अनुपयोगी है। यह अनुपयोगी वर्ग क्या है ? साहित्य, कला एवं इस जैसे अन्य मानविकी के विषय। हमारी इस दृष्टि के बीज शिक्षा की औपनिवेशिक विरासत द्वारा डाले गए। भारत की शास्त्रीय भाषाओं, दर्शन एवं कलाओं की उपेक्षा उपनिवेशवाद के साथ आरंभ होती है। हमने शिक्षा के जिस मार्ग को चुना, वहाँ शिक्षा का तात्पर्य व्यवस्था पोषक कुशलताओं और दक्षताओं का पोषण था। इस शिक्षा में स्वतंत्रता, सृजन और समानुभूति के लिए कोई स्थान नहीं था। कला का भी अर्थ पश्चिम की नकल बन गया था। भाषा के लिए अंग्रेजी पर्याय बन गई थी। दर्शन के नाम पर केवल पाश्चात्य चिंतकों का महिमामंडन किया जा रहा था। स्वतंत्र भारत में इस रास्ते से अलग भारतीय भाषाओं के साहित्य, कला, दर्शन आदि की पुनर्प्रतिष्ठा की संभावना बन सकती थी। दुर्भाग्य से विकास, उत्पादकता, निवेश से आउटपुट के संतुलन के नाम पर हमारी शिक्षा विज्ञान एवं प्रौद्योगिकी की ओर झुकने लगी। यह

झुकाव आवश्यक था, लेकिन इसका एकांगी होना घातक था। बीसवीं शताब्दी के आखिरी दशक में पेशेवर शिक्षा की आँधी में कला एवं साहित्य तो और भी कमजोर हो गए। हालाँकि इस बीच बनी नीतियों में हम इन विषयों को याद करते रहे, इनकी दुर्गति के लिए चिंता प्रकट करते रहे, लेकिन हमारा उपागम विषयों के विभाजन और अलगाव को कायम रखनेवाला था। विद्यालय स्तर पर खेल और आनंद में इसे समाहित कर दिया गया, उच्च शिक्षा में अलग-अलग विषयों के रूप मजबूत करने की दृष्टि को अपनाया गया।

इन सीमाओं को संज्ञान में रखते हुए नई शिक्षा नीति में इन विषयों के अंतनिर्हित मूल्य को अधिमान दिया गया है। इस नीति में जब-जब मानवीय मूल्यों, प्रकृति-मनुष्य के संबंध, आत्मान्वेषण के लक्ष्यों का उल्लेख हुआ है, तब-तब कला, भारतीय भाषाओं के साहित्य, दर्शन और शिल्प आदि का उल्लेख किया गया है। भारतीय परंपरा के अनुरूप यह नीति प्रतिपादित करती है, शिक्षा द्वारा मनुष्य निर्माण के लिए उसमें निहित क्षमताओं, सृजनधर्मिता, कल्पनाशीलता और समानुभूति की भावनाओं को पोषित करना चाहिए। इसके लिए नीति कला एवं मानविकी के विषयों को अति महत्त्वपूर्ण मानती है। औपनिवेशिक शिक्षा ने कला एवं साहित्य के संदर्भ में एक अभिजन बोध को पोषित किया था। इसी दिशा में हम आगे बढ़ते रहे। लेकिन राष्ट्रीय शिक्षा नीति-2020 का मानना है कि कला और साहित्य का वास्तविक स्वरूप लोक में उपस्थित है। ये अपने विभिन्न स्वरूपों में आमजन के जीवन में उपस्थित हैं। इसी कारण भारतीय परंपरा में कला एवं साहित्य केवल आत्माभिव्यक्ति एवं आत्मसंतुष्टि या असंतुष्टियों की प्रस्तुति नहीं है, वह तो सृष्टि में निहित 'अद्वैत' की अनुभूति का साकार करने का माध्यम है। इसके लिए संसाधन के बजाय इच्छाशक्ति

की आवश्यकता होती है। उदाहरण के लिए लोककलाओं को देखिए। वे आसपास मिलनेवाली सामग्री से ही जीवन को रंग प्रदान करती है। इनकी विषयवस्तु और अभिव्यक्ति हमारी संस्कृति का अभिन्न अंग हैं। भारत में अनेकानेक विधाएँ हैं। प्रत्येक क्षेत्र की कला ने वहाँ के जीवन को रचा है। कलाएँ एक तरह का कोश हैं, जिनमें सांस्कृतिक विरासत संरक्षित है। शिक्षा द्वारा विद्यार्थियों को संस्कृति से जोड़ने, उसकी परंपरा का संवाहक बनाने के लिए शिक्षा में कला को प्रतिष्ठित करने की आवश्यकता है। कला को शिक्षा का 'अनिवार्य' नहीं, बल्कि 'स्वाभाविक' अंग बनाना होगा। यह ध्यान रखना होगा कि कला के एकीकरण का तात्पर्य किसी विषय को कमजोर करने या उसे स्थानांतरित करना नहीं है, बल्कि सीखने की संस्कृति में इसके लिए स्थान बनाने की आवश्यकता है। इस दिशा में यह नीति महत्त्वपूर्ण संस्तुतियाँ करती है।

उपर्युक्त पृष्ठभूमि में नई शिक्षा नीति कला एवं साहित्य को न तो केवल साधन मानती है, न ही वैज्ञानिक ज्ञान के विलोम के रूप में 'मानवीय व्याख्याओं' की उदारवादी दृष्टि के रूप में प्रस्तुत करती है। शिक्षा नीति-2020, अभिव्यक्ति, आख्यान एवं आनंद के स्रोत के रूप में कला, साहित्य एवं मानविकी को स्वीकृत करती है। नीति में इनका व्यापक अर्थ लिया गया है, जिसमें इन्हें 'विद्या' एवं 'विधा' दोनों रूपों में स्वीकृति प्राप्त है। विद्या से तात्पर्य इनके माध्यम से ज्ञानान्वेषण करना है, जबकि विधा कला के आनंददायी पक्ष के लोक प्रदर्शन और साझेदारी की ओर संकेत करती है। इन दोनों रूपों में शिक्षा संस्थानों और कलासेवियों के बीच संबंध मजबूत करने की संस्तुति है। उदाहरण के लिए, विद्यालय स्तर पर लोक कलाकारों को आमंत्रित करना, विद्यार्थियों को स्थानीय शिल्पों, संगीत, नृत्य आदि का प्रशिक्षण देने का

सुझाव दिया गया है। चूँकि ये विषय अभिसारी चिंतन को महत्त्व देते हैं, इस कारण इनका औपचारिक शिक्षा से एकीकरण हो, इसलिए इन्हें लचीला बनाने की संस्तुति दी गई है। नीति की स्पष्ट मान्यता है कि सृजन की विधा होने के कारण इनके माध्यम से व्यक्ति, प्रकृति, समाज और उद्योग के संबंध को मजबूत किया जा सकता है। आनंदानुभूति और मूल्यबोध इसके योजक होंगे, जो व्यक्ति के जीवन का समग्र विकास भी करेंगे।

शिक्षा नीति-2020 में यह भी संस्तुति है कि कला की विभिन्न विधाओं में संचित और सृजित ज्ञानराशि को अकादमिक विषयों के साथ एकीकृत किया जाए। इससे विद्यार्थियों को विभिन्न विषयों को समझने की एक नई दृष्टि मिलेगी। वे भारतीय संस्कृति और समाज में हुए बदलावों एवं निरंतरता से परिचित हो सकेंगे। वर्तमान में ज्ञानानुशासनों के बीच विभाजन और विशेषज्ञता के लिए किसी एक ज्ञानानुशासन के साथ आगे बढ़ने के कारण भी कला, साहित्य एवं मानविकी पीछे छूट रहे हैं। नई नीति विद्यालय और उच्च शिक्षा के स्तर पर ज्ञानानुशासनों के बीच पारस्परिकता के संबंध को बढ़ाने पर बल देती है। उच्च शिक्षा के क्षेत्र में बहुअनुशासनात्मकता का सुझाव देती है। इससे कला एवं मानविकी के विषयों के लिए संभावनाएँ बढ़ेंगी। यह ध्यान रखने की आवश्यकता है कि शिक्षा नीति कभी भी कला के मौद्रिक एवं आर्थिक पक्ष को प्रश्रय नहीं देती, बल्कि इसके सांस्कृतिक एवं आध्यात्मिक महत्त्व पर बल देती है। नीति की आधारभूत मान्यता है कि जब आनुभविक अधिगम के लिए कला एकीकृत विधियों का प्रयोग किया जाएगा तो विद्यार्थियों के दैनिक अनुभव एवं सांस्कृतिक आख्यान भी हमारी औपचारिक शिक्षा में सम्मिलित हो जाएँगे। यह समावेशन भारत की सांस्कृतिक एकता को समझने के लिए सहयोगी

होगा। इसी दृष्टि को स्वीकार करते हुए शिक्षा नीति-2020 'एक भारत श्रेष्ठ भारत' के अभियान में भारतीय भाषाओं और कलाओं के महत्त्व पर बल देती है। इस नीति का मानना है कि जहाँ भाषा के कारण संप्रेषण की समस्या हो वहाँ कला अपनत्व एवं एकत्व को पोषित कर सकती है। वंचित वर्ग से आनेवाले बच्चों के विद्यालय में समायोजन की एक मुख्य समस्या विद्यालय के अभ्यासों का उनकी संस्कृति से दूर होना है। इसे समाप्त करने में भी कला एवं सांस्कृतिक गतिविधियों को स्थान देना एक महत्त्वपूर्ण उपाय है।

इस नीति में कला एवं मानविकी के लिए संरचनागत सुधारों पर भी बल दिया गया है। सर्वप्रथम विद्यालय स्तर पर पाठ्यचर्या को कला-एकीकृत करने की संस्तुति है। इस सुधार के अनुरूप सेवारत अध्यापकों के प्रशिक्षण का भी सुझाव है। भविष्य में विद्यालय स्तर पर अध्यापकों की नियुक्ति के दौरान कला एवं भारतीय भाषाओं के अध्यापकों की प्राथमिकता के आधार पर नियुक्ति को अध्यापकों का प्रशिक्षण आदि भी है। ऐसे ही उच्च शिक्षा में कला के उदारवादी दृष्टिकोण (लिबरल आर्ट्स) के पेशेवर संस्थानों में कला एवं मानविकी का एकीकरण, अंतरराष्ट्रीय विद्यार्थियों को भारतीय कलाओं को सीखने का अवसर उपलब्ध कराने की संस्तुति है। इस नीति की यह भी संस्तुति है कि हमें स्वतंत्र रूप से कला, साहित्य आदि की गतिविधियों के संचालन के लिए लोगों को अभिप्रेरित करना चाहिए। वर्तमान में कुछ संस्थानों-सरकारी और गैर-सरकारी दोनों द्वारा इस क्षेत्र में प्रयोग किए जा रहे हैं। उन्हें खोजने, एकीकृत करने और साझा करने की आवश्यकता है।

इस नीति में जितना बल संज्ञान एवं तकनीकी दक्षताओं पर दिया गया है, उतना ही सौंदर्यबोध पर भी। यदि हमें शिक्षा को नियंत्रण एवं

अनुशासन द्वारा बुद्धि के प्रशिक्षण से निकलना है तो कला, साहित्य एवं मानविकी एक उपाय है। शिक्षा नीति भारत में शिक्षा के भविष्य की परिकल्पना करती है तो हिंसा के निवारण, विश्व शांति के प्रसार, प्रकृति के साथ सहजीवन, आर्थिक प्रतिस्पर्धा के बदले बंधुत्व एवं मैत्री को रेखांकित करती है। इस मूल्य-आधारित जीवन प्रणाली की ओर बढ़ने के लिए सौंदर्यबोध; सृजन एवं सराहना को समान महत्त्व देती है। शिक्षा का लक्ष्य ज्ञान का सृजन, स्थानांतरण, उत्पादन आदि ही नहीं है, बल्कि शिक्षा तो उस चेतना का बीज रोपती है तो प्रचलित संरचनाओं, धारणाओं, संकल्पनाओं से मुक्त कर व्यक्ति और समाज को 'नूतनता' की ओर ले जाता है। आनेवाले भविष्य में नूतनता की ओर हमारी यात्रा में भाषाओं, कलाओं, शिल्पों आदि की भूमिका महत्त्वपूर्ण एवं प्रासंगिक होगी।

मानव स्वभावतः सौंदर्यानुरागी एवं सृजनशील होता है। उसमें 'कला' का बीज उगने से पहले रौंदा न जाए, इसके लिए साहित्य और कला का शिक्षा से एकीकरण आवश्यक है। हालाँकि यह भी एक सच्चाई है कि नौकरियाँ कम हैं, इसके लिए प्रतियोगिता बढ़ी है, इसमें सफल होने के लिए उच्च कुशलताएँ एवं विशेषज्ञताएँ होनी चाहिए। यह जीवन का एक पक्ष है। यही जीवन नहीं है। हमें विचार करना चाहिए कि ईश्वर की सुंदरतम कृति के रूप में क्या हम जीवन को संपूर्णता में जी पा रहे हैं? भौतिक संग्रह के परे जीव और प्रकृति के साहचर्य में सौंदर्य और सृजन की अनुभूति कर पा रहे हैं? भाषा, रंग, ध्वनि और भंगिमाओं के साथ हम कुछ वक्त गुजारने के तरीकों से परिचित हैं? जैसे ही हम इन प्रश्नों पर विचार करना आरंभ करते हैं, व्यक्ति और समाज के लिए साहित्य, कला तथा मानविकी का औचित्य एवं प्रासंगिकता स्पष्ट हो जाती है। नई शिक्षा

नीति औपचारिक शिक्षा के दायरे में इन विद्याओं एवं विधाओं के पल्लवन के लिए एक सुअवसर निर्मित करती है। इसका क्रियान्वयन करते हुए हमें आनेवाली पीढ़ी के समग्र विकास की नींव को मजबूत करना होगा।

□

परिशिष्ट

भारतीय ज्ञान-परंपरा का शिक्षा में समावेशन

—अतुल कोठारी

भारतीय दर्शन में सृष्टि, विश्व एवं परमेष्टि (आत्मा, परमात्मा एवं प्रकृति) के रहस्यों को तर्क एवं अनुभव के आधार पर संपूर्णता से समझने का प्रयास अनादि काल से चला आ रहा है। इस प्रयास द्वारा सृष्टि के मूल में स्थित शाश्वत सनातन तत्त्व की सत्ता पर विचार किया गया है। भारतीय दर्शन के अनुसार एक मूल तत्त्व है, जिसे हम ईश्वर, भगवान् आदि नामों से पुकारते हैं, उन्होंने ही सारी सृष्टि का निर्माण किया है। इस कारण ब्रह्मा को सृष्टि का पिता कहा गया है, जिसकी हम सब संतान हैं। छांदोग्य उपनिषद् में 'सर्व खल्विदं ब्रह्म' का उल्लेख है। इसका साधारण अर्थ है "यह समस्त विश्व ही ब्रह्म है। इसी एक मूल तत्त्व से मनुष्य, जीव-जंतु, पशु-पक्षी, जड़-चेतन आदि का निर्माण हुआ है, यही भारतीय दर्शन में एकत्व की परिकल्पना है, जो भारतीय जीवन शैली और चिंतनधारा में शाश्वत रूप से विद्यमान है। इससे एक जीवन-दृष्टि निर्मित होती है। इसके चिंतन से मनोविज्ञान जनमता है, इसी से मूल्य निर्मित होते हैं और इसी को व्यवहार में लाने हेतु आचरण की बात आती है। इस प्रकार का

आचरण करने वाले चरित्र और संस्कारों से संपन्न मनुष्यों के समूह से संस्कृति का निर्माण होता है।

उक्त विशेषता को भारत की सनातन सांस्कृतिक परंपरा चरितार्थ करती है। भारतीय संस्कृति सनातन है। संस्कृति का शाब्दिक अर्थ सम्यक् कृति है। सनातन का तात्पर्य है 'नित नूतन चिर पुरातन' अर्थात् जो नित्य नया होते हुए भी अपनी परंपराओं से जुड़कर अपने उत्स को प्राप्त करता है, वही सनातन है। भारतीय संस्कृति के बारे में मार्क ट्वेन का कहना है कि भारत उपासना पंथों की भूमि, मानव जाति का पालना, भाषा की जन्मस्थली, इतिहास की माता, पुराणों की दादी, परंपराओं की परदादी है। मनुष्य के इतिहास में जो भी मूल्यवान एवं सृजनशील सामग्री है, उसका भंडार अकेले भारत में है।

इस तरह के समुन्नत एवं संपन्न भारतीय दर्शन एवं संस्कृति में सभी बातों की देशकाल सापेक्ष व्याख्याएँ होती रही हैं। इसी संकल्पना को समय-समय पर हमारे ऋषि-मुनियों, संतों ने समाज-जीवन के विभिन्न क्षेत्रों की आवश्यकतानुसार विस्तार करके सैद्धांतिक एवं व्यावहारिक दृष्टि से शब्दबद्ध करके आधारभूत ग्रंथों का निर्माण किया है। चार वेद, अठारह पुराण, एक सौ आठ उपनिषद्, रामायण, महाभारत, जैनों के आगम ग्रंथ, बौद्धों के त्रिपिटक, सिखों का गुरुग्रंथ साहिब आदि, यह सब भारतीय ज्ञान-परंपरा का आधारभूत साहित्य है। इसी के प्रकाश में समय-समय पर विभिन्न विषयों पर आधुनिक विद्वानों, महापुरुषों ने भी कार्य किए हैं। इनका साहित्य भी उपलब्ध है। ये प्रमाण भारतीय ज्ञान-परंपरा की व्यापकता को दरशाते हैं, जो पूर्णरूप से वैज्ञानिक, सनातन और सर्वस्पर्शी है। विश्व की अधिकतर चुनौतियों और समस्याओं का समाधान एवं नए अवसर भारतीय ज्ञान से प्राप्त हो सकते हैं।

आज वैश्विक स्तर पर सर्व सम्मति से योग दिवस की स्वीकृति इसका प्रमाण है। वर्तमान में मनुष्य के स्वास्थ्य, विशेष करके मानसिक तनाव एवं अस्वस्थता का समाधान योग के द्वारा प्राप्त हो रहा है, परंतु भारत में तो सहस्त्रों वर्षों से योग की परंपरा है। उस समय मानसिक तनाव, अस्वस्थता का कोई विशेष प्रश्न ही नहीं था। निहितार्थ यह है कि विश्व के अधिकतर देशों में जब भी कोई समस्या खड़ी होती है, तब समाधन हेतु प्रयास प्रारंभ किए जाते हैं। जबकि भारतीय ज्ञान-परंपरा में समस्या खड़ी ही न हो या खड़ी भी हो तो समाधान उपलब्ध हो। इस विशेषता के कारण भारतीय ज्ञान न सिर्फ भारत के लिए अपितु संपूर्ण विश्व के लिए आवश्यक है।

भारतीय ज्ञान-परंपरा और राष्ट्रीय शिक्षा नीति-2020

इसी दृष्टि को ध्यान में रखकर राष्ट्रीय शिक्षा नीति-2020 में भारतीय ज्ञान-परंपरा का शिक्षा के विभिन्न स्तरों पर समावेश की अनुशंसा दी गई है। राष्ट्रीय शिक्षा नीति की प्रस्तावना में लिखा है—

प्राचीन और सनातन भारतीय ज्ञान और सत्य की खोज को भारतीय विचार परंपरा और दर्शन में सदा सर्वोच्च मानवीय लक्ष्य माना जाता था। प्राचीन भारत में शिक्षा का लक्ष्य सांसारिक जीवन अथवा विद्यालय के बाद के जीवन की तैयारी के रूप में ज्ञान अर्जन करना मात्रा नहीं, बल्कि आत्मज्ञान और मुक्ति के रूप में माना गया था।

प्रस्तावना के अंत में नीति के उद्देश्य के संदर्भ में लिखा है कि नीति का विजन छात्रों में भारतीय होने का गर्व न केवल विचारों में, बल्कि व्यवहार, बुद्धि और कार्य में भी; साथ ही ज्ञान, कौशल, मूल्यों और सोच में भी होना चाहिए। जो मानव अधिकारों, स्थाई विकास और जीवनयापन तथा वैश्विक कल्याण के लिए प्रतिबद्ध हो, ताकि वे

सही अर्थों में वैश्विक नागरिक बन सकें। इसी तरह छात्रों के व्यक्तित्व के सर्वांगीण विकास एवं चरित्र-निर्माण तथा सभी स्तरों पर, यथा पाठ्यक्रम, शिक्षण-अधिगम, परीक्षा-मूल्यांकन, शोध आदि में समग्रता की दृष्टि (होलेस्टिक एप्रोच) की बात कही गई है। साथ ही, भारतीय संवैधानिक एवं नैतिक मूल्यों, स्वदेशी, स्थानीय भाषा, कला-कारीगरी, परंपरा के समावेश तथा भारतीय संस्कृति, खेल एवं कला के एकीकरण की बात कही गई है। इस प्रकार की अनेक अनुशंसाएँ राष्ट्रीय शिक्षा नीति-2020 के प्रारूप में दी गई हैं।

इन अनुशंसाओं का क्रियान्वयन प्रमुख चुनौती है। स्वतंत्र भारत में अनेक वर्षों तक औपचारिक शिक्षा व्यवस्था में भारतीय ज्ञान-परंपरा की चर्चा न के बराबर थी। भारतीय ज्ञान को जानने-समझने वालों को अकादमिक क्षेत्र में किनारे कर दिया जाता था। आनंद की बात है कि पिछले लगभग एक दशक से देश में पुन: चर्चा प्रारंभ हो गई है और राष्ट्रीय शिक्षा नीति में भारतीय ज्ञान-परंपरा को प्राथमिकता देने के बाद इसको अधिक गति मिल गई है और इस हेतु सकारात्मक वातावरण भी बना है।

भारतीय ज्ञान-परंपरा के शिक्षा में समावेश हेतु कार्य योजना

इस सकारात्मक परिवेश में भारतीय ज्ञान-परंपरा के शिक्षा में समावेश हेतु हमारे शिक्षा संस्थानों को व्यापक कार्य योजना बनानी होगी। इसका—

- प्रथम चरण होगा कि भारतीय ज्ञान-परंपरा की समझ बढ़ाने एवं पाठ्यक्रम में समावेश की पूर्व तैयारी हेतु व्यापक स्तर पर संगोष्ठी, परिसंवाद, कार्यशाला इत्यादि का आयोजन किया जाए।

- द्वितीय चरण में विषयों अथवा संकायों के अनुसार भी इस प्रकार के आयोजन अधिक उपयोगी हो सकते हैं। इनके आधार पर विभिन्न विषयों के पाठ्यक्रम में भारतीय ज्ञान-परंपरा का समावेश किया जा सकता है। इस दिशा में कुछ प्रयोजनमूलक सुझाव निम्नलिखित हैं—

पाठ्यचर्या में समावेश

इस दिशा में अपरिहार्य है कि प्रत्येक विषय की पाठ्यचर्या में उस विषय के भारतीय इतिहास को रखा जाए। इसके लिए संबंधित विषय की पुस्तक का प्रथम पाठ उस विषय के भारतीय इतिहास का रखा जा सकता है। इस तैयारी के समानांतर यह भी अपेक्षित है कि जिन शास्त्रों और विषयों में भारतीय ज्ञान-परंपरा के अनुरूप अध्ययन सामग्री पहले से उपलब्ध है, उसका उपयोग किया जाए। इस हेतु रसायन शास्त्र में प्रफुल्लचंद्र राय लिखित हिंदू कैमेस्ट्री का समावेश, प्रबंधन के पाठ्यक्रम में चाणक्य, गीता, रामायण, शिवाजी आदि के प्रबंधन का समावेश, गणित में वैदिक गणित, श्रीनिवास रामानुजन आदि का समावेश किया जा सकता है।

इस प्रकार का प्रयास प्रत्येक विषय में किया जाना चाहिए। हर विषय में भारतीय ज्ञान-परंपरा के समावेश पर कार्यशालाएँ आयोजित करने के उपरांत साहित्य तैयार करके पाठ्यक्रम में सभी स्तरों पर समावेश करने की प्रक्रिया प्रारंभ की जा सकती है।

पाठ्यक्रमों में समग्रता लाने के लिए विद्यालय से लेकर उच्च शिक्षा तक भारतीय ज्ञान-परंपरा पर एक आधार पाठ्यक्रम सभी छात्रों के लिए अनिवार्य किया जाना चाहिए। सभी स्तरो के पाठ्यक्रमों को पंचकोश की आधारभूत संकल्पना को आधार बनाकर पाठ्यक्रम तैयार किए जाने

चाहिए। इस हेतु प्राथमिक से लेकर शिक्षक-शिक्षा, स्नातक, परास्नातक आदि के पाठ्यक्रम पंचकोश आधारित तैयार किए जाने चाहिए। यह भी अवलोकनीय है कि हमारे शिक्षा संस्थानों में अनेक दशकों से गलत, विकृत एवं विसंगतिपूर्ण तथा अधिक मात्रा में आक्रामकों का इतिहास पढ़ाया जाता रहा है, उसे बदलना सबसे प्राथमिकता का विषय है। इसके साथ ही आज पाठ्यपुस्तकों में अधिक मात्रा में राजनैतिक इतिहास को ही पढ़ाया जाता है। राजनैतिक इतिहास के साथ-साथ सामाजिक, आर्थिक, शैक्षिक, धार्मिक आदि का इतिहास के पाठ्यक्रम में समावेश हो। दूसरा इस प्रकार के इतिहास के पाठ्यक्रम में भौगोलिक संतुलन के साथ-साथ जनजाति एवं पहाड़ी क्षेत्रों का इतिहास भी पढ़ाया जाए। इस प्रकार सभी विषयों के संदर्भ में विचार करना होगा। साथ ही पाठ्यचर्या को विद्यार्थी के सर्वांगीण विकास पर आधृत करने के लिए सभी स्तर के पाठ्यक्रमों में योग शिक्षा को स्थान देना चाहिए।

विभिन्न विषयों के पाठ्यक्रमों, पाठ्य-पुस्तकों में भारतीय ज्ञान-परंपरा के समावेश में कुछ समय लग सकता है, परंतु कम अवधि के पाठ्यक्रम तुरंत प्रारंभ किए जा सकते हैं। उदाहरण के लिए, वैदिक गणित, चरित्र-निर्माण एवं व्यक्तित्व के समग्र विकास, पर्यावरण की भारतीय दृष्टि, वेदों का अध्ययन, भारतीय कला एवं स्थापत्य, कौटिल्य का अर्थशास्त्र व राजनीति शास्त्र, एकात्म मानवदर्शन, उपनिषद् का अध्ययन, योग, हिंदू दर्शन का अध्ययन इत्यादि प्रकार के पाठ्यक्रम, प्रमाण-पत्र, क्रेडिट कोर्स एवं डिप्लोमा के रूप में प्रारंभ किए जा सकते हैं।

भारतीय भाषाओं की शब्दावली का प्रयोग

पाठ्यचर्या और पुस्तकों में भारतीय ज्ञान-परंपरा के समावेश का एक प्रमुख मार्ग भारतीय शब्दावली का उपयोग है। प्रत्येक शब्द के अर्थ

होते हैं, अर्थों के भाव होते हैं। उसके आधार पर जीवन-दृष्टि का विकास होता है। परंतु कई शब्दों के अंग्रेजी अनुवाद से उनके अर्थ बदल जाते हैं, अर्थ बदलने से भाव बदलते हैं और सही दृष्टि का विकास नहीं हो सकता। इस दृष्टि से जिन शब्दों का सही रूप में अंग्रेजी अनुवाद नहीं हो सकता, वैसे शब्दों को अंग्रेजी में रोमन लिपि में यथावत् प्रयोग करना चाहिए। जैसे भारत, धर्म, मोक्ष, संस्कृति आदि शब्दों को यथावत् रोमन लिपि में लिखना। शुरुआत में आवश्यकता अनुसार मोक्ष (सॉल्वेशन) लिख सकते हैं। कुछ समय के बाद अंग्रेजी शब्द कोष्ठक में लिखने की आवश्यकता नहीं रहेगी। इसी प्रकार काल को समझने हेतु ए.डी., बी.सी. आदि शब्दों के स्थान पर भारतीय काल गणना के अनुसार शब्दों का प्रयोग विकसित करना चाहिए।

शिक्षण-अधिगम प्रक्रिया

शिक्षण-अधिगम प्रक्रिया के स्तर पर हमें शिक्षणशास्त्र के भारतीय उपागमों का विकास करना होगा। भारतीय ज्ञान-परंपरा के अंतर्गत, विशेषतः उपनिषदों में अनेक शिक्षण-पद्धतियों की ओर संकेत है। साथ ही, विभिन्न कथनों के अर्थ निकालने अथवा उनमें समन्वय करने की दृष्टि से अनेकों तंत्रयुक्तियों (32 अथवा 36) की चर्चा की गई है। उपनिषदों में ज्ञान-प्राप्ति हेतु श्रवण, मनन और निदिध्यासन इन तीन प्रकार की प्रक्रियाओं का उल्लेख मिलता है। उपनिषदों में तो इनका अर्थ बहुत गहराई से दिया गया है, परंतु सरलता से समझने के लिए एवं आज की व्यावहारिक दृष्टि से श्रवण यानी सुनना। आचार्य जो पढ़ाता है, उसे एकचित्त होकर सुनना और ग्रहण करना, मनन अर्थात् जो सुना है, उस पर सतत एवं सातत्यपूर्ण ढंग से चिंतन करना। निदिध्यासन अर्थात् जो सुना है, जिस पर हमने मनन किया है, उसे आत्मसात् (जीवन में उतारने)

करने की प्रक्रिया, अर्थात् आचार्य से जो सुना है, स्वयं ने उसका मनन किया है, उनको व्यवहार में लाना। हमें शिक्षण अधिगम के स्तर पर इस तरह की भारतीय पद्धति का प्रयोग करना होगा। हम भारतीय ज्ञान-परंपरा के अनुसार पहले व्यावहारिक अनुभव देकर और बाद में सिद्धांत पढ़ा सकते हैं। इससे सिद्धांत को समझना बहुत सरल हो जाता है। इसके साथ ही भारतीय ज्ञान-परंपरा के प्रतिमानों (Models) के विषयों के अनुसार छात्रों को दर्शन कराने हेतु अध्ययन प्रवास (स्टडी टूर) का आयोजन किया जा सकता है। उदाहरण के लिए, विद्यार्थियों को दक्षिण के मंदिरों की वास्स्तुकला एवं मूर्तिकला, दिल्ली का लौहस्तंभ, मोहनजोदड़ो की नगर रचना आदि से परिचित कराया जा सकता है।

परीक्षा एवं मूल्यांकन

हमारी शिक्षा व्यवस्था की सबसे बड़ी समस्या परीक्षा एवं मूल्यांकन की पद्धति है। इसी बात को ध्यान में रखकर राष्ट्रीय शिक्षा नीति में 360 डिग्री (समग्र) मूल्यांकन की बात कही गई है। 365 दिवस का मात्र तीन घंटे की सैद्धांतिक परीक्षा द्वारा मूल्यांकन न तो वैज्ञानिक और न ही भारतीय पद्धति है। इसके परिहार के लिए सतत एवं समग्रता से मूल्यांकन करने की पद्धति विकसित करने की आवश्यकता है। इस हेतु औपचारिक परीक्षा के साथ-साथ छात्रों में व्यावहारिक ज्ञान, जीवन कौशल (स्किल डेवलपमेंट), शोध-नवाचार में योगदान, नैतिक मूल्य का अनुसरण, सामाजिक कार्य में सहभागिता, खेल-कला आदि में योगदान इत्यादि विषयों के मूल्यांकन के द्वारा छात्रों का समग्रता में मूल्यांकन हो। विद्यालय स्तर पर आकलन के लिए तीन प्रकार के प्रश्न-पत्र तैयार करके विद्यार्थियों की स्व-प्रतिपुष्टि, अभिभावक की वैकल्पिक शब्द एवं उनके आचार्य की प्रतिपुष्टि को सम्मिलित कर सकते हैं।

शोध एवं अनुसंधान

राष्ट्रीय शिक्षा नीति-2020 ने राष्ट्रीय विकास हेतु अनुसंधान के एक सशक्त पारिस्थितिकी तंत्र के विकास पर बल दिया है। इस नीति में संस्तुति है कि आज किसी भी राष्ट्र के आर्थिक, बौद्धिक, सामाजिक, पर्यावरणीय और प्रौद्योगिकीय विकास के लिए शोध का महत्त्व पहले से कहीं अधिक है।

इस संदर्भ में इस तथ्य की ओर विशेष ध्यान दिया है कि अनुसंधान भारतीय आवश्यकताओं को ध्यान में रखते हुए, यथा 'अपने सभी नागरिकों के लिए पीने का स्वच्छ जल, गुणवत्तापूर्ण शिक्षा और स्वास्थ्य सेवा, बेहतर परिवहन, शुद्ध वायु, बिजली और आधारभूत चीजों की पहुँच' के लिए व्यापक दृष्टि अपनाते हुए अनुसंधान भारतीय दृष्टि और आवश्यकता के अनुसार किया जाना चाहिए। इसके लिए अनुसंधान का उद्देश्य समस्याओं के समाधान के लिए भी होना चाहिए। अतः हमें व्यापक दृष्टि को अपनाते हुए भारतीय ज्ञान-परंपरा के विभिन्न विषयों पर आज की आवश्यकताओं एवं भविष्य की दृष्टि के संदर्भ में शोध को बढ़ावा देना होगा। हमें अनुसंधान की भारतीय दृष्टि का विकास करना होगा। हम सुश्रुत की शल्य चिकित्सा, भारतीय कालगणना, रामसेतु, वैदिक गणित, योग का प्रभाव, संगणक में संस्कृत को आधार बनाकर भारतीय भाषाओं के आपस में अनुवाद हेतु सॉफ्टवेयर विकसित करना जैसे विषयों पर शोध को बढ़ावा दे सकते हैं। हमें शोध को मात्र सैद्धांतिक विषय तक सीमित नहीं करना है। स्नातक अथवा स्नातकोत्तर स्तर पर शोध कराने से पूर्व विद्यालयी स्तर पर परियोजना आदि की दृष्टि से इसका अभ्यास कराना चाहिए। उच्च शिक्षा के स्तर पर प्रमुख रूप से तीन बातों का विचार कर सकते हैं—

स्नातक के प्रथम वर्ष से शोध का उन्मुखीकरण (ओरिएंटेशन) प्रारंभ करना, शोध मातृभाषा में हो, इसका प्रावधान एवं प्रोत्साहन की योजना बनाना और शोधकार्य में सिद्धांत के साथ-साथ व्यावहारिक कार्य के आधार पर उपाधि (डिग्री) देना।

कौशल विकास

पंडित विद्यानिवास मिश्र के अनुसार शिक्षा के मुख्य तीन आधार हैं—ज्ञान, चरित्र एवं कौशल। भारतीय परंपरा में कौशल को सदैव प्राधान्य दिया जाता रहा है। देश के विभिन्न राज्यों के प्रत्येक क्षेत्र, चाहे शहर हो, गाँव हो, जनजातीय क्षेत्र हो या पहाड़ी क्षेत्र, सभी स्थानों पर वहाँ-वहाँ की कला, कारीगरी विशेष प्रकार की रही है और आज भी उपलब्ध है। इस दृष्टि से स्थानीय कला-कारीगरी कौशल का शिक्षण में समावेश करना, जिससे उन क्षेत्रों के छात्र स्थानीय कृषि, उद्योग, व्यापार एवं वहाँ की कला-कारीगरी का कौशल सीखेंगे और रोजगार का भी निर्माण होगा।

चरित्र-निर्माण एवं व्यक्तित्व का समग्र विकास

चरित्र-निर्माण एवं व्यक्तित्व का समग्र विकास भारतीय शिक्षा का आधारभूत लक्ष्य है। राष्ट्रीय शिक्षा नीति में कई स्थानों पर इस विषय का उल्लेख किया गया है। स्वामी विवेकानंद ने शिक्षा के उद्देश्यों के संदर्भ में कहा था—"मैन मेकिंग एवं कैरेक्टर बिल्डिंग।" इसी बात को अनेक महापुरुषों ने अपने-अपने शब्दों में दोहराया है। जिस प्रकार कमजोर नींव पर सुंदर, सुदृढ़ और विशाल भवन का निर्माण नहीं किया जा सकता, उसी प्रकार संस्कारहीन-मूल्यहीन-चरित्रहीन युवाओं से समृद्ध, सशक्त राष्ट्र निर्माण की कल्पना असंभव है। छात्र-छात्राओं का चारित्रिक पतन राष्ट्र का ही पतन है। उनका सच्चरित्र होना देश का उत्थान है। मूलतः तैत्तिरीयोपनिषद् में इस हेतु पंचकोश की संकल्पना दी है, उसको आधार

बनाकर इसको सभी प्रकार के पाठ्यक्रम में जोड़ा जाना चाहिए।

पंचकोश

1. अन्नमय कोष
2. प्राणमय कोष

अर्थ

शारीरिक विकास

प्राणिक विकास

3. मनोमय कोष
4. विज्ञानमय कोष
5. आनंदमय कोष

मानसिक विकास

बौद्धिक विकास, आध्यात्मिक विकास

सभी विषयों का आधार पंचकोशों पर आधारित चरित्र-निर्माण एवं व्यक्तित्व का समग्र विकास होना चाहिए।

अधिगम संसाधनों की उपलब्धता

मैकाले द्वारा दी गई शिक्षा-व्यवस्था के अंतर्गत अंग्रेजी लागू होने के पश्चात् हमारे शैक्षिक संस्थानों के पुस्तकालयों से क्रमशः भारतीय ज्ञान-परंपरा की पुस्तकें लुप्त होती गईं। आज तो हमारे शैक्षिक संस्थानों में भारतीय ज्ञान-परंपरा एवं भारतीय भाषा की पुस्तकें बहुत ही कम हैं या उपलब्ध ही नहीं हैं। भारतीय ज्ञान-परंपरा का पुनः हमारी शिक्षा व्यवस्था में समावेश करने हेतु हमारे पुस्तकालयों में उस ज्ञान की पुस्तकें उपलब्ध होना आवश्यक है। भारतीय ज्ञान-परंपरा की पुस्तकों की दृष्टि से हमारे प्राचीन वेद, उपनिषद्, पुराण, रामायण, महाभारत आदि के साथ-साथ स्वतंत्रता पूर्व सौ-डेढ़ सौ वर्षों में लिखी गई पुस्तकों में भी

भारतीय ज्ञान-परंपरा पर्याप्त है। इस प्रकार प्राचीन से लेकर आधुनिक समय की भारतीय ज्ञान-परंपरा की पुस्तकें हमारी शैक्षिक संस्थाओं के पुस्तकालयों में उपलब्ध कराई जानी चाहिए। भारतीय ज्ञान-परंपरा की पुस्तकों का क्रमशः सभी भारतीय भाषाओं में अनुवाद की व्यवस्था करना भी आवश्यक है। शैक्षिक संस्थानों में भारतीय ज्ञान-परंपरा की पुस्तकों की प्रदर्शनी आयोजित करना, जिससे आज के छात्र उसको देख सकें और उनमें पढ़ने की इच्छा भी जाग्रत् हो सके।

शिक्षा में आध्यात्मिकता का समावेश

भारतीय संस्कृति, दर्शन, तत्त्वज्ञान का एक शब्द में वर्णन करना है तो वह है आध्यात्मिकता। यह सभी भारतीय मूलभूत संकल्पनाओं का आधार है। स्वामी विवेकानंद ने इसकी व्यापकता और अनिवार्यता को ध्यान में रखते हुए कहा था कि निस्स्वार्थ भाव से कार्य करना ही आध्यात्मिकता है। जो जितना निस्स्वार्थी है, वह उतना ही आध्यात्मिक है। वर्ष 1949 में गठित डॉ. राधाकृष्णन आयोग ने भी शिक्षा में आध्यात्मिकता की अनुशंसा की थी। भारत के प्रथम राष्ट्रपति डॉ. राजेंद्र प्रसाद के अनुसार—"हमें केवल अपने राष्ट्र की अखंडता ही सुरक्षित नहीं रखनी है। इसके साथ-साथ अपनी संस्कृति, परंपराओं को भी अक्षुण्ण रखना होगा। समय आ गया है, जब अध्यात्म और विज्ञान का समन्वय हो। यह संबंध ही हमें आण्विक युग में सुरक्षा प्रदान कर विकास की ओर उन्मुख कर सकेगा।"

राजेंद्र प्रसाद जी का उक्त कथन आज की परिस्थिति में अधिक प्रासंगिक है। हमारी भावी पीढ़ी इस ओर बढ़े, इसके लिए शिक्षा में सामाजिक कार्य के अनुभव विषय को अनिवार्य करना चाहिए। इसे उच्च शिक्षा में छात्रों के विषयों के साथ जोड़ना चाहिए। उदाहरण के लिए, सिविल इंजीनियरिंग का पाठ्यक्रम पढ़ने वाले छात्रों के गाँवों में रास्ता

बनाने, सीवर सिस्टम ठीक करने का कार्य दिया जा सकता है। कंप्यूटर इंजीनियरिंग के छात्रों को गाँवों के छात्रों को तकनीकी ज्ञान सिखाने का कार्य दिया जा सकता है। संस्थानिक स्तर पर आवश्यक है कि विभिन्न विश्वविद्यालयों, राष्ट्रीय प्रौद्योगिकी संस्थान, भारतीय प्रौद्योगिकी संस्थान, भारतीय सूचना प्रौद्योगिकी संस्थान, भारतीय प्रबंधन संस्थान आदि शिक्षा-संस्थानों में भारतीय ज्ञान-परंपरा के विभिन्न विषयों के केंद्र स्थापित हों। जैसे मध्य प्रदेश सरकार के द्वारा भारतीय ज्ञान-परंपरा हेतु एक राज्य स्तरीय शीर्षस्थ समिति का गठन किया गया है। भारतीय प्रौद्योगिकी संस्थान, खड़गपुर में भारतीय ज्ञान-परंपरा का केंद्र स्थापित किया गया है। इसी प्रकार देश के अनेक विश्वविद्यालयों एवं केंद्रीय संस्थानों में इस दिशा में कार्य प्रारंभ किए हैं/किए जा रहे हैं।

शैक्षिक संस्थानों के परिवेश में भारतीयता

उक्त बदलाव सार्थक हों, इसके लिए शैक्षिक संस्थाओं की व्यवस्था में भारतीयता बोध का पोषण आवश्यक है। वर्तमान में हमारे शैक्षिक संस्थाओं की अधिकतर व्यवस्थाएँ अभारतीय हैं, जो अवैज्ञानिक एवं स्वास्थ्य तथा पर्यावरण के लिए भी अनुकूल नहीं हैं। इस दिशा में पहल करते हुए छात्रों एवं आचार्यों के गणवेश में भारतीयता हो। दीक्षांत समारोह भारतीय परंपरा एवं वेश में हों। वार्षिक समारोह, सांस्कृतिक कार्यक्रमों में भारतीयता हो। छात्रावासों के भोजनालय एवं कैंटीन के खान-पान आदि व्यवस्थाओं में भारतीयता हो। व्यवस्था तंत्र में मानवीय, पारिवारिक एवं भारतीय दृष्टि हो।

इस प्रकार शैक्षिक संस्थानों के पाठ्यक्रम से लेकर सारे अकादमिक कार्यों तथा संस्थाओं की व्यवस्थाओं एवं समग्र परिवेश में भारतीयता लाने की योजना पर कार्य करना होगा। इसका तात्पर्य यह नहीं है कि

आधुनिकता को दरकिनार किया जाए। भारतीय ज्ञान की मूलभूत संकल्पना को आधार बनाकर आज की आवश्यकता एवं भविष्य की संभावनाओं को दृष्टि में रखकर एक नवीन शिक्षा-व्यवस्था का निर्माण करने की दिशा का प्रयास करना होगा। विदेशी ज्ञान एवं तकनीकी को हमारे देश, समाज एवं स्थानीय आवश्यकताओं के अनुकूल एवं अपनी भाषा में ढालना होगा। एक प्रकार से भारतीय ज्ञान-परंपरा का आधुनिकता के साथ समन्वय करके देश और दुनिया की आवश्यकताओं की पूर्ति एवं चुनौतियों के समाधान कर सके, इस प्रकार शिक्षा का स्वरूप बनाने का प्रयास शिक्षा में भारतीय ज्ञान-परंपरा के समावेश से संभव हो सकेगा।

□

प्रबंधन-शिक्षा के पाठ्यक्रम में भारतीयता एवं राष्ट्रीय शिक्षा नीति-2020

—अतुल कोठारी

प्रबंधन-शिक्षा पर यूनीसेफ द्वारा किए गए एक अध्ययन अनुसार भारत के प्रबंधन संस्थानों से निकलने वाले स्नातकों, परास्नातकों में से 25 प्रतिशत भी नौकरी के लायक नहीं हैं। इस प्रकार के अन्य अध्ययनों की रिपोर्ट भी प्रकाशित हैं। इस समस्या का मूल कारण है, प्रबंधन-शिक्षा के वर्तमान पाठ्यक्रम का स्वरूप एवं देश की उद्देश्यहीन शिक्षा व्यवस्था। इसके आलोक में देश के इस महत्त्वपूर्ण क्षेत्र के मूर्धन्य विद्वान्, शिक्षक तथा छात्र प्रबंधन-शिक्षा के वर्तमान पाठ्यक्रम पर पुनर्विचार कर अपनी सामाजिक एवं राष्ट्रीय आवश्यकताओं के अनुरूप बनाने की दिशा में पहल करने की आवश्यकता का अनुभव कर रहे हैं। आनंद की बात है कि राष्ट्रीय शिक्षा नीति-2020 में भी राष्ट्रीय व सामाजिक आवश्यकताओं एवं भारतीय ज्ञान-परंपरा के शिक्षा के हर स्तर पर समावेश की बात कही गई है (राष्ट्रीय शिक्षा नीति, पृष्ठ-37)। इस नीति में उल्लेख किया गया है कि प्रबंधन इक्कीसवीं सदी का एक प्रमुख कौशल है। विद्यालयों से लेकर महाविद्यालयों तक इससे संबंधित दक्षता का विकास होना चाहिए।

यह नीति प्रबंधन से संबंधित अध्ययन कार्यक्रमों को भारतीय परिवेश के अनुकूल बनाने की भी संस्तुति करती है (राष्ट्रीय शिक्षा नीति, पृष्ठ-38)।

यूनेस्को के डेलर्स समिति ने अपने प्रतिवेदन रिपोर्ट में कहा है कि "किसी भी देश की शिक्षा का स्वरूप वहाँ की संस्कृति एवं प्रगति के अनुरूप होना चाहिए।" हमने इसमें एक शब्द 'प्रकृति' जोड़ा है। अतः शिक्षा का स्वरूप उस देश की संस्कृति, प्रगति एवं प्रकृति के अनुरूप होना चाहिए। इस संकल्पना के अनुरूप पाठ्यक्रम की रचना करते समय अतीत का आधार, वर्तमान की आवश्यकताएँ एवं भविष्य की संभावनाओं को दृष्टि में रखकर प्रबंधन के पाठ्यक्रम पर विचार करना अधिक विवेक सम्मत होगा।

प्रबंधन से अभिप्राय है निश्चित उद्देश्य की पूर्ति के लिए भौतिक, आर्थिक संसाधनों एवं मानव-शक्ति का समायोजन। इन तीनों के समायोजन में मानव केंद्रबिंदु है, क्योंकि अंततः समायोजन का कार्य मनुष्य ही करता है। मानव शक्ति के समायोजन की दृष्टि आध्यात्मिक होनी चाहिए। इस हेतु भौतिकता एवं आध्यात्मिकता के समन्वय से ही उचित, सार्थक एवं सफल प्रबंधन किया जा सकता है। यही प्रबंधन शिक्षा के लिए भारतीय ज्ञान-परंपरा का निहितार्थ है। मनुष्य में निहित आध्यात्मिकता ही मनुष्यता की रक्षक है। प्रबंधक की 'मनुष्यता' ही वह मर्यादा है, जो उपभोगकर्ता संस्कृति के लिए तटबंध का कार्य करेगी। इस दृष्टि से भारतीय ज्ञान-परंपरा में निहित मूल्यबोध को प्रबंधन शिक्षा में स्थान मिलना चाहिए।

वर्तमान आधुनिक युग में प्रबंधक (मैनेजर) की महत्त्वपूर्ण भूमिका है। आज प्रबंधक पर कार्य का दबाव है, अत्यंत व्यस्त समय-पत्रक, अत्यधिक अपेक्षाएँ, परिवार से दूरी, प्रतिस्पर्धा का माहौल आदि कारणों से अधिकतर प्रबंधक तनावग्रस्त हैं। इस प्रकार बदलती परिस्थितियों में

अपेक्षित है कि प्रबंधक आवश्यकताओं के अनुसार अपने को ढाले, प्रबंधन में नवीन आयामों का समावेश करे, ताकि इन सारी परिस्थितियों में वह स्वस्थ, शांतचित्त रहकर अपने दायित्व का कुशलतापूर्वक निर्वहन कर सके। साथ ही वह राष्ट्र, समाज और मानवता के कल्याण के लिए भी अपना योगदान दे सके। इस प्रकार से यह अपेक्षित है कि इस व्यवसाय में नैतिकता एवं जीवन-मूल्यों को धारण करने वाले प्रबंधकों का निर्माण हो। इस दृष्टि से वर्तमान पाठ्यक्रम की समीक्षा करते हुए राष्ट्रीय शिक्षा नीति के प्रकाश में नए पाठ्यक्रम का स्वरूप बने, इस हेतु निम्नलिखित पक्षों पर प्रमुख रूप से विचार करने की आवश्यकता है।

स्व-प्रबंधन एवं समग्र-विकास (सेल्फ मैनेजमेंट एवं होलिस्टिक डेवलपमेंट)

हमें परिवार से लेकर देश का या छोटी सी दुकान से लेकर बड़े-बड़े उद्योग, व्यवसाय का सुचारू प्रबंधन करना है तो उसका आधार उत्कृष्ट प्रबंधक ही हो सकता है। वर्तमान में प्रबंधन के पाठ्यक्रम में इस आधारभूत बात की कमी दिख रही है। इसकी पूर्ति प्रबंधन की पढ़ाई करने वाले छात्रों के चौमुखी (सर्वांगीण) विकास के माध्यम से ही यह संभव होगी। इस हेतु तैत्तिरीय उपनिषद् में उल्लिखित पंचकोश को आधार बनाया जा सकता है, जिसके माध्यम से प्रबंधन छात्रों के शारीरिक, प्राणिक, मानसिक, बौद्धिक एवं आध्यात्मिक विकास, अर्थात् उनके व्यक्तित्व का समग्र एवं संतुलित विकास होगा। इसके लिए राष्ट्रीय शिक्षा नीति की संस्तुतियों के अनुरूप प्रबंधन पाठ्यक्रम में हमें स्व-विकास से संबंधित पाठ्य सामग्री का समावेश करना होगा। इन पाठ्यक्रमों में चरित्र-निर्माण एवं व्यक्तित्व के समग्र विकास एवं मूल्य संवर्धन के लिए भारतीय संदर्भानुकूल प्रकरणों का समावेश करना होगा।

इस दृष्टि से स्वयं के प्रबंधन के अंतर्गत विशेष करके तनाव प्रबंधन, स्वास्थ्य प्रबंधन, पर्यावरण प्रबंधन, वित्त प्रबंधन, परिवार प्रबंधन एवं समय प्रबंधन आदि का समावेश किया जाना चाहिए।

तनाव प्रबंधन (स्ट्रेस मैनेजमेंट)

आज सामान्य व्यक्ति भी तनावपूर्ण जीवन जी रहा है। ऐसे में संगठन/संस्था के प्रबंधक मैनेजर, मैनेजिंग डायरेक्टर आदि को स्वयं भी तनाव से मुक्त रहना है और सहयोगियों को भी तनाव से मुक्त रखना है। इस हेतु पाठ्यक्रम में योग का समावेश तथा बड़े व्यावसायिक संस्थानों, उद्योगों में योग कक्ष की व्यवस्था अनिवार्य हो। गीता में भी 'योगः कर्मसु कौशलम्' कहा है, अर्थात् कोई भी कार्य कुशलता से करना यही योग है। कुशलता से कार्य करने के लिए कार्य के प्रति प्रतिबद्धता एवं एकाग्रता आधारभूत बात है। एकाग्रता का महत्त्वपूर्ण आधार योग है।

वित्तीय प्रबंधन (फाइनेंशियल मैनेजमेंट)

मानव शक्ति एवं अर्थव्यवस्था, किसी भी संगठन की नींव होती है। इस हेतु प्रबंधक को वित्तीय प्रबंधन का ज्ञान होना आवश्यक है। इस दिशा में विचार करते हुए ध्यान में आता है कि हमारी ज्ञान-परंपरा साधन-साध्य शुद्धता के साथ धनार्जन पर बल देती है, इसके साथ ही यह दान द्वारा लोक-कल्याण के लिए निवेश को भी आवश्यक मानती है।

पर्यावरण प्रबंधन

देश एवं दुनिया के पर्यावरण संकट में उद्योगों का भी बड़ी भूमिका रही है। व्यक्तिगत, पारिवारिक, व्यावसायिक एवं सामाजिक जीवन में पर्यावरण के बारे में जागरूकता हेतु पर्यावरण प्रबंधन भी पाठ्यक्रम का हिस्सा होना चाहिए। विशेष रूप से प्रबंधन के विभिन्न कार्यों व आयामों में पर्यावरण संरक्षण का विशेष ध्यान दिया जाना चाहिए।

स्वास्थ्य प्रबंधन

वर्तमान में तनावग्रस्त जीवन, असंतुलित खान-पान, दूषित पर्यावरण के कारण स्वास्थ्य का संकट दिनोदिन बढ़ता जा रहा है। प्रबंधक स्वयं स्वस्थ रहे एवं अपने सहयोगियों को स्वस्थ रख सके, इस हेतु स्वास्थ्य-प्रबंधन भी अत्यंत महत्त्वपूर्ण विषय है। स्वास्थ्य प्रबंधन में मानसिक स्वास्थ्य को भी सम्मिलित करना चाहिए।

परिवार प्रबंधन

परिवार संकल्पना भारत की सबसे बड़ी विशेषता है। इस संकल्पना में व्यक्ति एवं समूह की अधिकतर समस्याओं का समाधान निहित है। व्यक्ति के स्वयं के परिवार से लेकर उद्योग, व्यवसाय, संगठन आदि में परिवार भाव हो अर्थात् उद्योग, व्यवसाय में कार्य करने वाले प्रबंध निदेशक से लेकर आम कर्मचारी एवं मजदूर, सब मिलकर एक परिवार है, ऐसी भावना होनी चाहिए। जहाँ परिवार भाव होता है, वहाँ संघर्ष की संभावना बहुत कम हो जाती है और समन्वय एवं समाधान की भूमिका अधिक सुदृढ़ हो जाती है।

समय प्रबंधन

उपरोक्त सभी प्रकार के प्रबंधनों को उत्कृष्टता से करने हेतु समय प्रबंधन अनिवार्य है। ईश्वर ने समय सबको समान दिया है। गरीब, अमीर, मजदूर, मालिक आदि, इसके उचित प्रबंधन से कम समय में अधिक कार्य एवं निश्चित समय में कार्य पूर्ण होने से प्रबंधक दबाव एवं तनाव से भी मुक्त हो सकता है। इस हेतु प्रबंधक के गुरुतर दायित्व का निर्वाह सुचारु रूप से करने हेतु 'समय प्रबंधन' का समावेश पाठ्यक्रम में होना चाहिए।

व्यक्तिगत कार्यशैली एवं संगठनात्मक व्यवहार

यह एक मनोवैज्ञानिक विषय है, इसलिए प्रबंधक मनोवैज्ञानिक भी होना चाहिए। Human reading and Human dealing, अर्थात् मनुष्य को समझकर उनके साथ व्यवहार करना यह प्रबंधक के लिए सबसे आवश्यक एवं महत्त्वपूर्ण गुण होना चाहिए। इस हेतु प्रबंधन के पाठ्यक्रम में मनोविज्ञान विषय भी अनिवार्य रूप से होना चाहिए। प्रबंधक की कार्यशैली अर्थात् उनकी स्वयं की कार्य करने की पद्धति के उसमें प्रमुख बिंदु हैं—सामूहिकता, अनामिकता, पारस्परिकता एवं पारदर्शिता आदि।

सामूहिकता—सबको साथ लेकर चलने हेतु सबके साथ समान व्यवहार आवश्यक है। एक समय यह वाक्य बहुत प्रचलित था कि 'बॉस इज ऑलवेज राइट', अर्थात् ऊपर का अधिकारी हमेशा सही होता है, परंतु आज 'टीम वर्क' (समूह में कार्य) दृष्टिकोण अधिक स्वीकार्य हो रहा है। कोई एक व्यक्ति कभी पूर्ण नहीं हो सकता। "हम सब अपूर्णांक हैं, सब मिलकर पूर्णांक बन सकते हैं।"

इसी प्रकार निर्णय प्रक्रिया में जितनी सामूहिकता होगी, उतना ही निर्णय अधिक निर्दोष होगा। इस हेतु निर्णय प्रक्रिया में प्रत्यक्ष या परोक्ष रूप से अधिक-से-अधिक लोगों की सहभागिता हो, इसमें ही प्रबंधक की कुशलता है।

अनामिकता—अर्थात् कार्य की सफलता के लिए सहयोगियों को भी यश देना। क्योंकि किसी भी कार्य की सफलता में बहुत लोगों का योगदान होता है। साथ ही प्रबंधक को असफलता के दायित्व को स्वीकार करने की मानसिकता भी रखनी होगी। 'मैं' के स्थान पर 'हम' को स्थापित करना। इसी में प्रबंधक की सफलता व सार्थकता है।

पारस्परिकता—एक-दूसरे को सहयोग, सहकार करने की दृष्टि का विकास हो। प्रबंधक की दृष्टि 'जहाँ कम वहाँ हम' की सोच होनी

चाहिए। संस्थान में जो भी कमजोर कड़ी है, वहाँ प्रबंधक की भूमिका अधिक महत्त्वपूर्ण होती है। प्रत्येक व्यक्ति की कुछ विशेषताएँ होती हैं, इसी प्रकार कुछ कमजोरियाँ भी होती हैं। सहयोगियों की विशेषताओं को आगे बढ़ाते हुए उनका संगठन कार्य हेतु उचित उपयोग और उनकी कमजोरियों की पूर्ति करने में सहायता की व्यवस्था करना। यही पारस्परिकता का भाव है। इसमें सामूहिकता एवं परिवार भाव सुदृढ़ होता है। "गिरने वाले को लात मारने वाले बहुत होते हैं, आवश्यकता होती है हाथ थामने की।"

पारदर्शिता—संगठन के प्रत्येक कार्य में पारदर्शिता होनी चाहिए। विशेष करके आर्थिक व्यवहार के बारे में एक बात कही जाती है कि "हिसाब ठीक होना चाहिए और ठीक दिखना भी चाहिए।" व्यवसाय, उद्योगों में शुद्धता, शुचिता, प्रामाणिकता होनी चाहिए और दिखनी भी चाहिए। इनकी शुरुआत प्रबंधक को स्वयं के व्यवहार से करनी चाहिए। इस हेतु कथनी एवं करनी में सामजस्य मूलभूत बात है।

सकारात्मक सोच—मनुष्य का सामान्य स्वभाव है, समस्याओं की चर्चा अधिक करना। प्रबंधक समस्या नहीं, परंतु समाधान की दृष्टि वाला होना चाहिए। समस्या व्यक्ति से शुरू होकर संस्थान के स्तर तक जाती है, परंतु जहाँ से समस्या प्रारंभ होती है, वहीं उसका समाधान निहित होता है। यही प्राकृतिक नियम है, अधिकतर समस्याओं की जड़ मनुष्य ही होता है और समस्या का समाधान भी मनुष्य ही करता है। हर व्यक्ति में कुछ विशेषताएँ और कमजोरियाँ/कमियाँ होती हैं। उनकी विशेषता को आगे बढ़ाओ, कमजोरियाँ अपने आप ही कम होती जाएँगी। व्यक्ति की अच्छी बातों की चर्चा सार्वजनिक और कमियों की चर्चा व्यक्तिगत हो, यही सकारात्मक दृष्टि है।

उपर्युक्त विशेषताएँ प्रबंधकीय गुणों के पोषण से संबंधित हैं। इसके समानांतर प्रबंधन पाठ्यक्रम में भारतीय ज्ञान-परंपरा के समावेशन की

पर्याप्त संभावना है। राष्ट्रीय शिक्षा नीति–2020 में शिक्षा के सभी स्तर पर भारतीय ज्ञान–परंपरा की अनुंशसा की है।

भारतीय ज्ञान–परंपरा का समावेश

विश्व में पश्चिम सहित अन्य विचारधाराओं में समस्या खड़ी होने के बाद समाधान ढूँढ़ने के प्रयास किए जाते हैं। जैसे कोरोना महामारी आई, वैश्विक स्तर पर उसके समाधान ढूँढ़ने के प्रयास किए जा रहे हैं, अभी तक तो समाधान प्राप्त नहीं हुआ है। इससे अलग भारत में ऐसा चिंतन किया जाता रहा है कि समस्याएँ खड़ी ही न हों और अगर खड़ी हों, तब भी समाधान पहले से हमारे पास उपलब्ध हो। भारत में लोग तनाव में आए, इसलिए योग नहीं शुरू हुआ, पर्यावरण का संकट (ग्लोबल वार्मिंग) आया, तब उसके संरक्षण की बात नहीं की गई। हमारे ग्रंथों में हजारों वर्ष पूर्व इस प्रकार के सभी ज्ञान का समावेश देखने को मिलता है। इस हेतु भारतीय ज्ञान–परंपरा मात्र भारत के लिए नहीं, बल्कि पूरे विश्व के लिए आवश्यक एवं उपयोगी है।

भारतीय ज्ञान–परंपरा के अनुसार गीता, रामायण आदि ग्रंथों में एवं विभिन्न महापुरुषों, जैसे शिवाजी, चाणक्य आदि के उत्कृष्ट एवं सफल प्रबंधन के अनेक उदाहरण हमारे पास उपलब्ध हैं। उदाहरण के लिए, रामायण में भगवान् श्रीराम के पास किसी भी प्रकार के संसाधन न होते हुए भी श्रीराम ने सब प्रकार से सक्षम रावण को पराजित किया। इसके कारण में जाकर देखते हैं तो श्रीराम का उत्कृष्ट प्रबंधन ध्यान में आता है। सबको साथ लेकर चलना, ऊँच–नीच का भेदभाव नहीं रखना, सबके साथ स्नेहपूर्ण व्यवहार करना, विपरीत परिस्थितियों में भी सत्य के मार्ग पर अडिग रहना, प्रतिकूल परिस्थितियों में भी निराश न होकर धैर्य से कार्य करना आदि। इस प्रकार अपने प्राचीन ग्रंथों से जो भी आवश्यक

एवं उपयोगी सामग्री है, उनका आज के प्रबंधन के पाठ्यक्रम में समावेश किया जाना चाहिए।

अनेक विद्वानों ने गीता में प्रबंधन, रामायण में प्रबंधन, चाणक्य का प्रबंधन, आदि विषयों पर स्वतंत्र पुस्तकें लिखी हैं, परंतु इस प्रकार के संदर्भों को लेकर वर्तमान की आवश्यकताओं के अनुसार पाठ्यक्रम में समावेश करने का कार्य शायद नहीं हुआ है। जापान जैसे देश में भगवद्गीता के प्रबंधन का वहाँ के पाठ्यक्रम में समावेश किया गया है। इसी प्रकार हमें भी अपनी इस ज्ञान-परंपरा को प्रबंधन शिक्षा के पाठ्यक्रम में सम्मिलित करना चाहिए। निहितार्थ है कि कौशल विकास से लेकर विषय बोध तक अनुप्रयोगात्मक समझ विकसित करने के लिए भारतीय ज्ञान-परंपरा में पर्याप्त सामग्री उपलब्ध है। उपर्युक्त उदाहरणानुसार हमें प्रबंधन शिक्षा के पाठ्यक्रम को समायोजित करना होगा। हमें अपने भावी प्रबंधकों को ऐसी दक्षताओं से युक्त करना होगा, जो उनकी संस्कृति एवं सांवेगिक बुद्धि को व्यावसायिक सफलता का साधन बनाए। इसके साथ-साथ वे समाज और राष्ट्र के प्रति अपने दायित्वों के लिए भी जागरूक रहे।

प्रबंधन में आधुनिक एवं नवीन आयाम

वर्तमान एवं आधुनिक आवश्यकताओं के अनुसार विश्व के अनेक देशों में प्रबंधन के विभिन्न प्रकार के प्रयोग किए जा रहे हैं। उदाहरण के लिए जापान में प्रबंधन के सात सोपानों को आधार बनाया है।

जापान के सात सोपान

1. स्ट्रेटेजी-रणनीति
2. स्ट्रक्चर-ढाँचा
3. सिस्टम-व्यवस्थाएँ

4. स्टाफ–कर्मचारी
5. स्टाइल–कार्यशैली
6. स्किल–कुशलता
7. सुपरओर्डिनेट गोल–उदात्त लक्ष्य

इस प्रकार से विभिन्न देशों के पाठ्यक्रम का अध्ययन करके अपने देश की आवश्यकता के अनुसार उसमें से उपयोगी सामग्री ली जा सकती है।

अपने देश की आवश्यकताओं की दृष्टि से विचार करते हैं, तब

1. जल प्रबंधन,
2. कूड़ा प्रबंधन (ई–वेस्ट–प्लास्टिक कूड़ा आदि)।
3. धारणीय (सस्टेनबल) विकास हेतु प्रबंधन,
4. कृषि प्रबंधन
5. यातायात प्रबंधन
6. आपदा प्रबंधन,
7. स्वास्थ्य प्रबंधन,
8. परिवार प्रबंधन
9. मानव संसाधन का प्रबंधन
10. ऊर्जा प्रबंधन
11. अंतरराष्ट्रीय संबंधों का प्रबंधन आदि की अधिक आवश्यकता महसूस होती है। इसी प्रकार सामाजिक एवं क्षेत्रीय आवश्यकताओं को ध्यान में लेकर प्रबंधन के विभिन्न आयामों को भी पाठ्यक्रम में जोड़ा जा सकता है। इस तरह के नए क्षेत्र विद्यार्थियों की अभिरुचि और अभिक्षमता दोनों के अनुकूल होंगे और राष्ट्रीय एवं सामाजिक आवश्यकताओं की पूर्ति भी हो सकेगी।

आज वैश्विक स्तर पर दो बड़ी समस्याएँ हैं। प्रथम रोजगार एवं विकास का तालमेल, वैश्विक स्तर पर भौतिक विकास तो हो रहा है, परंतु बेरोजगारी एवं गरीबी भी बढ़ रही है। आर्थिक जगत् के विद्वानों के समक्ष यह बड़ी चुनौती है। जब रोजगार, गरीबी दूर करने का प्रयास करते हैं, तब विकास में रुकावट आती है और विकास की दिशा में कदम बढ़ाते हैं, तब गरीबी एवं बेरोजगारी बढ़ती है। इसी प्रकार पर्यावरण एवं विकास में तालमेल की दृष्टि से भी यही प्रश्न है। अमेरिका जैसा देश भी अपने भौतिक विकास हेतु पर्यावरण संरक्षण को नजरअंदाज कर रहा है। भूतकाल में भारत ने ऐसे विषयों में तालमेल बनाकर संतुलन बनाने में सफलता प्राप्त की है। वर्तमान में इस प्रकार सुचारू प्रबंधन करके हम पूरे विश्व को एक नई दिशा दे सकते हैं।

समस्या अध्ययन (केस-स्टडीज)

प्रबंधन के वर्तमान पाठ्यक्रम में वृत्त अध्ययन में अधिकतर विदेशी उदाहरणों को हमारे यहाँ पढ़ाया जा रहा है। जिन उदाहरणों का भारत की सामाजिक, आर्थिक परिस्थिति से किसी भी प्रकार का संबंध नहीं होता है। जिससे उस उदाहरण को समझना और रुचिकर ढंग से पढ़कर याद रखना छात्रों के लिए बड़ा कठिन कार्य हो जाता है। दूसरी बात, इसका तात्पर्य यह है कि क्या भारत में उत्कृष्ट प्रबंधन के कोई उदाहरण वर्तमान में हैं ही नहीं ? या भूतकाल में थे ही नहीं। बिना प्रबंधन इतने बड़े देश की विभिन्न प्रकार की व्यवस्थाओं का सुचारू संचालन कैसे हो सकता है ? इसके परिणामस्वरूप प्रबंधन के उत्कृष्ट भारतीय उदाहरण, जैसे मुंबई का डिब्बेवालों (टिफिन) का प्रबंधन हो या कुंभ मेले का प्रबंधन आदि, जिनका अध्ययन करने हेतु जब लोग विदेश से आए, तब हमारे भारतीय प्रबंधन संस्थान के लोगों को उनका महत्त्व ध्यान में आया। इस दृष्टि

से वृत्त अध्ययन हेतु भारतीय उदाहरणों का समावेश पाठ्यक्रम में किया जाना चाहिए। इसमें हमारे लिए उपयोगी ऐसे विदेश के उदाहरण भी कुछ मात्रा में लिए जा सकते हैं।

आध्यात्मिकता एवं मूल्यों का समावेश

स्वामी विवेकानंद के चिंतन के अनुसार निस्स्वार्थ भाव से कोई भी कार्य करना, यही आध्यात्मिकता है। इसी के साथ स्वयं को पहचानना अर्थात् अपनी विशेषता, अभिरुचि, प्रकृति, कमजोरियों को जानना आदि। एक प्रकार से मैं कौन हूँ? मेरे अस्तित्व की क्या आवश्यकता है? मेरे जीवन का लक्ष्य क्या है? आदि के बारे में छात्र सोचें, जिससे उनमें सामाजिक संवेदना जाग्रत् होकर वे सेवाकार्य हेतु प्रवृत्त हो सकें। इस हेतु पाठ्यक्रम का स्वरूप कैसा हो, इस पर भी चिंतन अपेक्षित है।

इस दृष्टि से जापान का कैजिन (Kaizen) सिद्धांत महत्त्वपूर्ण है

मनुष्य समस्या नहीं है, उसके साथ कोई समस्या है, उसका निवारण करें।

किसी व्यक्ति की आलोचना करना तथा उसे दोष देने से समस्या का समाधान नहीं होता।

समस्या के समाधान मनुष्य तैयार करें।

कार्य स्वयं से प्रारंभ करें और अपने दायित्व को निभाएँ

आत्मावलोकन का स्वभाव बने।

भारतीय प्राचीन ग्रंथों में एवं भारतीय महापुरुषों ने भी इस प्रकार का चिंतन एवं विचार प्रस्तुत किए हैं।

डॉ. सुबीर चौधरी, पूर्व निदेशक, भारतीय प्रबंधन संस्थान, कोलकात्ता का कहना है कि "फिर से आधार की ओर मुड़ना होगा।" ऊँचाई की

ओर बढ़ने के लिए मूल्यों को धारण करना अनिवार्य है। महर्षि अरविंद के कथन के अनुसार—"जब से देश की शिक्षा से जीवन-मूल्यों का विछोह हो गया, तब से देश की जनता पथभ्रष्ट एवं धर्मभ्रष्ट हो गई।" भारतीय परंपरा में धर्म, अर्थ, काम एवं मोक्ष (चार पुरुषार्थ) की एक संतुलित दृष्टि दी गई है। अर्थ और काम को हमने जीवन का महत्त्वपूर्ण भाग माना है, परंतु अर्थ और काम धर्माधिष्ठित हों, तभी मोक्ष की प्राप्ति हो सकती है।

मूल्यपरक शिक्षा हेतु स्वतंत्र पुस्तकों की आवश्यकता है क्या? छात्रों के जीवन में मूल्यों के समावेश हेतु पाठ्य-पुस्तकों में मूल्यों के समावेश के साथ- साथ सहशैक्षिक गतिविधियों एवं संस्थान के वातावरण तथा शिक्षक की पढ़ाने की पद्धतियों एवं आदर्श जीवन व्यवहार के द्वारा मूल्यों की शिक्षा दी जा सकती है।

व्यावहारिकता एवं प्रायोगिकता का समायोजन

राष्ट्रीय शिक्षा नीति-2020 की एक महत्त्वपूर्ण संस्तुति है कि वर्तमान में पढ़ाए जा रहे विषयों में सिद्धांत के साथ व्यावहारिक ज्ञान का समावेश हो। इसके लिए हमें पढ़ाने की पद्धति में आवश्यक परिवर्तन करते हुए तथा प्रत्येक विषय में गतिविधियों का समावेश करके प्रत्यक्ष रूप से क्षेत्र में जाकर प्रबंधन के उत्कृष्ट प्रतिमान (मॉडल) देखना, अध्ययन करना होगा। इस प्रकार के अनुभव प्राप्त करके छात्र व्यावहारिक ज्ञान प्राप्त कर सकें, यह अति आवश्यक है। इस हेतु छात्रों के विषयों के अनुरूप प्रकल्प कार्य (प्रोजेक्ट वर्क), अध्ययन प्रवास (स्टडी टूर) आदि की योजना पर विचार आवश्यक है। उदाहरण के लिए, जिस गाँव में जल की समस्या है तो वहाँ जल प्रबंधन विषय के छात्रों को प्रकल्प कार्य दिया जाना चाहिए। व्यावहारिक ज्ञान के अभाव में ही हमारे अधिकतर छात्र व्यावसायिक

जीवन में विफल हो जाते हैं। इस तरह की परियोजनाओं से विद्यार्थियों में उत्तरदायित्व की भावना युक्त नागरिकता का बोध भी विकसित होगा।

भारतीय भाषाएँ (भारतीय भाषा में पाठ्यक्रम)

राष्ट्रीय शिक्षा नीति–2020 ने पेशेवर परीक्षा के लिए भारतीय भाषाओं को माध्यम बनाने की संस्तुति भी की है (राष्ट्रीय शिक्षा नीति, पृष्ठ–39)। इस दृष्टि से प्रबंधन के पाठ्यक्रम में भारतीय भाषाओं का विकल्प अपेक्षित है। वर्तमान में प्रबंधन पाठ्यक्रम का माध्यम मात्र अंग्रेजी भाषा है। इसके साथ ही प्रबंधन पाठ्यक्रम क्रमशः सभी भारतीय भाषाओं में भी बने। हम सब जानते हैं कि भौतिक विकास की दृष्टि से जो भी देश विश्व में अग्रणी हैं, वे सब अपनी समग्र शिक्षा अपनी भाषा में ही दे रहे हैं।

जब तक स्वभाषा के माध्यम से पढ़ाई नहीं होगी, तब तक रटंत प्रक्रिया से अंक तो प्राप्त किए जा सकते हैं, परंतु वास्तविक ज्ञान का अर्जन नहीं किया जा सकता है। इसके लिए हमें भारतीय भाषाओं में अध्ययन सामग्री का विकास करना होगा।

पढ़ाने की कला

भारतीय परंपरा के अनुसार शिक्षा पद्धति में बत्तीस प्रकार की पढ़ाने की पद्धतियाँ थीं। इसमें से आज अधिकतर एक ही प्रद्धति का प्रयोग किया जा रहा है, वह है व्याख्यान (लैक्चर) पद्धति। मनोविज्ञान की दृष्टि से विचार करते हैं, तब छात्रों की वरिष्ठता के अनुसार कक्षाओं में शिक्षक की बोलने की भूमिका कम होनी चाहिए। इस हेतु संवाद, प्रक्रिया, वाद–विवाद, प्रश्नोत्तर, प्रायोगिकता (प्रैक्टिकल), अध्ययन, सर्वे जैसी विभिन्न प्रकार की गतिविधियाँ एवं खेल–खेल में सीखने जैसी पद्धतियों के प्रयोग को प्रबंधन शिक्षा में बढ़ावा देने की आवश्यकता है। वास्तव में तो प्रथम

व्यावहारिक व प्रायोगिक शिक्षा देने के बाद सिद्धांत समझना छात्रों के लिए अत्यंत सरल हो जाता है।

इस दृष्टि के अनुरूप राष्ट्रीय शिक्षा नीति–2020 की संस्तुति के अनुसार हमें आनुभविक पद्धतियों के उपयोग द्वारा वास्तविक व्यवसाय जगत् के लिए आवश्यक दक्षताओं को विकसित करने वाले पाठ्यक्रम बनाने होंगे (राष्ट्रीय शिक्षा नीति, पृष्ठ–39)। इस प्रकार के पाठ्यक्रमों में सतत मूल्यांकन एवं विद्यार्थियों हेतु स्वयं से सीखने की व्यवस्था करनी होगी। उक्त परिकल्पनाओं के चरितार्थ होने पर ही हमारे भावी प्रबंधक जीवनपर्यंत सुचारु रूप से प्रबंधन कर सकेंगे।

इस लेख में देश के प्रबंधन के पाठ्यक्रम में परिवर्तन हेतु कुछ बातों को संक्षिप्त में चिह्नित किया है। मेरा कतई यह मानना नहीं है कि हमने जो सुझाव रखे हैं, वे ही श्रेष्ठ और अंतिम हैं। आवश्यकता यह है कि प्रबंधन के विद्वान् आचार्य, विभिन्न क्षेत्रों में सफलतापूर्वक प्रबंधन का कार्य करने वाले प्रबंधक आदि, इस विषय पर व्यापक विचार–चिंतन करें, जिसके द्वारा हम प्रबंधन का एक ऐसा पाठ्यक्रम तैयार कर सकें, जो कि हमारे देश एवं सामाजिक आवश्यकताओं की पूर्ति करने के साथ ही विश्व की प्रबंधन शिक्षा हेतु मार्गदर्शक रूप बन सके।

(3.6.2024)

□

लेखकों का परिचय

1. प्रो. रजनीश कुमार शुक्ल महात्मा गांधी अंतरराष्ट्रीय हिंदी विश्वविद्यालय, वर्धा के कुलपति हैं। इसके पूर्व वह भारतीय दार्शनिक अनुसंधान परिषद् एवं भारतीय इतिहास अनुसंधान परिषद् के सदस्य सचिव के रूप में सेवाएँ दे चुके हैं। वर्तमान में प्रो. शुक्ल देश की विभिन्न संस्थाओं, जैसे—जवाहरलाल नेहरू विश्वविद्यालय, हिमाचल प्रदेश केंद्रीय विश्वविद्यालय, गुजरात केंद्रीय विश्वविद्यालय, राष्ट्रीय शैक्षिक अनुसंधान और प्रशिक्षण परिषद्, राजा राममोहन राय लाइब्रेरी फाउंडेशन, राष्ट्रीय पुस्तक न्यास और भारतीय सांस्कृतिक संबंध परिषद् की कार्यकारिणी के सदस्य हैं।
2. श्री देशराज शर्मा सनातन धर्म सर्वहितकारी विद्या मंदिर, तलवाड़ा (पंजाब) के निदेशक हैं। वह लंबे समय से शिक्षा संस्कृति उत्थान न्यास से जुड़े हुए हैं और विद्यालयी शिक्षा के क्षेत्र में सुधार के लिए सतत प्रयासरत हैं।
3. श्री ए. विनोद राष्ट्रीय शैक्षिक विचारक और लेखक के रूप में जाने जाते हैं। वह शिक्षा संस्कृति उत्थान न्यास के दक्षिण भारत के संयोजक, भारतीय भाषा मंच के राष्ट्रीय ट्रस्टी और माधव गणितीय केंद्र के संस्थापक सचिव हैं। वह केंद्र सरकार की राष्ट्रीय शिक्षा निगरानी समिति के सदस्य भी हैं।
4. डॉ. पंकज मित्तल भारतीय विश्वविद्यालय संघ की महासचिव

हैं। इसके पूर्व वह भगत फूल सिंह महिला विश्वविद्यालय की कुलपति रह चुकी हैं। उनके पास उच्च शिक्षा में कार्य करने का लगभग तीस वर्षों का अनुभव है।

5. प्रो. नागेश्वर राव, इंदिरा गांधी राष्ट्रीय मुक्त विश्वविद्यालय के कुलपति हैं। इसके पूर्व वह उत्तराखंड मुक्त विश्वविद्यालय के कुलपति रह चुके हैं। वह राष्ट्रीय स्तर पर उच्च शिक्षा एवं दूर शिक्षा से संबंधित महत्त्वपूर्ण समितियों के सदस्य भी हैं।

6. प्रो. अमी उपाध्याय डॉ. बाबासाहब आंबेडकर मुक्त विश्वविद्यालय, गुजरात की कुलपति हैं। वह गुजरात में दूर शिक्षा के माध्यम से उच्च शिक्षा के प्रसार में सक्रिय भूमिका निभा रही हैं।

7. श्री अनिल सहस्त्रबुद्धे अखिल भारतीय तकनीकी शिक्षा परिषद् के अध्यक्ष हैं। वह कॉलेज ऑफ इंजीनियरिंग, पुणे के निदेशक रह चुके हैं। इसके अलावा वह भारतीय प्रौद्योगिकी संस्थान, गुवाहाटी के उप-निदेशक भी रह चुके हैं।

8. प्रो. नीलिमा गुप्ता तिलका माँझी भागलपुर विश्वविद्यालय, भागलपुर (बिहार) की कुलपति हैं। इसके पूर्व वह छत्रपति शाहूजी महाराज विश्वविद्यालय, कानपुर (उत्तर प्रदेश) की कुलपति रह चुकी हैं।

9. डॉ. चाँद किरण सलूजा संस्कृत संवर्धन फाउंडेशन के शैक्षिक निदेशक हैं। उन्होंने भारत के प्रतिष्ठित अध्यापक शिक्षा केंद्र—केंद्रीय शिक्षा संस्थान में लंबे समय तक अध्यापन कार्य किया है। संस्कृत के विकास में योगदान के लिए उत्तर प्रदेश सरकार द्वारा 'विश्व भारती पुरस्कार' से अलंकृत किया गया है।

10. डॉ. जयेंद्र सिंह जादव गुजरात साहित्य अकादमी, गांधीनगर के कुलसचिव हैं। वह राष्ट्रीय प्रबंधन शिक्षा, शिक्षा संस्कृति उत्थान न्यास, नई दिल्ली के राष्ट्रीय संयोजक के दायित्व का भी निर्वहन कर रहे हैं।

11. डॉ. राकेश चंद्र अग्रवाल, भारतीय कृषि अनुसंधान परिषद्, उपमहानिदेशक (कृषि शिक्षा), नई दिल्ली हैं।
12. डॉ. प्रकाश चंद्र बरतूनिया बाबासाहब भीमराव आंबेडकर केंद्रीय विश्वविद्यालय, लखनऊ के कुलाधिपति हैं। वह मध्य प्रदेश पाठ्य पुस्तक स्थायी समिति के अध्यक्ष भी हैं। इसके पूर्व वह मध्य प्रदेश लोकसेवा आयोग के सदस्य रह चुके हैं।
13. प्रो. निरंजन कुमार, हिंदी विभाग, कला संकाय, दिल्ली विश्वविद्यालय, दिल्ली में प्रोफेसर हैं। वह अमेरिका के मिशिगन विश्वविद्यालय, एरिजोना स्टेट विश्वविद्यालय एवं कैलिफोर्निया विश्वविद्यालय में भी अध्यापन कर चुके हैं।
14. प्रो. एस.के. सिंह दिल्ली तकनीकी विश्वविद्यालय में सिविल और एन्वायरमेंटल इंजीनियरिंग विभाग में प्रोफेसर हैं। वह 30 वर्षों से अभियांत्रिकी के क्षेत्र में अध्यापन और शोध में संलग्न हैं। उन्होंने संपोषणीय विकास और पर्यावरण सुरक्षा के क्षेत्र में विशेष योगदान किया है।
15. डॉ. तिमिर त्रिपाठी, पूर्वोत्तर पर्वतीय विश्वविद्यालय, शिलांग, मेघालय के जैव-रसायन विभाग में सहायक आचार्य हैं। इन्हें विज्ञान और प्रौद्योगिकी के क्षेत्र में कई राष्ट्रीय पुरस्कारों से सम्मानित किया गया है। आप शिक्षा संस्कृति उत्थान न्यास, उत्तर-पूर्व क्षेत्र के संयोजक भी है।
16. डॉ. राजेश्वर कुमार, लंगट सिंह महाविद्यालय, बी.आर. अंबेडकर बिहार विश्वविद्यालय, मुजफ्फरपुर (बिहार) में सहायक प्रोफेसर तथा पत्रकारिता व जनसंचार विभाग के समन्वयक भी हैं। आप शिक्षा संस्कृति उत्थान न्यास के भारतीय भाषा मंच के राष्ट्रीय संयोजक भी हैं।
17. डॉ. ऋषभ कुमार मिश्र, महात्मा गांधी अंतरराष्ट्रीय हिंदी विश्वविद्यालय के शिक्षा विभाग में सहायक प्रोफेसर हैं।

□□□